SIMPLES NOTES

POUR SERVIR

A L'HISTOIRE DE LA VILLE DE THIERS

AUX TROIS DERNIERS SIÈCLES.

I.

LA COUTELLERIE THIERNOISE

DE

1500 A 1800

PAR

GUSTAVE SAINT-JOANNY, avocat

MEMBRE TITULAIRE DE L'ACADÉMIE DE CLERMONT-FERRAND

ARCHIVISTE-BIBLIOTHÉCAIRE H^{re} DE LA VILLE DE THIERS.

CLERMONT-FERRAND	THIERS
FERDINAND TRIBAUD, IMPRIMEUR-LIBRAIRE.	CUISSAC, LIBRAIRE.

1863.

LA COUTELLERIE THIERNOISE

DE 1500 A 1800.

SIMPLES NOTES

POUR SERVIR

A L'HISTOIRE DE LA VILLE DE THIERS

AUX TROIS DERNIERS SIÈCLES.

I.

LA COUTELLERIE THIERNOISE

DE

1500 A 1800

PAR

GUSTAVE SAINT-JOANNY, avocat

MEMBRE TITULAIRE DE L'ACADÉMIE DE CLERMONT-FERRAND

ARCHIVISTE-BIBLIOTHÉCAIRE Hre DE LA VILLE DE THIERS.

CLERMONT-FERRAND

FERDINAND THIBAUD, IMPRIMEUR-LIBRAIRE

Rue Saint-Genès, 8-10.

1863.

A mon Père

J.-B.-F. Saint-Joanny

Avocat et Juge suppléant.

PRÉFACE.

Ce livre n'est pas l'œuvre d'un historien. S'arroger ce titre, quand on est Thiernois, c'est-à-dire voisin du château de Barante, serait fatuité pure et sotte présomption. Ces *simples Notes* sont le résultat des recherches d'un archéologue fort humble, à qui, mieux qu'à tout autre, il convient de se faire, en toute sincérité, ce désolant aveu: *Scio quia scio nihil, je sais que je ne sais rien!*

Et d'ailleurs, comment arriver à la connaissance parfaite de notre passé? comment remonter aujourd'hui aux sources de notre histoire locale? où sont nos anciens titres? En 1793, ceux que la flamme épargna, servirent, nous en avons la triste assurance, à confectionner des gargousses, pour alimenter les canons envoyés au siége de Lyon!...

Grâces à Dieu! dans ce naufrage tout n'a point disparu. Il nous reste quelques épaves: nos archives municipales, malgré leur pauvreté, quelques papiers disséminés un peu partout, abandonnés dans les greniers pour la plupart, que nous avons eu le bonheur de rassembler, quelques vieux sacs de Procureurs, enfin, et surtout, les anciennes minutes de nos anciens Notaires, nous ont permis de reconstituer en partie nos Annales, sans pouvoir toutefois remonter au delà du XVIe siècle.

Quoi qu'il en soit, nous avons cru devoir offrir à nos compatriotes ce fruit de nos investigations : *Nul n'est prophète dans son pays!* Sans doute, mais en dépit de ce méchant adage, nous pensons qu'une œuvre dans laquelle il est question du passé, et non de l'avenir, pourra solliciter leur bienveillante attention.

Témoin de ce mouvement intellectuel qui, partout en province, pousse les hommes de bonne volonté à remettre en honneur le souvenir des aïeux; alors que sur tous les points de la France s'établit et se propage ce *culte du passé*, qui, selon une noble et grande parole : *Honore le présent;* nous avons voulu, à notre tour, faire acte de piété filiale, et non preuve de science, en mettant au jour les documents propres à servir à l'histoire de Thiers aux trois derniers siècles.

C'est dire assez que l'histoire de notre ville reste toujours à faire; puissent les éléments divers que nous recueillons ici tenter quelque historien, digne de ce nom, qui daigne enfin l'écrire !

A tout seigneur tout honneur. Nous commençons donc la série des monographies, que nous publierons successivement, par la *Coutellerie,* cette branche principale de notre commerce, dans tous les temps. Nous consacrerons un second volume à nos papetiers, tanneurs, gainiers, filletiers et **cartiers**; un troisième à nos établissements religieux et de bienfaisance, un quatrième à notre administration municipale; enfin sous ce titre, *A travers champs,* nous esquisserons l'histoire de notre banlieue.

L'œuvre est grande: longue est notre tâche, et Dieu veuille nous permettre de l'achever! Il importe avant tout de ne pas consumer son temps en propos inutiles. Or, toute préface n'étant qu'une digression plus ou moins oiseuse, sachons, quoiqu'avocat, nous taire, et laissons la parole aux *documents de notre histoire.*

G. S.-J.

Thiers, septembre 1863.

HISTOIRE
DE LA
COUTELLERIE THIERNOISE.

CHAPITRE PREMIER.

Règles et statuts de la Jurande des maîtres couteliers 1582, 1614 et 1743.

I.

L'origine de notre coutellerie *se perd dans la nuit des temps*. La phrase est banale, mais, historiquement parlant, elle est exacte. Impossible d'assigner une date certaine à l'introduction de cette industrie dans notre ville de Thiers. Tous nos documents, *registres des délibératoires des conseils de ville, actes des paroisses, minutes des anciens Notaires*, etc., tout finit, ou pour mieux dire, tout commence avec le XVIe siècle. Or, à cette époque, nous trouvons cette branche de notre commerce en pleine activité.

Si vous demandez à un Thiernois à quelle époque remonte notre coutellerie, il vous répondra infailliblement : « Au xvi⁰ siècle. » Nous pouvons hardiment dire que c'est là une erreur évidente. Elle provient sans doute de ce que nos couteliers ne formèrent un corps d'état qu'à partir de cette époque. Mais cette circonstance prouve, à elle seule, que déjà la coutellerie avait chez nous une extension grande, une importance bien établie.

Sans prétendre, comme tant d'autres, faire remonter leur *noblesse (nobilitas*, ce qui est connu, renommé) jusqu'aux croisades, nos couteliers peuvent, à bon droit, se dire de vieille souche.

Dans un fragment du terrier de la baronnie, qui porte la date de 1474 et 1477, que nous possédons, nous trouvons les noms de plusieurs *costeliers;* et comparativement aux autres professions que cet ancien titre mentionne, nous voyons que les couteliers forment le quart environ du total des *manans* et *habitans* de la ville de Thiers y désignés. Il est possible qu'en réalité ce chiffre soit plus élevé, puisque notre document ne comprend qu'une partie de la ville.

Quoi qu'il en soit, on peut admettre aujourd'hui comme certain que, dès le xv⁰ siècle, Thiers était une ville de commerce et de fabrique. Il faut bien admettre encore que si, au xv⁰ siècle, les couteliers formaient une part aussi nombreuse de notre population, ce développement de notre industrie n'avait dû se manifester que progressivement, par degrés. En sorte qu'il n'y aurait pas exagération sans doute à faire remonter l'origine de notre coutellerie au xiv⁰, peut-être même au xiii⁰ siècle.

Notre existence *communale* remonte à l'an 1272, grâce aux priviléges accordés à notre ville par Guillaume VIII, son seigneur. N'est-il pas logique de penser que ces libertés municipales durent imprimer à notre commerce, affranchi des entraves seigneuriales, une certaine activité? Un autre indice vient d'ailleurs donner plus de poids à notre opinion.

Vers le milieu du xviiie siècle, quand la baronnie de Thiers passa au financier Crozat, et plus tard à sa fille la comtesse de Béthune, ces nouveaux seigneurs voulurent faire rendre à leur *terre* tout ce qu'elle était susceptible de rendre. Ils élevèrent le prix de leur ferme; et, naturellement, le fermier, ayant à donner plus, chercha à percevoir davantage. On compulsa donc les terriers, et notamment « un ancien terrier dit *de Chazeaux*, écrit en latin et en lettres gothiques », en vertu duquel on crut pouvoir exiger, notamment, un droit « sur les fers et aciers » débités à Thiers. Les prétentions du seigneur parurent exorbitantes et nouvelles. La ville engagea un procès long et dispendieux qui se termina par un arrêt du parlement de Paris, favorable à Mme de Béthune.

Nous ne connaissons pas le terrier *de Chazeaux*; mais son existence ancienne, et contemporaine de l'octroi des priviléges accordés à la ville, n'était pas contestée au cours du procès. Or, si réellement ce droit « sur les fers et aciers » était mentionné dans ce titre, nous pouvons dire que la coutellerie Thiernoise existait au xiiie siècle.

... Mais trève à ces hypothèses, et rentrons dans

le domaine des faits acquis, puisqu'ils sont confirmés par des documents certains.

Au mois de mai 1582, sous le règne d'Henri III, par lettres-patentes, les couteliers de Thiers furent appelés à former un corps d'état, une communauté, ou, pour mieux dire, une *maîtrise*, soumise à certaines règles particulières, légalement reconnues, à l'exemple des maîtrises de Paris et de Châtellerault, déjà existantes.

Si la charte originale a disparu, comme tant d'autres, de nos archives municipales, à l'époque de notre Révolution, nous pouvons du moins donner à nos lecteurs la connaissance de ce *code* de la coutellerie, édicté par Henri III, et confirmé en 1614 par Louis XIII, grâce à un document « imprimé en 1744 par Paul Boutaudon, seul imprimeur du roy à Clermont-Ferrand. » Nous l'avons découvert dans un sac de Procureur, parmi les pièces produites par la communauté des couteliers dans un procès au Parlement contre l'un de ses membres, pour contravention aux règles du métier.

Voici la teneur de ce document :

« — Règles et statutz pour le règlement du mestier et artizage de coustelerie, en la ville et mandement de Thiers, accordéz par la commune délibération des maistres cousteliers de la dite ville et banlieue sur l'exécution des lettres de chartres du roy Henri III du mois de mai 1582, nouvellement compilées et réformées sous le bon plaisir et autorisation de Sa Majesté et autres qu'il appartiendra et confirmées par lettres patentes du roy Louis XIII du mois de septembre 1614. »

Article Ier.

« Premièrement : que chascun an, et le lendemain de Sainct Eloy, qui est le vingt sixiesme juin, seront esleus par les maîtres cousteliers ou la majeure partie d'iceux, assemblés à l'issue de la messe que les baisles de la confrérie de Sainct Eloy font dire et cellébrer à tel jour en l'église de Sainct Jean du Passet, huict visiteurs ; scavoir quatre pour la ville, et autres quatre pour ceux qui sont hors la ville et mandement du d. Thiers ; les quels auront la charge de faire garder et entretenir les règles et statutz du d. méstier, et visiter tous les ouvrages de tous les maistres qui y sont dans lad. ville paroisse et mandement, pour tenir la main à ce que la marchandise soit loyalle et de la qualité requise. Lesquels anciens maistres, qui sortiront hors de la charge lad. année, seront soigneulx, comme estant de leur debvoir, de faire prester le serment au cas requis par devant monsieur le chastellain juge ordinaire des lieux aux autres huict maistres nouvellement nommés, pour estre receus en leur lieu et plasse et eux deschargés de leurs dittes charges. »

II.

« Feront les dits maistres visiteurs et déllégues, tous les mois, et davantage si faire se doibt selon l'exigence des cas, leur visitation, et pour témoignage d'icelle appeleront l'un des apparans voizins de celui qu'ils visiteront, entre les mains duquel sera mis et séquestré l'ouvrage prétendu mal faict. Feront aussi signer le procès-verbail de la d. prinse aud. voisin, et en bailleront coppie à celluy qu'ils auront vizité, sur peine de nullité des saizies et rapport et de tous despens domages et intérets. »

III.

« Laquelle visitation sera dès le même jour, si faire se peult, ou le lendemain, pour tout le jour des prinses qui seront faites dans la ville, et pour le regard du village dans trois jours pour le plus, rapportée en justice si l'affaire le mérite, pour estre promptement et sur le champ faict droict, après avoir ouy sommairement les parties et tesmoins si besoing est, sans régler les parties en forme de procès ordinaire. »

IV.

« La table de plomb et Matricule, dans laquelle sont immatriculées et plaquées les marques de tous les maistres cousteliers, demeurera en dépôst en la maison du plus ancien et premier maistre qui sera habitant de la ville, afin d'y avoir recours quand besoing sera; laquelle table fermera soubs cinq clefs qui seront deslivrées et gardées par les autres jurés de la ville et deux du village et mandement; et ne s'ouvrira le dit plomb qu'une fois l'année, et ce à chascun premier jour de may pour y placquer et engraver les marques des maistres qui auront esté receus l'année précédente, si n'est qu'il survient quelque cause urgente et nécessaire pour faire la dicte ouverture. »

V.

« Et ne permettrons les dits maistres visiteurs que ceux qui seront receus ayent des marques semblables ou approchantes de celles des autres maistres cousteliers, ains seront distinctes et séparées et différentes les unes des autres, sans qu'il soit loisible à aucun des dits maistres de battre ny contrefaire les marques des autres, sur peine de faux, amende arbitraire et confiscation des marchandises qui seront marquées de marques contrefaites suivant les dites lettres de chartres. »

VI.

« Tous jeunes hommes qui vouldront apprendre le dit mestier, et acquérir le degré de maîtryse en icelluy, seront tenus de faire leur aprentissage durant le temps de cinq ans, sans que les maistres sous lesquels ils feront icelluy les en puissent dispenser ou diminuer le dit temps en faveur des prix extraordinaires et excessifs qu'ils leur pourroient faire payer pour leur dit aprentissage, pour à quoy esviter l'on n'aura auscun esgard aux obligations d'aprentissage si elles ne sont faictes et passées en présence d'un des maistres visiteurs de la dite année et insérées dans un registre particulier qui à cet effet sera tenu par le plus ancien ou premier maistre visiteur de la dite ville; et le temps de cinq ans pour les aprentissages ne commencera à courir que dès le jour que les obligations seront inscriptes dans ledit registre, et ce pour esviter les fraudes que les maistres commettroient en la réception de leurs aprentifs ; lesquels bailleront pour leur droit d'entrée audit mestier trois livres, employables au divin service ; de laquelle somme les maistres qui recevront lesdits aprentifs demeureront responsables envers les baisles du dit mestier, sauf leur recours contre les dits aprentifs. »

VII.

« Lesquels feront le dit aprentissage soubs un mesme maistre, ou sa vefve exerceant le dit mestier, sans intermission si les maistres ou vefves ne décèddent durant icelluy, auquel cas ils achèveront leur aprentissage soubs un autre maistre, sur peine d'estre déclarés deschus du droit de maitrize, duquel aprentissage les dits maistres seront tenus de leur bailler acquit passé par devant notaire, ou acte publique à la première requeste qui leur en sera faicte, sur peine de quinze livres d'amende. »

VIII.

« Et si les dits aprentifs viennent à interrompre leur aprentissage et quitter leurs maistres sans cause légitime, tels aprentifs ne seront receus et mis en besogne par autres maistres à peine de trente livres d'amende tant contre cellui qui les recebvra que contre les d. aprentifs. »

IX.

« Nul des dits maistres ne pourra recepvoir et tenir qu'un aprentif qui sera prins de la ville ou mandement dudit Thiers, et ores qu'ils soyent deux ou trois maistres demeurant en une mesme boutique ne pourront qu'avoir un aprentif et frapper une seule marque en leurs ouvrages tant qu'ils demeureront par ensemble, à peine d'amende arbitraire; sans en ce comprendre les pauvres orphelins de l'hôpital de la Trinité qui seront colloqués à la réquisition des recteurs du dit Hostel-Dieu par ordonnance du Juge et de l'advis des maistres visiteurs du dit estat. »

X.

« Lesquels aprentifs oultre le temps de leur aprentissage seront tenus servir leurs dits maistres ou autres dudit mestier trois ans, et en feront apparoir comme dessus auparavant qu'estre receus à la maitrize. »

XI.

« Et après faisant apparoir par obligation et certificat d'avoir accompli et parachevé leur aprentissage et service, pourveu qu'ils ayent atteincts l'aage de vingt quatre ans, seront receus à faire chefs-d'œuvres par les maistres visiteurs à la première sommation qui leur en sera faicte, lequel chef d'œuvre se fera, tant de ceulx de lad. ville que mandement, en la maison et boutique de l'un des maistres visiteurs d'icelle ditte ville en présence desdits maistres. »

XII.

« Ledit chef d'œuvre ou expériance sera à forger, esmoudre, et garnir, ou, pour le moins des trois en faire deux, qui est de forger et garnir, ou forger et esmoudre, et à *leur* choix, et en chascune desdittes deux sortes d'expériance; *il* travaillera une journée entière en présence desdits maistres visiteurs, et pour faire les dittes preuves de leur suffizance *seront* tenus prendre leur fer ou acier à la barre affin que la capacité de celluy qui voudra estre receu soit mieux recogneue. »

XIII.

« Ne seront prins pour lesdittes réceptions ny exigé aulcuns deniers fors la somme de dix sols à chascun des maistres visiteurs pour chascun jour qu'ils auront assisté à visiter lesdits chefs d'œuvres et expériance desdits compaignons, et la somme de cinq livres pour les droits anciens et accoustumés qui sera mize dans la bource commune affin d'estre employée de l'advis du corps commung dudit mestier aux affaires nécessaires et charitables d'icelluy. »

XIV.

Les fils des maistres dudit artizage qui désireront parvenir à ladite maitrize n'auront plus grand privillége que les autres aprentifs, si ce n'est qu'ils pourront estre receus à l'aage de vingt-un ans, pourveu qu'ils ayent travaillé quatre années durant audit art et mestier avecq leurs pères ou aultres maistres dudit mestier, duquel service ils feront apparoir par certificat comme dessus tant en entrant que sortant, et de ne payer que cinquante sols pour leurs dittes réceptions qu'est la moitié de cinq livres que les autres compagnons seront tenus de bailler pour les droits d'entrée dudit estat, et la somme de trente sols pour leur droit d'entrée audit mestier employable au divin service lorsqu'ils feront leur aprentissage sous la puissance de leurs pères; demeurans pour le surplus astraints et subjets aux susdittes règles, ainsy et de mesme que les aultres compaignons et aprentifs dudit mestier. »

XV.

« Nuls maistres ne pourront faire travailler, fabriquer et frapper de leur marque en quelque façon que ce soit ailleurs que en leur dommicille, à peine de confiscation des ouvrages marqués de leurs marques qui se trouveront avoir esté faicts ailleurs que en leurdit dommicille et d'amende arbitraire, sauf et réservé l'esmoulture qui n'est comprise aud. article. »

XVI.

« Ne pourront lesdits maistres envoyer leurs allemelles au rouhet pour icelles faire esmoudre qu'elles ne soyent suffisamment marquées de leur marque, à peine de confiscation et d'amende arbitraire; pareillement lesdits esmouleurs ne recepvrons les allemelles qu'elles ne soient marquées de la marque de celluy qui les leur baillera à peine d'en répondre en leur nom propre et privé. »

XVII.

« Ne pourront aussy nuls maistres cousteliers et esmouleurs recepvoir aulcuns ouvrages de coutellerie étrangère et faicte hors la ville et mandement, pour les laver, esmoudre et façonner à la façon des ouvrages faicts en lad. ville et mandement, que ce ne soit par la permission des maistres visiteurs, sur peine de confiscation desdits ouvrages et d'amende arbitraire. »

XVIII.

« Les vefves des maistres pourront contignuer ledit art et mestier et faire frapper et marquer leurs ouvrages des marques de leurs feus maris; tant qu'elles demeureront en viduité seulement, et pourveu qu'elles ayent des enfants de deffunts leurs maris. »

XIX.

« S'il survient quelque différent entre lesdits maistres visiteurs, leurs serviteurs ou aprentifs, il sera vuidé amiablement par lesdits visiteurs sans estre sallariés si faire se peut, si non auront recours au juge ordinaire, lequel y procédera sommairement, y appelés deux ou trois desdits visiteurs si besoing faict. »

XX.

« Et attendu le grand nombre des marques desdits maistres couteliers, et qu'il est difficile d'en faire de nouvelles qu'elles ne soyent semblables ou approchantes, seront soigneulx lesdits maistres visiteurs de chercher et s'enquérir des marques qui seront en vente affin d'icelles faire achepter par les nouveaux maistres, lesquels ne pourront faire engraver de nouvelles marques dans ledit plomb que au préalable celles qui se trouveront en vente ne soient vendues. »

Telles étaient les dispositions de ce *code* primitif de la coutellerie thiernoise. Pour le rendre aussi complet que possible, il convient d'insérer ici, à la suite du document ci-dessus visé, certaines mentions spéciales que nous trouvons dans les lettres-patentes du 9 janvier 1668 portant réunion des hôpitaux de *la Trinité*, de la *Charité et des pauvres étrangers* en un seul et même établissement appelé *Hôpital-Général*, et contenant le règlement de cette maison.

Nous lisons dans ce document :

« — Parce qu'il est important pour les magnufactures que les administrateurs (de l'Hôpital-Général) y appellent des artisans qui montreront auxdits pauvres leurs arts et métiers, affin que ceulx qui y auront esté choizis cy portent avcq plus d'affection, nous voullons et ordonnons qu'après avoir travaillé six ans et recogneus avoir bien instruit lesdits pauvres en leurs art et mestier, ils puissent estre prézentés par lesdits administrateurs au juge ordinaire et procureur fiscal, sellon que par les arrets et règlements, recognoissance desdits arts et mestiers leur est attribuée, pour estre receus maistres ès dits arts et mestiers auxquels ils y auront vaqué et instruit lesdits pauvres, comme réputés suffisans et capables.

» Comme aussy voullons que lesdits administrateurs leur puissent prézanter lesdits pauvres qui auront esté ainsy instruits ès dits arts et mestiers et y auront servy pareil temps de six ans pour estre pareillement receus maistres, tenus et réputés suffizans et capables, sans faire par eulx, ny par ceulx qui les auront instruits, aucun chef d'œuvre, banquet, don et frais au tel cas accoustumés : et en conséquence jouyront des priviléges franchizes libertés d'yceux arts et mestiers : sans touttefois que de ceulx qui auront esté instruits desdits pauvres ou des aytres il en puisse estre prézanté plus d'un de chascun art et mestier chascun an.

» Et à l'esgard de ceulx qui n'auront esté prézantés pour estre maistres et qui auront aussy servy six ans et receu instruction desdits arts, voullons qu'ils soyent reprézantés compagnons de mesme que ceulx qui auront travaillé chez les maistres, sans payer aulcune chause ny mesme droit de boëtte ny d'entrée, estant soubs ce certificat arresté au bureau dudit hospital et signé au moins de cinq administrateurs et du greffier à ce commis, dont nous chargeons leur honneur et conscience.

» Que si ledit hospital venoit à estre surchargé des enfants qui y seront receus, pourront lesdits administrateurs les mettre en mestier chez les maistres aux meilleures conditions quy ce pourra pour lesdits enfans, sans que lesdits administrateurs soyent tenus de payer aulcune chause pour le brévet ou petites lettres d'aprentissage qui seront délivrées auxdits enfans. »

Ainsi les lettres-patentes de 1668 introduisaient un nouveau mode d'arriver à la maîtrise en dehors des conditions habituelles, au profit d'une certaine catégorie de personnes. Elles confirmaient d'ailleurs, quant à l'apprentissage des enfants des hospices, l'usage consacré déjà par les statuts que nous connaissons.

Enfin, il ne faut pas oublier que, outre ces moyens d'arriver à la maîtrise, les Rois s'étaient réservé le droit de créer directement en vertu de leur bon plaisir un nombre déterminé de maîtres dans les communautés des arts et métiers établies dans le royaume, à certaines époques mémorables de leur règne, telles que : avènement, sacre, mariage, naissances de princes, etc., etc.

Pour être plus complet encore, disons, d'après ce qui résulte pour nous de tous les documents compulsés un peu partout, que l'élection des maîtres jurés-visiteurs avait lieu tous les ans, à l'époque indiquée, dans la salle du Saint-Esprit, dans une assemblée générale des maîtres couteliers, en présence d'un Notaire qui rédigeait l'acte constatant cette élection. Nulle assemblée ne pouvait avoir lieu sans la permission verbale du châtelain. Outre les quatre maîtres visiteurs pour la ville, on en élisait quatre pour la banlieue divisée à cet effet en quatre circonscriptions ainsi dénommées :

Quartier de Mambrun ou du haut de Thiers,
Quartier de Celle,
Quartier de Saint-Remy,
Et quartier de Paslières.

Après l'élection des maîtres jurés visiteurs avait lieu celle des *conseillers* du métier, dont les attributions ne sont définies nulle part. Nous savons seulement qu'ils étaient au nombre de douze, y compris les quatre maîtres visiteurs sortants, lesquels, pendant l'année qui suivait leur sortie de charge, recevaient, de droit, ce titre honorifique.

On élisait encore deux *auditeurs des comptes* que devaient rendre les officiers sortants de charge; enfin, chaque année, à la même époque, et par le même acte, avait lieu l'élection d'un *baile* de la confrérie de Saint-Eloy ; et, de temps à autre, sous le nom de *Baile des garçons*, celle d'un maître chargé plus spécialement de représenter les compagnons et apprentis du métier, quelquefois aussi on nommait un *porte-bannière* de Saint-Eloy.

II.

L'état de choses créé, ou plutôt confirmé, par les statuts de 1582 et de 1614, se maintint jusques en l'année 1743. A cette époque intervient un nouveau *règlement des ouvrages de quincaillerie et de coutellerie qui se fabriquent dans la ville de Thiers et lieux circonvoisins*, par lettres-patentes *données à Versailles le 24 décembre*, de ladite année ; enregistrées *in extenso* dans le registre des délibérations de l'hôtel de ville ; et qui doivent trouver naturellement place dans notre ouvrage. Ces lettres sont ainsi conçues :

« Louis, par la grâce de Dieu, roy de France et de Navarre, à tous ceux qui ces présentes verront, salut :

« Les précautions prises par les anciens règlements pour les ouvrages de quincaillerie qui se fabriquent en la ville de Thiers et lieux circonvoisins n'étant point suffisantes pour établir la règle et le bon ordre dans cette fabrique, et assurer la bonne qualité desdits ouvrages, il a paru nécessaire d'y ajouter de nouvelles dispositions et d'y pourvoir par un nouveau règlement. A CES CAUSES, de l'avis de notre conseil, qui a vu et examiné ledit règlement de ce jourd'huy contenant trente quatre articles cy attachés sous le contre-scel de notre chancellerie, nous avons par ces présentes signées de notre main, et de notre certaine science, pleine puissance et autorité royale, confirmé et autorisé, confirmons et autorisons ledit règlement pour les ouvrages de quincaillerie et coutellerie qui se fabriquent dans la ville de Thiers et lieux circonvoisins, voulant qu'il y soit gardé, observé et exécuté de point en point, selon sa forme et teneur. Si donnons en mandement à nos amés et féaux conseillers les gens tenans notre cour de Parlement à Paris que ces présentes ils aient à faire lire, publier et registrer et le contenu en icelles garder, observer et exécuter selon sa forme et sa teneur : *car tel est notre plaisir*. En témoin de quoi nous avons fait mettre notre scel à ces dites présentes données à Versailles le vingt-quatrième jour de décembre de l'an de grâce mil sept cens quarante-trois, et de notre règne le vingt-neuvième. Signé Louis; et plus bas : par le Roy : Phelypeaux. Vu au conseil : Orry ; et scellées du grand sceau de cire jaune. »

Suit la mention de l'enregistrement au Parlement du 2 juillet suivant.

« RÈGLEMENT. »

« Article Premier. — Les maîtres couteliers de la ville de Thiers et lieux circonvoisins seront tenus de faire leurs lames de quincaillerie d'acier de Rives et autres de bonne qualité. Leur fait Sa Majesté défenses d'y employer aucuns mauvais aciers ; comme aussi aux Marchands et à tous autres d'en vendre et exposer en vente d'autres que des qualités ci-dessus, à peine contre les uns et les autres de confiscation et de deux cents livres d'amende. »

» II. — Fait aussi Sa Majesté défenses aux maîtres couteliers de contrefaire la marque des autres maîtres, à peine de confiscation de leurs marchandises marquées desdites marques contrefaites, de deux cents livres d'amende, et les maîtres, pris en contravention, d'être déchus pour toujours de leur maîtrise et du commerce de la quincaillerie. »

» III. — Il est enjoint au Juge de la ville de Thiers de procéder incessamment, si fait n'a été, à la réformation des marques dont chaque maître de la Jurande se sert pour marquer ses ouvrages, conformément à l'arrêt du conseil du onze juillet 1730. Ordonne, Sa Majesté, que les marques ainsi réformées et celles qui seront approuvées avec leurs anciennes figures seront frappées sur une table d'argent, qui demeurera en dépôt au greffe de la Justice de Thiers, et sera enfermée dans une caisse sous trois clés, dont une restera entre les mains du Procureur d'office et les deux autres en celles des deux premiers visiteurs. »

« IV. — Pour prévenir tous les inconvénients qui peuvent naître de la ressemblance qui se trouve entre plusieurs anciennes marques, ordonne, Sa Majesté, au Juge de Thiers, en procédant à ladite réformation, de supprimer, de l'avis du Procureur d'office, toutes celles auxquelles il ne sera pas possible de faire assez de changement pour qu'elles ne puissent pas être confondues avec d'autres marques ; à la charge néanmoins par le maître dont la marque sera conservée, et qui aura donné lieu à ladite suppression, de dédommager les propriétaires des marques ainsi supprimées, suivant l'estimation qui en sera faite par experts nommés sur-le-champ ou pris d'office sur le refus des parties d'en convenir à l'amiable ; dont il sera fait mention dans les procès-verbaux de réformation desdites marques ; et seront les ordonnances rendues en conséquence par ledit Juge, exécutées par provision et sans préjudice de l'appel. »

« V. — Fait Sa Majesté défenses auxdits maîtres couteliers, et à tous autres de la jurande, de faire à l'avenir aucunes lames de quincaillerie, sans y employer de l'acier, même sous prétexte que lesdites lames leur auroient été demandées sans aucun mélange d'acier, à peine de confiscation, de deux cents livres d'amende et d'être pour toujours déchus de la maîtrise. Fait pareillement défenses à tous Marchands et Colporteurs d'en vendre et acheter sous les mêmes peines de confiscation et de deux cents livres d'amende. »

« VI. — Ne pourront lesdits maîtres couteliers de la ville de Thiers et de la campagne faire monter, à l'avenir, leurs ciseaux sans être marqués de leurs marques à l'endroit ordinaire, qui est sur les lames, ni les marquer sur le talon, c'est-à-dire, sur la partie de la lame où l'on pose le clou, s'ils ne sont pas aussi marqués sur les lames, à peine de confiscation et de cent livres d'amende tant contre les fabricants que contre les Marchands et Colporteurs qui s'en trouveront saisis. »

« VII. — Ne pourront aussi, lesdits maîtres couteliers, envoyer leurs lames de quincaillerie de quelque espèce qu'elles soient à l'Émouleur, qu'elles ne soient suffisamment marquées, à peine de confiscation et de cent livres d'amende. »

« VIII. Fait Sa Majesté défenses aux Émouleurs de recevoir lesdites lames qu'elles ne soient marquées de la marque de celui des maîtres couteliers qui les leur donnera, à peine de répondre en leurs propres et privés noms desdites confiscations et des amendes prononcées par l'article cy-dessus. »

« IX. — Fait pareillement Sa Majesté défenses auxdits maîtres couteliers de faire marquer leurs lames de quincaillerie hors de leurs maisons, comme aussi de confier le coin de leurs marques à leurs forgerons et à leurs trempeurs, à peine de confiscation et de cent livres d'amende. »

« X. — Dans le cas où la partie des marques qui resteroit empreinte sur les lames après l'émoulure, auroit quelque ressemblance à d'autres marques, lesdites lames ainsi effacées ne pourront être remises aux maîtres qui les auront fabriquées, que du consentement de ceux aux marques desquels lesdites marques effacées pourroient ressembler, lesquels maîtres auront le choix d'en permettre la remise à ceux qui auront fabriqué lesdites lames ainsi effacées, ou de les garder pour leur compte au prix qui en sera réglé sur-le-champ et sans frais par le Juge de Thiers, en présence et de l'avis du Procureur d'office, comme aussi des jurés visiteurs qui auront saisi lesdites lames. »

« XI. — Fait Sa Majesté défenses aux martinaires d'étirer le fer de la façon et figure de l'acier; comme aux marchands, aux couteliers, et à tous les autres de le vendre et exposer en vente ainsi étiré, à peine contre les uns et les autres des contrevenans de confiscation et de cent livres d'amende. »

« XII. — Défend aussi Sa Majesté à tous marchands de fer et d'acier, d'exploiter par eux-mêmes et de faire exploiter pour leur compte aucuns martinets ou moulins à étirer le fer et l'acier, comme aussi de stipuler, par quelques actes et sous quelque prétexte que ce soit, avec les locataires desdits martinets ou moulins, aucune préférence pour l'étirage du fer et de l'acier de leur commerce particulier, à peine de cent livres d'amende. Enjoint Sa Majesté au Juge de Thiers d'y tenir la main, et de taxer sans frais les droits d'étirage, dans le cas où les martinaires voudroient abuser du besoin que les commerçans et fabriquans de quincaillerie pourroient avoir de leur travail. »

« XIII. — Ordonne Sa Majesté que tous les propriétaires des marques anciennes de la quincaillerie de la ville de Thiers et lieux circonvoisins, qui ne sont point couteliers, seront tenus de vendre leurs marques à ceux des particuliers qui auront acquis la maîtrise et qui désireront d'acheter lesdites marques; et en cas de contestation sur le prix de la vente desdites marques, veut Sa Majesté que l'estimation en soit faite par des arbitres dont on conviendra par devant le Juge de la ville de Thiers, sans frais; et cependant fait défenses aux propriétaires desdites marques anciennes qui ne sont point maîtres couteliers, de les prêter à aucuns ouvriers, à peine de deux cents livres d'amende et de confiscation des marchandises qui se trouveront marquées de ces marques prêtées. »

« XIV. — Lesdits couteliers seront tenus de procéder tous les ans, à compter du premier décembre jusqu'au 15 dudit mois, à la nomination de huit jurés visiteurs, mais de manière que d'année en année, il en reste toujours quatre anciens pour instruire les nouveaux; lesquels jurez entreront en exercice au premier janvier de chaque année, et prêteront le serment sans frais devant le Juge de Thiers de bien et dûement exercer leur commission. »

« XV. — Seront tenus lesdits jurez visiteurs de faire la visite chez les autres maîtres couteliers, comme aussi chez les émouleurs et martinaires, tous les quinze jours, et plus souvent s'ils le jugent à propos, de dresser des procès-verbaux de contravention, et de les remettre dans les vingt-quatre heures entre les mains du Procureur d'office, pour sur ses conclusions être prononcées par le Juge de Thiers les confiscations et autres peines encourues par les contrevenans. »

« XVI. — Ordonne Sa Majesté aux marchands en gros et en détail de la quincaillerie, même aux marchands étrangers qui viennent en la ville de Thiers acheter de la quincaillerie, et à tous fabriquans, émouleurs, martinaires et ouvriers de la jurande, de souffrir la visite de l'inspecteur des manufactures et des jurez visiteurs dans leurs boutiques, magasins et autres lieux de leurs maisons, où ils peuvent recevoir et acheter des ouvrages en contravention, et cela sans délai, à la première réquisition qui leur en sera faite, à peine en cas de refus sur les procès-verbaux qui en seront dressez, de deux cents livres d'amende, et de plus grande peine s'il y échoit ; seront tenus lesdits jurés de se faire accompagner du Juge ou du Procureur d'office lorsqu'ils seront en visite chez lesdits marchands. »

« XVII. — Les lames de quincaillerie qui auront été saisies seront déposées au greffe de la Justice de Thiers, dans le jour que la saisie en aura été faite. »

« XVIII. — Aucuns particuliers ne pourront être admis à faire leur apprentissage, qu'ils n'ayent au moins douze ans accomplis : ordonne Sa Majesté qu'ils seront tenus, avant d'entrer chez leurs maîtres, de passer brévet, en présence du premier Juge de Thiers, du Procureur d'office, et de deux jurez visiteurs en exercice, et que lesdits brévets seront ensuite enrégistrés dans le régistre qui sera tenu à cet effet par les jurez visiteurs, en payant dix sols auxdits jurés visiteurs, et trois livres aux bailes de leur confrérie, pour être employés aux divins offices ; duquel droit de confrérie les émouleurs et les forgerons seront exceptés ; et au défaut de brévet et d'enrégistrement, il ne pourra y être suppléé par aucuns autres actes ni procédures équipolentes ; faisant Sa Majesté défenses de recevoir aucune preuve par témoin, pour établir que l'aspirant est en état d'être reçu à la maîtrise. »

« XIX. — Tous les régistres de la communauté desdits maîtres couteliers, dont les feuillets seront cottés et paraphés sans frais par le Juge de la ville de Thiers, seront tenus à l'avenir sur papier non timbré ; les actes de nomination des jurés visiteurs seront aussi faits et transcrits sur papier non timbré. »

« XX. — Le temps de l'apprentissage sera de cinq années consécutives, pendant lesquelles l'apprentif sera tenu de demeurer chez son maître et de le servir fidèlement ; et en cas que quelques apprentifs viennent à quitter leurs maîtres avant le temps desdites cinq années accomplies, sans une cause légitime, ils n'acquerront aucun droit pour parvenir à la maîtrise, et leurs brévets seront et demeureront nuls et rayés du régistre desdits jurez visiteurs. »

« XXI. — Après les cinq années d'apprentissage, les apprentifs seront encore obligez, avant de pouvoir être admis à la maîtrise, de travailler pendant trois années en qualité de compagnons chez un maître ou de la même jurande ou d'autres jurandes du royaume, duquel service il sera justifié, savoir, pour ceux qui auront travaillé dans le mandement de

Thiers par la déclaration des maîtres qu'ils auront servis, et d'un juré visiteur de chacune desdites trois années, et pour ceux qui auront travaillé dans d'autres jurandes par des attestations en bonne forme. »

« XXII. — Dans le cas où les apprentifs seront fondés à porter leurs plaintes contre les maîtres qui les maltraiteroient, les nourriroient mal ou les employeroient à des ouvrages étrangers à leur métier, ordonne Sa Majesté au Juge de Thiers de décider sommairement et sans frais sur les plaintes desdits apprentifs; et s'ils se trouvent dans le cas de changer de maître, ledit Juge le permettra, en ordonnant que le temps que lesdits apprentifs auront déjà employé chez leurs premiers maîtres sera compté sur celui qu'ils doivent employer à leurs apprentissages, dont il sera fait une note sur les brévets par ledit Juge ou par le Procureur d'office. »

« XXIII. — Lorsque les apprentifs auront fait apparoir qu'ils ont accompli et achevé le temps de leurs apprentissages et services en qualité de compagnons, ils seront admis à faire le chef-d'œuvre en présence des quatre jurez visiteurs en exercice, et de quatre autres maîtres couteliers qui seront choisis par le Juge de Thiers pour être présents audit chef-d'œuvre; l'approbation de trois de ces quatre maîtres choisis sera nécessaire pour la validité dudit chef-d'œuvre, outre celle des quatre jurez visiteurs : enjoint Sa Majesté au Juge de Thiers d'être présent aux travaux desdits chefs-d'œuvre, sans frais. »

« XXIV. — Il est fait défenses aux maîtres couteliers reçus sur un chef-d'œuvre de couteaux, de fabriquer à l'avenir des ciseaux, comme aussi à ceux reçus sur un chef-d'œuvre de ciseaux, de fabriquer des couteaux, à peine de confiscation et de deux cents livres d'amende ; sauf à tel desdits maîtres couteliers à demander d'être admis à faire un nouveau chef-d'œuvre de l'espèce d'ouvrage dont il n'auroit pas fait lors de sa réception à la maîtrise. »

« XXV. — Les fils de maîtres, qui auront demeuré et travaillé jusques à l'âge de vingt ans accomplis chez leurs pères ou chez leurs mères veuves, faisant fabriquer de la quincaillerie, seront réputez avoir fait leurs apprentissages, et pourront être reçus au chef-d'œuvre, sans avoir travaillé comme compagnons chez d'autres maîtres, en justifiant par la déclaration des jurés visiteurs en charge, qu'ils auront travaillé effectivement, au moins pendant six ans, chez leurs pères ou mères veuves, en payant la moitié des droits réglés pour la communauté et pour la confrérie, conformément à l'article XIV des anciens statuts. »

« XXVI. — Les veuves des maîtres couteliers, jouiront des droits de leurs maris, et pourront continuer de faire fabriquer de la quincaillerie, tant qu'elles resteront en viduité, et qu'elles vivront avec leurs enfants, ou l'un d'eux, sans pouvoir néanmoins avoir d'autres apprentifs, que ceux qui auroient commencé leurs apprentissages sous leurs défunts maris ; et au cas qu'elles se séparent volontairement de tous leurs enfants ou qu'elles se marient, elles seront déchues desdits droits et priviléges de la maîtrise. »

« XXVII. — Les apprentifs qui seront reçus maîtres seront tenus de prêter serment pardevant le Juge de Thiers, comme aussi de se faire inscrire dans le régistre ou tableau des maîtres couteliers, et de retirer les actes de leurs inscriptions, signés des Juges et des gardes jurez, en payant pour les droits desdits Juges six livres dix sols, pareille somme pour la communauté, et huit livres aux jurez visiteurs pour le temps qu'ils employent au chef-d'œuvre et à la réception. »

« XXVIII. — Les sommes qui seront payées pour l'enrégistrement des brévets, pour les droits de réception à la maîtrise et pour les amendes, seront reçues par les jurez visiteurs en charge, lesquels en tiendront régistre paraphé par le Juge : ordonne Sa Majesté que lesdites sommes seront employées aux affaires de la communauté desdits maîtres couteliers, et que lesdits jurez en rendront un fidel compte, au plus tard dans trois mois après leur exercice, sans frais, en présence dudit Juge, des nouveaux jurez visiteurs et des quatre plus anciens maîtres nommez par ladite communauté, à peine de deux cens livres d'amende qui ne pourra être remise ni modérée sous quelque prétexte que ce soit : ordonne en outre que lesdits jurez sortant de charge remettront les deniers qui se trouveront en leurs mains aux autres jurez visiteurs qui leur succéderont, ce qui sera exécuté d'année en année. »

« XXIX. — Défend Sa Majesté aux jurez visiteurs

de prendre ni recevoir des apprentifs reçus à la maîtrise aucuns présents, ni autres et plus grands droits que ceux fixez par le présent Règlement, pour quelque cause et sous quelque prétexte que ce soit, à peine de restitution et de deux cents livres d'amende ; comme aussi auxdits apprentifs de donner aucuns repas aux jurez visiteurs ou aux autres maîtres couteliers, à peine de nullité de leurs réceptions. »

« XXX. — Les maîtres couteliers et ouvriers, habitans des lieux situez à cinq lieues de la ville de Thiers, reconnoîtront ladite ville pour le chef-lieu, et le Juge de Thiers pour le juge de tout ce qui concerne la police de leur fabrique ; ils souffriront aussi les visites de l'inspecteur des manufactures et des jurez visiteurs de Thiers, aux peines portées par l'article XVI du présent Règlement. Ordonne Sa Majesté que ledit Juge de Thiers connoîtra privativement à tous autres juges des différens mûs et à mouvoir, tant entre lesdits couteliers et les ouvriers, qu'entre lesdits marchands et les couteliers, pour raison de saisies, contraventions aux règlements, ou autres matières concernant la police de ladite fabrique ; leur en attribuant pour cet effet, Sa Majesté, toute juridiction et connoissance, et icelles interdisant aux juges desdits lieux, à peine de nullité de leurs jugements. Ordonne en outre que les procez seront instruits et jugez sommairement par ledit Juge de Thiers à l'audience, et où il y auroit quelques pièces à voir, ou que les différens fussent de nature à ne pouvoir être décidez sur-le-champ, les pièces seront mises sur le bureau, pour être lesdits procez jugez sans appointemens, procédures ni autres formalités de justice, et sans que pour quelque cause que ce puisse être, ledit juge puisse recevoir aucuns droits, sous prétexte d'épices ou vacations, ni le greffier aucuns autres droits que les deux sols seulement par chaque feuillet des sentences qu'il expédiera. »

« XXXI. — Les lames des couteaux et ciseaux dont la confiscation aura été ordonnée seront brisées sur une enclume, en présence de l'un des Juges de Thiers et des jurez visiteurs. »

« XXXII. — Les amendes qui seront prononcées pour les contraventions faites au présent règlement, seront appliquées, savoir : un tiers au profit de Sa Majesté, un tiers au profit du corps des couteliers de Thiers, et l'autre tiers au profit des pauvres de l'Hôpital de ladite ville de Thiers. »

« XXXIII. — Ordonne Sa Majesté que les peines portées par le présent règlement seront prononcées, sans qu'elles puissent être remises ni modérées, pour quelque cause et sous quelque prétexte que ce soit, à peine par ledit Juge de Thiers de répondre en son propre et privé nom des amendes et confiscations qu'il auroit dû prononcer. »

« XXXIV. — Le présent Règlement sera inscrit et enregistré tant sur le régistre de la Justice de Thiers que sur celui de l'Hôtel-de-ville, publié et même affiché dans toutes les paroisses limitrophes de la ville de

Thiers : ordonne au surplus Sa Majesté que les anciens statuts de ladite jurande seront exécutés en tous les points auxquels il n'est point dérogé par le présent Règlement. »

CHAPITRE II.

I. **Appréciation de ces deux règlements.** — II. **Atteintes passagères portées aux privilèges de la Jurande à diverses époques.**

I.

Le règlement de 1743 introduisait dans les anciens statuts de 1582 et 1614 des modifications considérables ; pour s'en convaincre il suffit de lire attentivement ces deux documents, de les comparer l'un avec l'autre. Nos lecteurs saisiront eux-mêmes cette différence, et nous n'y insisterons point, afin de ne pas nuire à la rapidité de notre récit.

Qu'il nous soit permis cependant de faire remarquer que le règlement de 1743, tout en semblant causé par la nécessité d'assurer la supériorité de l'article de Thiers, grâce aux recommandations sévères qui sont faites sur le choix et la qualité de la matière première, a pour résultat de lier plus étroitement encore les maîtres composant la jurande. Cette liberté du commerce, qui devait être, comme tant d'autres libertés, une de nos conquêtes de 89, n'existait pas sans doute sous l'empire des statuts antérieurs; mais n'était-elle pas dans le règlement de 1743 soumise à de nouvelles entraves ? Jusqu'alors les maîtres visiteurs, nommés par leurs confrères exerçaient à peu près seuls la police du métier; ils présidaient seuls à l'admission des nouveaux maîtres; ils pouvaient même dans les querelles qui s'élevaient entre maîtres et apprentis, se constituer en tribunal de famille. (A ce propos, n'est-il pas remarquable de trouver dans les dispositions de cet article XIX des anciens statuts le germe de cette institution bienfaisante et paternelle des Prud-hommes qui, au xixe siècle, deviendra chez nous un tribunal régulièrement organisé, après avoir ainsi fonctionné sous un autre nom, par le fait, au profit d'une partie de nos commerçants de 1582 à 1743 ?)

Les Lettres-patentes nouvelles associent partout l'action du juge à celle des jurés visiteurs. Les officiers de la jurande ne peuvent plus se mouvoir hors la présence et le contrôle du magistrat; il assiste même à la confection du chef-d'œuvre et à la réception des maîtres. Il représente le Pouvoir chargé de surveiller les maîtres, de prévenir leurs fraudes sur la nature et la qualité de la marchandise vendue ou mise en vente, de réprimer toutes les contraventions, et d'appliquer les amendes, prononcer les confiscations, sans pouvoir remettre ni modérer les peines encourues par les contrevenants, sous aucun prétexte; ce qui équivaut au refus formel pour eux de ce que nous appelons aujourd'hui le bénéfice des circonstances atténuantes. Nous ne devons pas cependant méconnaître que si cette surveillance permanente du juge est une gêne pour les maîtres, elle est aussi une garantie dans certains cas, notamment pour ceux qui aspirent à la maîtrise. Elle est une garantie encore pour les marchands dans les visites qu'ils sont tenus de souffrir de la part des jurés visiteurs.

Signalons dans le nouveau Règlement un point où la liberté se fait jour. Tandis que, d'après l'ancienne coutume, l'apprenti n'a pas le *droit d'aller et de venir*, que, outre qu'il *doit être pris de la ville ou mandement de Thiers*, il doit passer tout le temps de son apprentissage, et ensuite les trois années de son compagnonnage à Thiers, et non ailleurs, sous peine d'être déchu de tous ses droits à la maîtrise; le règlement de 1743 donne à l'apprenti devenu compagnon le droit de se dépayser, par la facilité qu'il lui laisse de travailler chez un maître de la même jurande, *ou d'autres jurandes du royaume*. Disposition fort sage, non-seulement parce qu'elle respectait un droit naturel à l'homme, mais encore parce qu'elle permettait à la fabrique de Thiers de progresser et de sortir de la routine par l'importation des procédés nouveaux ou des formes nouvelles que ces compagnons pouvaient aller étudier dans les fabriques rivales de la nôtre. Mais s'il voulait obtenir la maîtrise, devenir en un mot chef d'un établissement, le compagnon devait, alors comme auparavant, rentrer à Thiers. Reçu maître, il ne pouvait jouir ailleurs des priviléges de la maîtrise, pas plus du reste qu'un maître de Saint-Etienne ou de Châtelleraut ne pouvait venir se fixer à Thiers et prétendre, en vertu de son brevet, s'introduire dans notre jurande : *chacun chez soi*, et même prohibition pour tous étrangers d'entrer dans la jurande. Sous ce rapport on doit reconnaître que le règlement de 1743, tout en maintenant plus strictement les anciens privilèges de nos maîtres couteliers, viole plus manifestement la liberté du commerce, puisqu'il interdit l'accès de la jurande non-seulement aux étrangers mais encore à ceux de la cité qui pourraient faire concurrence à nos couteliers. Nous avons nommé les marchands en gros, dont nous apprécierons plus loin l'importance et le rôle, nous réservant d'expliquer alors la raison des prohibitions sous le coup desquelles ils sont placés par le règlement nouveau.

Nous avons dit que la communauté des couteliers de Thiers était inaccessible aux maîtres étrangers. C'était du moins la loi générale. Mais pas de loi sans exception : aussi bien il y en avait une en faveur des maîtres de Paris, auxquels leurs anciens privilèges permettaient l'accès de toutes les jurandes du royaume. De nombreux arrêts du conseil avaient consacré cette immunité en leur faveur. En ce qui concerne la coutellerie, la question avait été tranchée contre les couteliers de la ville de Falaise par un arrêt du 23 janvier 1742 : elle fut jugée contre notre communauté de Thiers elle-même, dans les circonstances suivantes :

Le 1er août 1770, eut lieu, pardevant Me *Dumas*, notaire, qui en a conservé l'acte au rang de ses minutes, une assemblée générale et extraordinaire de tous les maîtres de la ville et de la banlieue, convoquée par les visiteurs en charge : *Claude Androdias, Antoine Provenchères, Jean Mazoire,* et *Augustin Mambrun.* Sont présents :

« Pierre Obstancias, } ex
François Thiers, } visiteurs;
Pierre Dubost,
Claude Favet,
Jean Serendat,
Guillaume Nourrisson,
Antoine Tournaire,
Antoine Sannajust,
Antoine Jourdant,
Laurent Serendat,
Antoine Planche,
Benoit Tricottet,
Michel Dubost,
Jean Chabrol,
Antoine Bechon,
Guillaume Bostmanbrun,

Charles Vialle,
François Grange,
Jean Maubert-Bechon,
Pierre Moutonnier,
François Faucher,
Jean-Baptiste Brasset.
Pierre Vachérias,
Antoine Poudrille,
Joseph Forest,
Antoine Barge,
Claude Androdias,
Etienne Granetias,
J.-Baptiste Faydit,
Gaspard Courtade,
Claude Sannajust,
François Rafin,

« Tous conseillers de la Jurande.

« Pierre Deloche,
Louis Gouret,
Jean Riberon,
Jean Grangeneuve,
Joseph Glometon,
François Chabrol,
Pierre Forest,
François Pouzet,
Pierre Vialle,
Jacques Poyol,

Gilbert Poudrille,
Gilbert Bleterie,
Michel Raynaud,
Genès Ambiard,
Jacques Morango,
Remy Feydit,
Pierre Martignat,
François Archimbaud,
Annet Borie,
et Antoine Courtade. »

« Auxquels les visiteurs remontrent que sieur *An-*

toine *Guillemot*, marchand de cette ville, pour se soustraire, et au mépris du règlement de la jurande de coutellerie de cette ville de Thiers, sous le prétexte de se dire maître coutelier de la jurande de Paris, avait par exploit de Chabert, huissier, du jour d'hier 31 juillet, fait signifier aux jurés visiteurs un prétendu acte de réception de sa personne à la maîtrise des couteliers de la ville de Paris du 5 juillet dernier, qu'il dit avoir été enregistré au greffe de cette ville, avec une subrogation de bail à loyer ou afferme de la marque de *la Croix Romaine* qu'il a passé avec *Jérôme Delaire* ledit jour 31 juillet du bail de la même marque passé audit Delaire par *Antoine Faucher*, le 15 juin 1769; avec déclaration faite par ledit Guillemot que, suivant les arrêts et règlemens ledit Guillemot, en sa qualité de maître coutelier à Paris, est autorisé à s'établir, travailler et faire travailler de son art dans toutes les villes et jurandes du royaume; et qu'il établiroit sa manufacture dans sa maison, rue du Lac, en cette ville; et y fabriqueroit toute espèce d'ouvrages de coutellerie de ladite marque de la Croix Romaine. Et comme de telles entreprises de la part dudit Guillemot deviennent nuisibles, ruineuses et préjudiciables à la jurande et fabrique de cette ville, que d'ailleurs il ne peut être reçu, ni professer le métier de coutelier, n'ayant jamais travaillé dans cet art, fait aucun apprentissage ni chef-d'œuvre, non plus que son père qui est marchand comme lui, et son aïeul qui étoit notaire et greffier de cette ville; que toutes ces entreprises ne sont que pour favoriser les fraudes qu'il commet ainsi que les autres marchands ses confrères; qu'il est absolument nécessaire de se pourvoir contre de semblables entreprises : requérant (les visiteurs) que les maîtres couteliers aient à délibérer sur le parti qu'il y a à prendre pour empêcher de tels abus. »

Sur quoi, l'assemblée, à l'unanimité décide, que les visiteurs se pourvoiront par toutes voies de droit contre la réception d'Antoine Guillemot.

Quelle que pût être la légitimité des griefs articulés contre ce maître de fabrique étrangère; qu'il eût, ou non, acquis la maîtrise dans le but d'éluder la défense formelle faite par le règlement de 1743 aux marchands de faire fabriquer de la coutellerie; le fait de sa réception comme maître coutelier de Paris n'en était pas moins certain; dès lors le résultat du procès aurait dû être prévu d'avance par les couteliers thiernois.

Un nouvel acte d'assemblée du 14 décembre 1774, reçu *Cusson*, notaire, nous apprend que, par arrêt du conseil du 15 octobre 1771, les jurés visiteurs avaient été condamnés envers Guillemot en 350 livres de dommages-intérêts, et au coût, levée, contrôle et signification de l'arrêt. Dans cette assemblée, les visiteurs de 1770 viennent réclamer le montant de ce qu'ils ont payé pour cette malheureuse affaire, en capital, intérêts et frais, s'élevant le tout à la somme de 682 livres, 8 sols, 8 deniers.

Le lecteur aura sans doute remarqué dans cet acte de 1770 le titre de *conseillers* ajouté aux noms des 30 premiers maîtres, y désignés. Or nous avons dit plus haut que sous l'empire des statuts primitifs, le nombre de ces conseillers était de 12 seulement; cette modification avait été introduite par une ordonnance de l'Intendant de notre province d'Auvergne en 1751. A cette époque, le nombre des couteliers « qui devaient composer les assemblées générales du corps, » délibérer avec les visiteurs sur les affaires intéressant la communauté, et assister à ces assemblées sous peine, contre les non-comparants, d'une amende de 3 livres, avait été fixé à 50. De même, et par des raisons de police, que nous déduirons dans notre monographie de l'*administration municipale*, le nombre des habitants qui devaient composer les assemblées générales de la ville avait été restreint. Indiquons ici sommairement que les visiteurs, pendant une longue période du xviiie siècle, firent de droit partie de ces assemblées, et que, pendant le même laps de temps, ils jouirent d'un autre privilége plus précieux encore, celui de faire partie, en leur même qualité de visiteurs, des conseils de ville.

Ainsi notre jurande des maîtres couteliers se régissait en vertu de certaines règles nettement définies; pour nous servir d'un terme fort en vogue aujourd'hui, elle avait, comme toutes les jurandes, son autonomie. Il est bon de constater que si sa constitution tendait à maintenir en faveur de ses membres un monopole contraire à un principe qui, du reste, n'était pas alors admis, celui de la liberté du commerce ; du moins, notre communauté n'était pas aussi rigoureusement exclusive que beaucoup d'autres. On ne trouvait point dans ses statuts certaines prohibitions monstrueuses qui, ailleurs, avaient force de loi, telles que : l'exclusion de quiconque n'est pas fils de maître, ou de ceux qui épousent des veuves de maîtres ; la condition de garçon imposée aux apprentis, la réduction du nombre des maîtres à un chiffre déterminé, etc., etc.

Et maintenant que nous connaissons la loi à laquelle nos couteliers sont soumis, les devoirs qu'elle leur impose, les priviléges qu'elle crée en leur faveur, examinons quelles furent à diverses époques les atteintes portées à cette constitution, non par les couteliers, mais par celui qui l'avait sanctionnée, par le Pouvoir lui-même.

II.

A certaines heures néfastes de notre histoire, les besoins impérieux de l'Etat contraignirent nos Rois à battre monnaie avec les libertés des maîtrises, comme ils le faisaient avec nos libertés et franchises municipales. On connaît le mot fameux du ministre de Louis XIV, Pontchartrain : « Sire, toutes les fois que Votre Majesté crée un office, Dieu crée un sot pour l'acheter. »

On sait encore à quel degré d'épuisement la France du *grand* Roi était arrivée en 1691, au moment où le ministre prononçait ces paroles, résumé de son plan financier : « Il ne se borna point, dit Henri Martin, à inventer des fonctions nouvelles, il se mit en devoir de transformer en charges vénales le peu qui subsistait de fonctions électives dans la société. Il porta un coup terrible à l'organisation industrielle de Colbert, en créant des maîtres et gardes des corps de marchands héréditaires, et des *jurés héréditaires dans les corps de métiers à la place des gardes et jurés électifs*, c'était anéantir les garanties qu'offrait le système des corporations, en décuplant les inconvénients, en surchargeant l'industrie d'un nouveau fardeau. »

Tout en comptant sur la *sottise* de certaines gens pour acheter les emplois de création nouvelle, Pontchartrain devait compter, et comptait sans doute sur la preuve d'*esprit* que pouvaient donner notamment les corps de métiers, en profitant de la liberté qu'il leur laissait, de racheter eux-mêmes, à beaux deniers, les priviléges que son système atteignait, afin de conserver le choix de leurs officiers, et d'éviter l'intrusion dans leurs communautés de *fonctionnaires* étrangers à leurs affaires. Certes le sacrifice était lourd, eu égard surtout à cette affreuse misère du temps, dont nous fournirons la preuve plus loin ; mais, pour leur part, nos couteliers thiernois comprirent qu'il était de leur intérêt de le faire ; ils ne purent qu'agir pour atténuer autant que possible le dommage qu'ils éprouvaient, et faire parvenir jusqu'aux pieds du trône leurs respectueuses, mais vaines doléances.

Déjà, par amiable composition, ils avaient obtenu de l'Intendant de la province, M. de Meaupeou, le rachat des offices de jurés visiteurs héréditaires, créés par l'édit de 1691, moyennant une taxe « de 900 livres de principal et 90 livres pour les deux sols par livre. » Mais le Ministre ne devait pas s'arrêter si vite dans cette voie fatale pour l'industrie, et nos maîtres durent bientôt racheter encore les *offices d'auditeurs et examinateurs des comptes des jurés*. Pour mieux faire sentir à nos lecteurs tout le poids de ces nouvelles charges, laissons ici parler nos maîtres eux-mêmes, et transcrivons littéralement :

« *L'acte délibératoire et advis du corps de la jurande des maîtres couteliers,* » du 14 juin 1694. (Reçu *Giraud*, notaire à Thiers.)

« Aujourd'huy lundy 14° juin 1694, à l'heure de midy, par devant le notaire royal en la ville de Thiers soussigné, et en présence des témoins bas-nommés, dans la maison commune appelée du Saint-Esprit, en la paroisse de Saint-Jean-du-Passet, ont comparu et se sont présentés en leurs personnes : sieurs *François Bergeron, François Chassonnerie, Barthélemy Brun* et *Etienne Forest*, maîtres couteliers, jurés visiteurs dudit métier l'année présente ; lesquels, en conséquence de la permission à eux accordée sur requête verbale par eux présentée à Messieurs les Châtelain et Maire de la ville, ont fait convoquer et assembler au présent lieu et heure les maîtres dudit art et mestier de ladite ville de Thiers et villages circonvoisins, pour délibérer et donner leur advis sur le mandat de monseigneur l'Intendant du 4° du présent mois de juin, par lequel il mande : que le Roy nostre Sire ayant créé en titre d'offices des auditeurs et examinateurs des comptes à rendre par les jurés syndics des arts et mestiers, avec attribution de cent cinquante mille livres de gages du droit royal dû à Sa Majesté pour la réception de chascun à la maîtrise, ainsy qu'il paroît d'un exemplaire joint audit mandat ; il luy a plu ordonner par un arrest du conseil qu'il sera aresté un estat de la répartition desdits gages et déclaration dudit droit royal : et comme ces offices pourroient être exercés par des gens de praticque, les communautés ont intérêt de faire des offres pour ne pas laisser exercer lesdits offices à des personnes hors de leur corps. Pour ce à quoy esviter Sa Majesté pourroit escouter les offres que lesdites communautés luy pourroient faire pour empescher l'établissement desdits auditeurs et examinateurs de comptes ; et pour cet effet mondit sieur le Châtelain de cette ville nous a chargé de faire la présente assemblée pour délibérer sur l'exposé cy-dessus, et en donner advis à Mgr l'Intendant et faire les offres qui seront advisés par ledit corps commun. A laquelle fin les ayant requis à la manière accoutumée de s'assembler au présent lieu à cejourd'huy heure présente, s'y sont comparus les cy-après nommés qui sont, savoir :

« Claude Carray de Chazelles,   Michel Champredon,
   « Deux des visiteurs l'année dernière.

« Annet Vachias,   Benoist Dosris-Lapoincte,
  Nicolas Chabrol,   Pierre Sabatier,
  Gabriel Lacroix,   et Pierre Lancement,
     « Conseillers du corps du dit mestier.

« Annet Roche,   Gilbert Varennes,
  Pierre Dargon,   Durand Martigniat,
  Pierre Bartelage,   Pierre Fargo,
  Thomas Gilbert,   Jean Jay,
  Genès Sanajut,   Gabriel Delarbre,
  Gilbert Prodon-Doly,   Benoist Rigodias,

Antoine Maubert, fils à feu Jean, Benoist Pitelet,
Augustin Mambrun, Victor Sallamon,
Antoine Trébuchet, Jean Bartolay,
Annet Desapt-Loupy, et Benoist Sartongier, »

« Tous maistres couteliers de lad. ville et faulbourgs de Thiers, composant et faisant la majeure et saine partie desdits maistres dud. art et mestier de coutelier; ayant entendu la lecture qui leur a esté faite mot-à-mot de la susdite proposition, ONT UNANIMEMENT DÉLIBÉRÉ : que le corps dud. mestier donnera sa très-humble requeste à Sa Majesté ou à nosseigneurs de son conseil, par laquelle on remontrera : que le nombre des artisans dudit art et mestier des cousteliers qui estoit autrefois assez grand est à présent réduit à un très-petit nombre, d'autant que la pluspart d'iceux sont morts et meurent tous les jours la pluspart de faim, à cause de la cessation du commerce causée par les guerres que nous avons contre la pluspart des testes couronnées despuis six ou sept ans, n'estant pas resté qu'environ le quart desdits maistres, dont la pluspart sont réduits à l'homaune et à la mandicité; y en ayant une bonne partie qui ont quitté leurs femmes et enfants pour prendre party dans les armées de Sa Majesté : tout quoy fait que lad. ville est à moytié déserte ny ayant que la moytié des maisons qui soyent occupées, les asseurs et collecteurs n'ayant pas encore imposé la taille, ne sachant plus où la mettre pour en estre payés, estant dû plusieurs arrérages des années précédentes, et l'ustencile de la présente n'estant pas encore achevé de payer, et que l'on n'a que commencé de payer le tiers de la taxe faite sur les maisons de lad. ville dont il sera impossible de se faire entièrement payer quelque diligence que l'on sache faire; et par ce moyen tout le corps dudit mestier estant à présent réduit à un si petit nombre, et la marchandize que l'on fabrique n'ayant plus de débite, il seroit impossible de tirer d'eux aucune contribution, quoiqu'ils ne manquent pas de bonne volonté de secourir Sa Majesté, dans ce temps de guerre où nous sommes et dans le besoing où Sadite Majesté se trouve : et comme les artisans sont réduits à une extrême misère par la cherté de tous les vivres et par la disette du bled qui vaut encore quarente-sept à quarente-huit livres le septier qui est quatre bichez de froment et le seigle à proportion; il plaise à Sa Majesté descharger le corps dudit mestier de la nomination d'aucuns auditeurs et examinateurs de comptes ny de faire aucune contribution pour raison de ce, car autrement les habitans qui restent dans lad. ville la rendront bientôt déserte. A quoy il y a lieu d'espérer que Sa Majesté leur accordera l'entérinement de leur requête, et les frais que lesdits exposants ont fait et feront pour raison de ce leur seront passés et alloués en leur compte, leur estant donné pouvoir d'ajouter dans leur requete tous les autres moyens qu'ils adviseront, et par exprès, que l'année présente il n'y a aulcune personne qui se présente pour estre receu maistre ou du moins qui en puisse faire les frais. »

Cet acte est assez éloquent par lui-même pour se passer de commentaire. Ce cri de douleur parvint-il jusqu'aux oreilles de Sa Majesté? (il dut sans aucun doute être poussé par toutes les communautés du royaume ravagé par la famine et ruiné par la guerre). Dans tous les cas, il est certain qu'il ne toucha point son cœur ; car nous trouvons nos maîtres couteliers assemblés pour procéder à la répartition d'une nouvelle taxe de onze cents livres suivant l'ordonnance de l'Intendant. Il apparaît même d'une délibération du 30 mars 1695, que pour arriver au paiement de cette somme l'intendant fut obligé de recourir à une *garnison* aux dépens de la communauté. Etablie depuis le 11 février 1695, cette garnison subsistait encore au 30 mars, coutant au corps 3 livres 10 sols par jour; ce qui augmentait d'autant la nouvelle rançon que durent payer nos maîtres. Mais enfin, grâce à ces sacrifices, la jurande conserva ses priviléges.... jusques au moment où il lui fallut payer encore pour conjurer de nouveaux périls.

Deux ans à peine s'étaient écoulés depuis l'octroi du règlement de 1743, lorsque l'Etat, toujours besogneux, lança en février 1745 un nouvel édit portant création de nouveaux offices imposés aux jurandes. Le 28 août de cette année, la communauté de Thiers, sous le couvert de ses visiteurs, recevait la lettre suivante, datée de Clermont-Ferrand et signée du sieur Libois.

« A messieurs les syndics de la communauté des couteliers de la ville de Thiers.

» A Clermont, ce 28 aoust 1745.

» Je suis chargé, Messieurs, de la vente des offices *d'inspecteurs et controlleurs des maîtres et gardes* dans les corps des marchands, et des *inspecteurs et controlleurs* dans les communautés d'arts et métiers où il y a présentement maitrise ou jurande, et de la vente des offices d'inspecteurs et controleurs des syndics establis parmy les marchands et artisans qui n'ont ny maitrises ny'jurandes, lesquels offices ont été créés par l'édit du mois de février dernier. Je suis chargé aussy de recevoir les soumissions des commerçants, qui doivent les faire avant l'expiration du délay de six mois de préférence porté par l'édit. Si votre communauté veut donner des marques d'obéissance, elle doit marquer beaucoup d'empressement à la réunion des offices qui la concernent; et vous devés au plustôt faire vos soumissions parce que, le délay de préférence expiré, ces offices seront délivrés aux particuliers qui se sont présentés et se présenteront, qui attendent avec impatience l'expiration du délay après lequel il ne sera plus possible de les exclure. Au surplus, je dois vous prévenir que j'ay reçu des ordres de la part du Ministre de commettre à l'exercice desdits offices, en attendant la vente d'iceux, telles personnes qu'il conviendra, conformément à l'article 4 de l'arrêt du 5 juillet dernier. Je joins l'estat de fixation de ce à quoy votre communauté est comprise pour la réunion des susdits offices. Il me reste à vous exhorter d'assembler les maîtres de votre communauté et de leur faire envisager qu'ils trouveront en faisant cette réunion l'intérêt de la finance qu'ils payeront, et la descharge des droits de visite qui au moins seront perçus au proffit de votre communauté si elle juge nécessaire; et que faute par elle de réunir, ces droits seront perçus au proffit du Roy ou des acquéreurs particuliers. Vous devez encore observer à ces maîtres le dommage qu'ils souffriroient s'ils ne profitoient point du délay qui leur est accordé pour faire lad. réunion, par l'avantage que trouveroient des particuliers dans l'acquisition des susdits offices par les gages à 5 pour cent qu'ils auroient pour leur portion dans les droits de visite qui est de moitié en sus du montant des susd. gages, sans parler du double droit qui se paye par les récipiendaires aux gardes et jurés aux réceptions et du privilége d'exercer la maîtrise et autres portés par led. édit.

» Enfin, je ne dois pas vous laisser ignorer que le Roy par sa déclaration du 3 juillet dernier vous autorise à emprunter les sommes nécessaires pour la réunion desdits offices, et que Sa Majesté par cette déclaration accorde non-seulement le privilége et hypothèque spéciale aux prêteurs sur les susdits offices, gages et droits y attribués, mais encore sur tous les droits qui ont été cy devant accordés et qui pourront être accordés par la suite en faveur de la réunion, laquelle déclaration porté en même temps que les arrérages des rentes qui auront été constitués pour raison desdits emprunts seront et demeureront exemptés de la retenue du dixième, ordonnée être levé par la déclaration du 29 août 1741, à l'effet de quoy mention en sera faite dans les contrats d'emprunt.

» Je suis, Messieurs, votre très-humble et très-obéissant serviteur,

» LIBOIS. »

— 57 —

« *P. S.* Vous n'ignorez pas que conformément à l'article 6 de l'arrêt du 5 juillet dernier, vous ne devez recevoir ny admettre aucuns nouveaux maîtres que les offices dont est question n'ayent été levés à peine de 500 livres d'amende; et je dois même vous prévenir que si vous en aviez reçu depuis ledit arrêt je vous ferois condamner au payement de cette amende. »

« — VILLE DE THIERS.

« — COUTELIERS.

« Le nombre des offices creés est de 4.

	livres.	sols.	deniers.
« — Droit de visite revenant à chaque office................	9	7	6
Gages attribués à chaque office à raison du denier vingt.............	18	15	
Fixation de la finance de chaque office..	375	00	
2 sols pour livre..................	37	10	
	412	10	
Total de la fixation des offices creés dans la dite communauté...........	1500	00	
2 sols pour livre..................	150	00	
	1650	00	»

Le péril était grand. Pour le conjurer, comment faire? Suivre les prescriptions de la missive du Sʳ Libois? sans doute. Mais nos maîtres ne pouvaient consentir à payer cette nouvelle taxe de 1650 livres, sans se faire un peu tirer l'oreille. Une première assemblée fut convoquée le 6 septembre 1745 par les visiteurs en charge : *Etienne Mambrun, Pierre Malaptias, Genès Granetias,* et

Antoine Tournaire. 15 maîtres seulement répondent à l'appel, et l'acte dressé par le notaire *Gourbine* constate, outre la lecture de la lettre ci-dessus, dont l'original reste annexé à la minute, « que les comparants ayant observé qu'ils ne sont point en nombre suffisant pour délibérer par l'affectation de la plus grande partie des maîtres à ne s'y point trouver, les visiteurs ont protesté de se pourvoir devant M. le Châtelain juge de la jurande pour y être pourvu. »

Dans une nouvelle assemblée convoquée le 10 du même mois « par ordre du Châtelain » sont présents les maîtres cy après nommés :

« Michel Petit,
Jean Douris,
Gilbert Guichard,
Antoine Douris,
Genès Londant,
Jacques Malaptias,
Henry Champrigaud,
Pierre Dubost,
Etienne Granetias,
Michel Chassonnerie,
Guillaume Delolme,
Pierre Barge,
Jean Chabrol,
Joseph Vachérias,
Pierre Boyer,
Antoine Barrière,
Louis Moncrioux,
Hugues Collet,
Jean Delaire,
François Rivet,
Jean Ramay,
B. Favet,
Claude Favet,
Guillaume Chanteloube,
Genès Ojardias,
Pierre Jacqueton,
Gabriel Carré,
Jean Bechon,
Jean Armilhon,
Jean Chinon,
Jean Cohavoux,
Pierre Sarray,
Joseph Meallet,
Etienne Vernin,
Jacques Dubost,
Guillaume Farge,
Claude Pradel,
Georges Costebert,
Annet Chalay,
Gilbert Prodon-Doly,

Simon Brasset,
François Lagrange,
Louis Batico,
Jean Meallet,
Annet Chassaignon,
Jean Fédit,
Antoine Granghon,
Jean Jacqueton,
S. Pitelet,
Annet Robert,
Joseph Fontenilles,
Noël Desomades,
Claude Granetias,
Antoine Poudrille,
Jean Pélissier,
Claude Lancement,
R. Saint-Joannis,
Antoine Chabany,
Eloy Déségaux,
Jean Marchaudon,
Charles Vialle,
Antoine Jourdant,
François Delignières,
Joseph Farge,
Pierre Monier,
Victor Chapuis,
Simon Monger,
A. Fayet,
Gilbert Raphanel,
Antoine Rousserie,
Guillaume Maubert,
Jacques Vachias,
Antoine Courtade,
Pierre Gardelle,
André Pouzin,
Etienne Musard,
Jean de Bouteriges,
et Martial Londant. »

Lesquels délibèrent simplement : « que leur corps n'ayant aucun fonds il ne peut faire l'acquisition des offices créés, et que la finance de 1650 livres pour la fixation desdits offices étant une somme trop lourde, il leur seroit *impossible* de trouver à en faire l'emprunt, nonobstant tous les avantages que trouveroient les prêteurs par l'exemption de la retenue du dixième, que par ainsy le corps se trouve hors d'état de profiter du délay de préférence qui lui est accordé ; qu'au surplus ils se conformeront aux édits et déclarations de Sa Majesté. »

Or, en ce temps-là même, *impossible* n'était pas français, alors surtout qu'il était employé comme réponse au Pouvoir demandant de l'argent. Il fallut donc surmonter cette impossibilité dont on excipait. Quels furent les prêteurs, si prêteurs il y eut? Nous l'ignorons encore. Mais le fait essentiel à connaître, et qui résulte pour nous de nos recherches, c'est qu'en définitive l'on paya, que la communauté racheta les offices créés en 1745 comme elle avait racheté ceux créés en 1691 et 1694 : ce qui nous le prouve surabondamment, c'est que dans tous les documents postérieurs nous ne voyons figurer nulle part les officiers créés par le nouvel édit.

Cette atteinte aux priviléges de notre jurande fut la dernière. L'heure approchait du reste où maîtrises et jurandes allaient disparaître radicalement sous le souffle des idées nouvelles.... Mais n'anticipons pas. Avant d'assister à la chute de ce vieil édifice, apprenons au moins à nos lecteurs à le connaître dans son ensemble. Pour ce faire, après avoir démontré quels étaient les liens qui rattachaient nos couteliers à la jurande, il convient de les considérer comme membres et confrères d'une même association ou confrérie religieuse qu'on appelait alors la *Frérie de Saint-Éloy*.

CHAPITRE III.

La Frérie de saint Éloy.

I.

Sint Aly de las Gogas! Sint Aly de las Moufas! Saint Eloy des Boudins! Saint Eloy des Fraises! ainsi les appelaient nos pères dans leur patois pittoresque et poétique... en partie : ainsi les appelons-nous encore aujourd'hui. Messieurs du Chapitre les nommaient Saint-Eloy d'hiver et Saint-Eloy d'été.

Ce n'est pas à dire que de tout temps et ancienneté nos maîtres couteliers se soient mis en fête deux fois l'an. En 1582, au moment où notre histoire commence, la confrérie de Saint-Eloy était établie dans l'église de Saint-Jean-du-Passet; les statuts de la jurande nous l'apprennent, ainsi que plusieurs testaments de maîtres couteliers contenant legs pieux au profit de la confrérie. Mais il nous est aussi difficile de constater son origine que de constater celle de notre coutellerie. Point d'acte qui nous permette d'assigner une date certaine à cette institution qui dut naître en même temps que la communauté. Nous ignorerions encore quelle était la forme de la bannière, sous laquelle nos maîtres et confrères se groupaient fièrement dans leurs processions particulières et aux processions générales de la ville, si nous n'avions trouvé un acte notarié du 26 juin 1693 portant nomination de Jurés visiteurs et remise, par ceux qui sortent de charge à leurs successeurs, de certains objets, parmi lesquels nous voyons figurer : « *une enseigne de taffetas blanc avec une croix au milieu de toile rouge ayant des deux costés l'image de saint Eloy, garnye autour de franges de soye rouge et blanche, garnye de son baston avec une fleur de lys au bout.* »

Si nous n'avons pu jusqu'à ce jour découvrir l'acte de fondation de la Saint-Eloy d'été dans l'église de Saint-Genès, nous avons été plus heureux pour la Saint-Eloy d'hiver. Nous savons par la teneur de deux actes reçus *Girauld* jeune, que cette fête fut fondée en l'année 1691. Dans le premier, du 10 mai, *Antoine Ramey* et *Annet Vachias*, visiteurs, exposent aux maîtres assemblés : « Que par ordre de Sa Majesté (et toujours pour subvenir aux besoins de l'Etat), ils ont été obligés de donner le dénombrement de l'argenterie appartenant à la confrérie de Saint-Eloy leur patron, ensuitte de quoy ils ont reçu un mandement de la part de MM. les vicaires généraux de l'église cathédrale de Clermont, le siége épiscopal vacant, par lequel il est enjoint auxdits remonstrans de porter ou envoyer incessamment quatre chandelliers et deux burettes d'argent appartenants à ladite confrérie au bureau de la monnoye de la ville de Riom, pour après ladite argenterie pesée être payé le montant d'icelle suivant et conformément au prix ordonné par Sa Majesté : pour à quoy satisfaire sieurs *Antoine Maubert* et *Michel Delolle*, deux des autres dits visiteurs, se sont portés en lad. ville de Riom pour y recevoir le prix qui en proviendra. » Or il convient de savoir quel emploi on fera de cette somme.

L'assemblée est d'avis : « Que l'argent qui proviendra sera mis ès-mains de MM. du Chapitre pour cellébrer annuellement l'office de saint Eloy le 1er jour de décembre, à l'instar de celuy fondé par leurs devanciers le lendemain de S. Jean-Baptiste du mois de juin, avec les mêmes solennités que l'on a accoutumé de faire aux offices des mestiers pour lesquels on donne 15 livres ; de plus sera fondé une messe de *requiem* à haute voix le lendemain dud. 1er décembre avec les solennités accoutumées aux offices de 5 livres. » Le capital de cette fondation devant être de 400 livres, si l'argent que l'on recevra de la monnaie de Riom ne suffit point, le corps paiera le surplus.

Le second acte est du lendemain 10 mai 1691. C'est le traité passé entre les visiteurs et le Chapitre de Saint-Genès, représenté par son prévôt *Mre Pierre Moisant* pour la fondation décidée dans l'assemblée de la veille. Il est énoncé : « Que cet office sera fait tout ainsy et de mesme que les sieurs du Chapitre ont accoutumé de faire celluy qui a esté fondé par le corps du mestier le 25 juin de chascune année, savoir : les premières et secondes vespres, matines et la procession par la ville led. jour premier décembre de chascune année à perpétuité et ce environ les dix heures du matin, auxquels offices sera fait la sonnerie des cloches et carillon à la manière accoustumée. Plus ont fondé et fondent comme dessus une grande Messe de *requiem* pour le repos des âmes des fidèles trépassez qui sera aussy ditte et cellébrée à perpétuité au maître autel de lad. église dans le chœur d'icelle le lendemain dud. jour 1ᵉʳ décembre après la Messe de l'*Angelus :* avant laquelle Messe sera aussi fait la sonnerie des cloches à la manière accoustumée. » Le prix de cette fondation est de 400 livres, dont 300 pour l'office et procession de Saint-Eloy et 100 livres pour la messe de *requiem*. Sur cette somme le Chapitre reçoit comptant et quittance celle de 340 livres provenant de l'argenterie laissée à Riom. Quant aux 60 livres restant, le capital en sera payé par les confrères à leur volonté, à la charge de payer les intérêts à 1 sol par livre jusques au remboursement. « Et pour supplément des intérêts et revenus de l'année courante sera payé par les visiteurs au Chapitre pour une seule fois le 2 décembre prochain la somme de dix livres et les années suivantes celle de trois livres. »

Telles furent les circonstances qui amenèrent la fondation de la Saint-Eloy d'hiver. De même que la confrérie établie à Saint-Jean n'avait pas nui à l'établissement de celle de Saint-Genès, et que toutes deux existaient simultanément; de même la fête nouvelle créé à Saint-Genès n'empêcha point nos maîtres d'en créer une semblable à Saint-Jean. Nous en trouvons la preuve dans deux quittances fournies par le Curé de cette dernière paroisse à *Blaise Vignol*, premier maître visiteur en 1711; lesquelles sont ainsi conçues :

1. — « Office de St Eloy d'hyver en la paroisse de St Jean de Thiers.

« — Premières Vespres................. 1ᴸ 10ˢ
— Procession et les 4 Prêtres,.......... 3 »
— Grand Messe.................... 3 »
— Le sacristain pour midy 15ˢ pour l'office
    10ˢ pour le rénage 5ˢ.............. 2 10
— Pour les secondes Vespres............ 1 10
— Torches........................ 1 »
— Aux Marguilliers...... .... 1 18
— Chandelettes.................... 0 3
                                15ᴸ 11ˢ(*sic*)

« Se monte 15 livres onze sols que jay recu de sʳ Blaise Vignol premier maitre juré visiteur ce 2ᵉ décembre 1710. Soudy, curé de S. Jean. »

II. — « Reçu de sʳ Blaise Vignol pour l'office de St Eloy fait en l'église de St Jean de Thiers ce 25 juin 1711.

« — Pour la Grand Messe.............. 3ᴸ »ˢ
— Pour la procession.................. 3 »
— Pour la torche sur les rénages........ 1 »
— Pour les Marguilliers................ 1 18
— Pour les secondes Vespres............ 1 10
— Pour la Grand Messe de mort........ 3 3
— Pour le sacristain sonnerie de midy
    15 sols pour l'office 30ˢ pour la salle
    5ˢ pour le rénage 5ˢ pour battre la
    cloche 10ˢ en tout................ 3 5
— Pour un marbre sacré à l'autel........ 2 10
— Pour les 4 perches.................. 1 »
— Plus 10ˢ pour les hosties de l'année.... 0 10
                              20ᴸ 16ˢ(*sic*)

« Laquelle somme de 20ᴸ 16ˢ jay recu comme dessus. Soudy, curé. »

Ainsi, mêmes solennités deux fois l'an à St-Jean comme à St-Genès. Outre les frais de ces fêtes, dans chaque église l'autel de saint Eloy était desservi par un vicaire particulier, qui recevait des couteliers une allocation spéciale. Nous relevons dans le compte que ce même Blaise Vignol présente de sa gestion les articles suivants, avec quittances à l'appui.

« ... Article 5. — La somme de 25 livres payée à Mre Claude Chevallier prêtre pour les messes dittes à l'autel de St-Eloy à St-Genès suivant ses quittances.

» ... Article 8. — Plus la somme de 15 livres payée à Mre Jean Thivet prêtre pour avoir desservi (pendant l'année) la vicairie de St-Eloy de St-Jean. »

Enfin, pour compléter les frais généraux et annuels que la jurande payait pour l'entretien de ses confréries, citons encore dans le même compte les articles suivants :

« Article 2. — La somme de 46 livres 6 sols payée à sieur Antoine Delachenal pour cierges ou torches.

» Article 11. — La somme de 6 livres à madame Lachaux pour fourniture de cierges.

» Article 12. — A Mre Chèze habitué de St-Genès pour la torche le cierge et le plat pour l'honoraire de saint Eloy (c'est-à-dire pour mettre au devant de l'image du saint) à chascune fête 4 livres soit 8 livres, et 7 sols de chandelettes chaque fois, soit 14 sols. »

Il va sans dire qu'en certaines occasions ce budget devenait insuffisant. Il y avait des dépenses exceptionnelles. Ainsi, dans le compte de Vignol, figure une somme de 40 livres 15 sols payée à Barthélemy Dufour, « pour 4 aunes 1/2 de damas bleu pour deux devans d'autel de saint Eloy; et celle de 9 livres 12 sols 6 deniers à Claude Chambon pour fourniture de galons d'or. »

C'était, du reste, parmi les diverses et nombreuses confréries établies dans nos églises, à qui embellirait le mieux son autel et ferait le mieux honneur à son patron. Nos couteliers, formant la corporation la plus nombreuse, tenaient à témoigner plus d'amour à leur saint en lui apportant plus d'offrandes, et leur chapelle était sans contredit la mieux ornée.

En 1685, et le 22 décembre, par acte reçu *Girauld*, notaire, eut lieu un « *bail à prix fait pour la construction d'un retable à l'autel de St-Eloy (de Saint-Genès) entre les maîtres visiteurs des couteliers et honeste personne* Gilles Buchot *M^e esculpteur*. »

« — Furent présents honnestes personnes *Pierre Dargon, Antoine Ramey, Annet Vachias* et *Antoine Chassaigne* visiteurs jurés au métier de couteliers, habitans en cette ville de Thiers, faisant pour le corps dud. mestier et fondés d'acte délibératoire d'iceluy, d'une part; et honneste personne *Gilles Buchot* M^e esculpteur aussy demeurant aud. Thiers, pour luy d'autre part. Lesquelles parties de leur gré et volonté, en exécutant led. délibératoire dud. corps commun ont recogneu et confessé avoir fait et accordé le bail à prix fait pactes et convenances qui s'ensuyvent. C'est assavoir que led. Buchot a entrepris et promis ausd. visiteurs de faire un retable en bois de noyer et icelluy pozer à l'autel de St-Eloy qui est soubs la tribune de l'églize de St-Genès de Thiers; lequel retable contiendra toute la largeur du fonds des deux pilastres qui sont de pierre de Voulvic depuis l'autel jusqu'au plat fonds qui est au dessus; lequel retable sera composé de quatre colonnes de l'ordre corintienne taillées à feuilles de vigne à torse aveq leurs pieds destaux et une niche renfoncée au millieu desdites colonnes; audessus de laquelle niche y aura une coquille et deux petits anges qui tiendront la couronne de l'effigie dudit saint Eloy; à costé des colonnes y aura deux anges de la haulteur de deux pieds et demy; audessoubs lesdits anges sera fait deux crédences en armoires, et sur lesdits anges y aura deux corbeilles taillées à barliefs; lequel retable sera garny de son architrave frize et corniche et testes de chérubins qui seront pozées dans les plaintes desdites colonnes; et à chascun des pieds destaux desd. colonnes il y aura sur le devant un ornement en feuilles de laurier; et audessoubs des trois figures il y aura à chascune une teste de chérubin; et ledit corps de retable sera porté à plomb par une frize taillée tout du long; le tout conformément au dessin que ledit entrepreneur en a baillé ausd. M[rs] visiteurs par lui signé et paraphé par le Notaire royal soussigné, lequel demeurera joint à ces présentes pour servir et tenir lieu de modelle dud. ouvrage que led. entrepreneur a promis faire et rendre faict et parfaict bien et deuement au dire d'experts dans le jour de la feste de Pasques prochaines venans. Outre ce redressera la figure de saint Eloy, la dorera et argentera et peindra, comme aussy raccomodera l'image de saint Eloy qui est desjà peinte en destrampe à la muraille de la salle du St-Esprit : le tout moyennant la somme de cent cinquante livres payable savoir, trente livres à requeste, et le surplus à la fin dudit œuvre, lequel sera compozé de bon bois de noyer loyal et marchand et bien secq, hors les deux cresnaux qui seront seullement de bois de chesne, sur le derrière et le devant seront de bois de noyer : et ne sera tenu à la fourniture d'aulcune ferremente. Et à l'entreténement des présentes à payne de tous dépens domages et jugements les parties ont obligé, savoir, led. Buchot tous ses biens, et lesdits visiteurs les biens dudit corps commun.

» A ce a esté présent *Pierre de Lignières* maistre coutelier et baisle dud. mestier l'année présente, lequel estant meu de piété et se réjouissant dudit œuvre, a promis de payer par forme de contribution la somme de vingt-deux livres ausd. visiteurs à la fin dud. œuvre soubs mesme obligation que dessus. »

Le dessin servant de modèle, que le Notaire déclare annexé à la minute de son acte, ne s'y trouve plus joint aujourd'hui : mais nos lecteurs peuvent en voir la copie exécutée par Buchot dans notre église de St-Genès, où l'autel de St-Eloy subsiste de nos jours sous la dénomination d'*Autel du Saint-Sacrement*.

Après avoir ainsi embelli l'autel de notre Collégiale, il était tout naturel d'embellir également celui de Saint-Jean, afin de ne pas rendre les deux Saints jaloux l'un de l'autre. On dut y penser ; mais la réalisation de ce projet ne put avoir lieu que plus tard. Les édits de 1691, la famine des années suivantes, nous expliquent assez le retard que les visiteurs durent mettre à la restauration de l'autel de St-Jean. Ce ne fut qu'en 1710 qu'elle eut lieu, par les soins du même Gilles Buchot, et sur un plan à peu près conforme à celui dont l'acte de 1685 nous a donné le détail. C'est dans un sac de Procureur, au milieu de beaucoup d'autres papiers, ayant servi à la liquidation de la succession du visiteur Vignol, que nous avons retrouvé l'acte sous seing-privé réglant avec le maître *esculpteur* thiernois ces conventions nouvelles, dont la teneur suit :

« Nous soussignés, maîtres jurés visiteurs de la manufacture de coutèlerie de Thiers, savoir : *Blaise Vignol*, *Jean Bournier*, *Genès Mialet* et *Claude Brugière*, d'une part; et *Paul Gilles Buchot*, maistre sculpteur et peintre de cette ville, d'autre ; sommes convenus que mondit Buchot doit faire un retable à l'autel de St-Eloy de St-Jean de Thiers à quatre colonnes ordre corintien aveq ses pieds destaux architrave frise, et un fronton en ornement audessus de la corniche ; en outre lesdites colonnes seront taillées en ornements en feuilles de raisins ; au milieu dudit retable une niche enfoncée aveq un chanbranle tout autour ; à cotté du retable il y aura deux niches plattes, au-dessoubs une teste de chérubin ; plus un devant d'autel et cadre fixe, aveq une chute de fleurs dans les pilastres ; au-dessus des niches, il y aura un petit fronton proportionné, au-dessoubs d'icelles il y aura une boise de chasque cotté pour couvrir la maçonnerie. Le tout sera pozé aux festes de Pasques prochaines, et de bon bois de noier de vive arette et marchand, à peine de dix livres de diminution si led. retable n'est pozé dans le mois d'avril, moyennant la somme de sept vingt livres payables à mesure d'œuvre. Fait double à Thiers le vin un décembre mil sept cent dix. Lesd. Bournier et Brugière n'ont seu signer enquis ; en présence de Mre *Louis Soudy* prêtre curé de St-Jean qui a agréé lad. réparation et a signé. — *Soudy*, Vignol, Buchot. »

Suit la quittance donnée par Buchot à Vignol le 15 avril 1711. St-Jean n'avait donc plus rien à envier à St-Genès ; et la Frérie avait deux autels également splendides.

Nous savons par les statuts de la Jurande comment se composait le fonds d'entretien de la Frérie. Ajoutons qu'il était d'usage parmi nos anciens maîtres d'insérer dans leurs testaments quelques dons plus ou moins considérables selon leur piété et leur fortune au profit de l'une ou l'autre des deux vicaireries de St-Eloy. Nous relèverons les noms de quelques-uns de ces donateurs en faisant l'histoire de nos paroisses.

Les Statuts nous ont appris également comment la Frérie était administrée par des bailes nommés chaque année par le corps commun, à qui ils devaient rendre comptes lors de leur sortie de charge. Dans le principe, messieurs du Chapitre et le curé de St-Jean n'avaient rien à voir dans cette administration. Mais, en 1698, l'Evêque de Clermont rendit une ordonnance portant que les bailes des Fréries rendraient compte à l'avenir, tous les ans, devant un Chanoine de St-Genès député par le Chapitre et les curés de St-Genès et de St-Jean, « à peine d'interdit de la Frérie. » Cette ordonnance épiscopale, rendue le 29 avril, fut signifiée à la Frérie de St-Eloy, le 22 mai, par exploit de Farge, sergent; et le 26 juin, dans une assemblée convoquée par les visiteurs *Gilbert Miallet, Jean de Lignières, Benoît Rigodias* et *Thomas Gilbert*, fut agitée la question de savoir si l'on devait obéir à cette injonction de l'autorité ecclésiastique.

Les maîtres consultés « sont d'advis unanime que sur le bon plaisir du seigneur Evesque on n'exécutera point son ordonnance, et qu'il sera nommé deux auditeurs de compte à la manière accoustumée et suivant l'ancien usage introduit de tout temps et ancienneté : et où et quand il arriveroit dans la suite quelque autre ordonnance contraire audit usage, il est donné pouvoir aux M⁰ˢ jurés visiteurs qui se trouveront en charge de se pourvoir tant contre ladite première ordonnance que toutes autres qui pourront estre rendues par ledit seigneur Evesque. »

La réponse était fière. Elle accusait chez nos maîtres certain sentiment d'indépendance. Il fallut cependant bien céder pour éviter cette peine d'interdit qui menaçait les confrères insoumis. Interdire la Frèrie! autant valait interdire la Jurande, et tuer tout d'un coup le commerce de Thiers! donc nos couteliers cédèrent. Ce qui nous le prouve surabondamment, c'est la mention suivante que nous trouvons dans un procès-verbal de visite pastorale faite par Massillon à St-Genès le 13 avril 1759 :

« *D.* — Nous nous sommes informés s'il y a des confréries..... *Si les bailes rendent leurs comptes;*

si à leur occasion il se fait des danses, débauches, et s'il y a d'autres abus. ».

« *R*. — Nous ont assuré (les sieurs du Chapitre) ne se passer aucun abus à leur occasion, *comme aussi les comptes avoir été rendus par les anciens et nouveaux bailes aux Chanoines directeurs desdites confréries et au vénérable Curé.* »

Ainsi constituée, la confrérie de St-Eloy subsista tant que dura la Jurande elle-même ; ou plutôt, elle lui a survécu en un sens, puisque, de nos jours encore, les deux fêtes de St-Eloy se célèbrent comme par le passé. Nous avons été témoins, cette année même 1865, de l'éclat tout nouveau que nos couteliers du xix° siècle ont donné à leur fête de la St-Eloy d'hiver. Nous avons vu leur procession imposante par le nombre parcourir, bannières en tête, au son des instruments, les rues de notre cité. Ces démonstrations pacifiques se perpétueront-elles? Nous l'ignorons ; mais s'il devait en être ainsi, pourquoi nos couteliers ne rétabliraient-ils point leur antique « *enseigne de taffetas blanc, avec une croix au milieu de toile rouge, ayant des deux côtés l'image de saint Éloy, garnie autour de franges de soie rouge et blanche, garnie de son baston* SANS *une fleur de lys au bout?*

CHAPITRE IV.

I. L'ouvrier coutelier et le mode de fabrication. — II. Du prix des objets fabriqués à Thiers.

I.

Dans un ouvrage qui s'adresse à des Thiernois, une bonne partie de ce chapitre pourrait, au premier abord, sembler un hors d'œuvre. — « A quoi bon, dira le lecteur, nous raconter comment se faisait un couteau, comment ciseaux et rasoirs se fabriquaient, à moins de démontrer que ce mode de fabrication n'est plus aujourd'hui ce qu'il était autrefois ? » — Sans doute, nos procédés sont encore les mêmes. Néanmoins, chacun constatera avec nous la révolution très-active qui s'accomplit chaque jour dans notre fabrique. L'outillage se modifie et se perfectionne; la mécanique devient l'auxiliaire de l'ouvrier. Or, sans avoir la prétention de passer à la postérité même la moins reculée, il nous paraît utile d'exposer ici, très-sommairement du reste, pour les Thiernois de demain peut-être, un état de choses ancien, actuellement subsistant chez beaucoup, mais destiné à disparaître en partie.

Le caractère distinctif de notre fabrique, personne ne l'ignore, c'est l'extrême division du travail ; il en a été ainsi de tout temps et ancienneté. Avant d'arriver au point de perfection nécessaire pour le livrer au consommateur, le couteau passe par bien des mains. Chaque partie qui le compose est travaillée par des ouvriers différents, et la même partie exige le concours de plusieurs personnes. De cette manière de faire résultent deux avantages également inestimables ; d'abord la facilité pour le fabricant de produire plus vite, mieux et à meilleur marché ; puis la nécessité d'employer un grand nombre d'ouvriers ; par suite la possibilité de faire vivre de leur travail le plus de monde possible. Nous insisterons plus loin sur ce point essentiel, actuellement passons rapidement en revue nos ouvriers couteliers.

En première ligne figure le *martinaire* à qui le fabricant livre l'acier et le fer en barres ; il est un des riverains de notre Pactole Thiernois, notre rivière de Durolle. Son instrument, c'est le marteau ; mais quel marteau ! Pour l'emmancher il n'a fallu rien moins qu'un *arbre* ; il peut frapper de 200 jusqu'à 500 coups par minute. Son nom spécial est *martinet* : il se meut par l'action d'une roue qui tourne à l'extérieur, plongeant et replongeant sans cesse dans la Durolle, et laissant retomber en poussière humide l'eau que ses aubes ou ses auges fouettent ou soulèvent à chaque tour. Tandis que la roue tourne, le marteau se lève, et retombe pour se lever encore, Dieu sait avec quel bruit! Aplatissant, étirant, allongeant la barre que lui présente le martinaire et la réduisant aux dimensions voulues pour la fabrication.

Au martinaire succède le *forgeron* qui, de son lourd marteau, mû par son bras nerveux, bat à nouveau l'acier ou le fer pour lui donner la forme de la lame, de la platine ou du ressort. Après le forgeron, le *limeur*; après le limeur, le *perceur :* après le perceur, l'*émouleur*, le *polisseur*, le *plaqueur*, le *mitreur*.

Tandis que ces divers ouvriers façonnent ainsi et préparent les diverses parties qui doivent composer le couteau, lames, platines, ressorts, mitres; de leur côté travaillent ceux qui préparent le manche. Au bruit des marteaux frappant sur l'enclume, des limes qui mordent l'acier en grinçant, se mêle le bruit strident des scies. *Scieurs* d'os, de corne, de buis, d'ébène ou de bois de jaspe, voire même simplement de bois teint, ou de matières plus précieuses, ivoire, écaille, nacre ; tous sont à l'œuvre. Avant d'être livré, l'os devra passer par les mains du *blanchisseur* qui, pour lui donner le teint blanc et mat, aligne et fait sécher les manches sur son toit. La corne exigera le ministère du *cacheur* ou *redresseur* de corne.

Quand arrive le dimanche, ouvriers de la ville et de la campagne apportent chez le maître l'ouvrage de la semaine. Toutes les parties du *couteau* étant ainsi rassemblées, le maître les donne au *monteur*, dont le nom indique assez la spécialité ; du monteur le couteau passe au *mitreur* chargé de polir et façonner la mitre ; du mitreur au *poseur*, puis à l'*affileur*, à l'*essuyeuse* et finalement au *plieur*.

Voilà pour le couteau ; quant au ciseau, outre le martinaire, le forgeron et le limeur, il emploie successivement l'*ajusteur* qui ajuste les deux branches et les perce, le *dresseur* qui donne aux lames la voilure convenable, l'*émouleur en premier*, le *tarodeur* chargé de la confection des vis et du tarodage, le *rajusteur* qui lime à nouveau branches et lames, l'*acheveur* qui donne un dernier coup de lime aux branches et anneaux, l'*affileur en premier* qui dispose les tranchants à la coupe, le *rifleur* qui fait pour la lame ce que l'acheveur a fait pour le reste du ciseau, le tarodeur, déjà nommé, qui enlève la vis, le *trempeur*, le *redresseur* qui répare le gauchissement produit par la trempe, l'*émouleur en second* qui travaille seulement l'intérieur de la lame et l'arête des tranchants, la *frotteuse* chargée d'enlever la couche d'oxyde laissée par la trempe sur les branches et anneaux, le tarodeur (nommé pour la troisième fois) qui rassemble de nouveau les branches en posant la vis, l'*affileur*, le *polisseur*, l'*essuyeuse* et enfin le *plieur*.

Et maintenant, si vous voulez connaître le prix d'un article qui a passé par tant de mains, daignez recourir aux différents tableaux, dressés à l'aide d'inventaires anciens, placés à la suite de ce chapitre.

L'ouvrier coutelier Thiernois se distingue par plus d'un signe particulier. Et d'abord, — et certes, c'est quelque chose, — n'allez pas le confondre avec l'ouvrier turbulent, tapageur, bohême, insouciant de tout et même de la misère, que l'on rencontre trop souvent dans nos grands centres industriels. L'ouvrier Thiernois est un enfant du sol, surtout à l'époque où nous sommes : les règlements de la Jurande prohibent l'accès du métier à l'étranger. Sous l'œil de ses parents, dès l'âge de 12 ans, âge réglementaire d'après les Lettres de 1743, il commence son rude apprentissage. Le travail est sa première distraction. Si son bras est trop débile encore pour soulever le marteau ou conduire la scie, il est d'autres occupations moins pénibles où son ministère sera utilement employé. S'il nous était permis d'user ici d'un affreux jeu de mots, nous pourrions dire avec vérité que le fils de l'ouvrier Thiernois est *polisseur*, à l'âge où tant d'autres ne sont encore que *polissons*.

Voyez-les, ces bambins de 12 ans, vêtus de leur tablier de cuir, sur le seuil de nos usines, aux bords de la Durolle! Un étranger pourrait les prendre pour une bande d'affreux mômes, échappés de l'école, après avoir vidé leurs encriers sur leurs mains, sur leur figure, sur leur vêtement tout entier. Dieu! qu'ils sont noirs! à voir leurs lèvres rouges, leurs dents blanches, et leurs gros yeux à moitié couverts de leurs cheveux en désordre, ne les prendrait-on pas pour un troupeau de petits négrillons? Courage, enfants! gardez ce masque : c'est celui du travail : nous aimons votre figure barbouillée de la poussière d'émeri ; cela nous prouve que vous avez retenu cette maxime thiernoise, éminemment thiernoise par le ton et l'esprit, qu'un vieux maître coutelier de village enseignait à son fils: « *Trabaillô, foutillou, trabaillô! t'auras dé braias néras!* Travaille, petit b....., travaille! tu auras des culottes noires!... Puis, quand il le voyait un peu lent à l'ouvrage, pour secouer sa paresse : *Fadzi ré*, s'écriait-il, *fadzi ré, flâ groumand, lous sirous té mandzaront!* Tu ne fais rien, gourmand, propre à rien, les cirons te mangeront! — A l'œuvre donc! à l'œuvre, vite et toujours, enfants, car votre travail joint à celui de vos parents contribuera à l'aisance du ménage ; votre épargne venant grossir la masse commune, elles vous paraîtront moins dures les années mauvaises ; et puis, une fois grands, vous serez maîtres à votre tour ! *Trabaillô, foutillou, trabaillô !....*

Quelle meilleure garantie voulez-vous de la moralité de l'ouvrier Thiernois que cette longue et constante habitude du travail ? Aussi le trouve-t-on toujours, et dans tous les temps, calme, sans haines et sans colères, uniquement appliqué à sa tâche. Les événements extérieurs le préoccupent peu. Quand la Réforme s'introduit dans notre province d'Auvergne, ce n'est pas à Thiers qu'elle vient chercher des prosélytes. Si quelques prédicants à cette époque avaient tenté d'organiser leurs prêches à Thiers, j'imagine que nos Consuls se seraient empressés de leur faire la réponse qu'ils adressèrent plus tard à l'Évêque de Clermont en 1744, lorsqu'il leur proposa de contribuer aux frais d'une mission extraordinaire. Nos magistrats ayant pris l'avis du Conseil, écrivirent à Monseigneur : « Que la mission proposée pourroit causer un dommage considérable dans les manufactures par la perte du temps des ouvriers, qu'ils ne pourroient pas employer à leur travail pour plusieurs heures du jour pendant lesquelles les missionnaires ont accoutumé de prêcher, en sorte que monseigneur l'Évêque rendroit un bon office aux habitants en les dispensant de cette mission. »

Viennent ces époques d'agitation politique, la Ligue,

la Fronde, l'ouvrier Thiernois ne perdra pas davantage son temps à se mêler aux événements. Pour le faire sortir de ce calme, à un moment unique de son histoire, il ne faudra rien moins que cette commotion électrique qui, d'un bout de la France à l'autre, en 1789, mettra sur pied la Nation toute entière. A cette époque de rénovation sociale, tandis qu'ailleurs on trouvera des hommes sanguinaires, noyant le souvenir du passé dans le sang qui ruisselle sous la guillotine, on ne verra à Thiers que des hommes heureux et fiers d'être libres, bénissant la liberté sans souiller leur victoire par des crimes et de basses vengeances... Se venger d'ailleurs?... et de qui? eh, pourquoi? dans une ville de travailleurs, en tout temps dépourvue d'*aristocratie* ; — et par ce mot j'entends ceux qui consomment sans produire.

Ce calme de l'ouvrier Thiernois ne convient pas seulement à son tempérament, il convient encore à ses intérêts matériels, comme chef de famille et comme propriétaire. En général, il est époux et père : sa maison est à lui ; nos anciens terriers nous l'apprennent; il est rare qu'il ne possède pas encore quelques œuvres de vigne dans notre vignoble, soit comme propriétaire en propre, soit comme emphytéote, soumis à la redevance du 1/4 ou de la 1/2 des fruits. Ne sait-il pas bien que le nombre des maîtres couteliers n'étant pas restreint par les règlements de la Jurande, il peut, avec du travail et de l'économie, arriver à la maîtrise, et d'ouvrier passer maître à son tour ? L'expérience n'est-elle pas là pour lui apprendre (ainsi que nous l'établirons bientôt), que les tempêtes politiques entraînent à leur suite la paralysie des affaires, la stagnation du commerce, et, par conséquent, la diminution ou la cessation du travail, soit la restriction du bien-être, sinon la misère toute entière?...

N'oublions pas de signaler ici cette autre particularité importante de notre fabrique. C'est qu'elle n'occupe pas seulement des ouvriers Thiernois, citoyens de la ville ; elle rayonne à cinq lieues à la ronde, d'après le règlement de 1743. Par sa position topographique, notre banlieue est loin d'avoir cette merveilleuse fertilité du sol de la Limagne qui s'étend à ses pieds. La culture est insuffisante à procurer aux bras de l'homme une occupation constante ; le travail de la terre ne saurait lui créer pour vivre d'abondantes ressources. Aussi bien, il fera marcher de pair ces deux industries, d'agriculteur et d'ouvrier coutelier. Le marteau résonnera sur l'enclume sonore dans nos villages comme dans notre ville. Parcourez nos bourgs et hameaux voisins au XVIᵉ siècle, vous y trouverez, comme aujourd'hui, la population appliquée à ce double travail ; et, le dimanche matin, par toutes les avenues, de Paslières et de Saint-Remy, de Celles et d'Escoutoux, de Dorat et de Vollore, de tous les points, vous verrez affluer vers la ville, par longues files, nos campagnards courbés sous le poids de leurs besaces, venant *rendre* leur travail ; et, le soir, vous les retrouverez sur les chemins, rentrant au village avec quelques pièces blanches de plus dans la poche, et rapportant dans leurs *bichasses* toujours pleines la tâche de la semaine qui vient....

Après ces considérations générales, révélons ici quelques détails que nos documents contiennent, relatifs à quelques-uns de nos ouvriers couteliers.

Émouleurs. — Nos émouleurs méritent une mention spéciale. Ils forment du reste dans l'état des couteliers un corps d'état. Ils ont leur Frérie particulière, connue sous le nom de St-Eloy, comme celles de St-Genès et de St-Jean, mais établie dans l'église St-Symphorien du Moutier. En 1698, et le 16 juin, les bailes de cette Frérie, *Jean Pitellet* et *Pierre Chazeau*, exposent aux maîtres émouleurs assemblés : « Qu'il est de bonne et louable coutume de faire célébrer par messieurs les religieux de l'abbaye du Moutier l'office de saint Eloy en l'église St-Symphorien dud. Moutier le 20 juin de chascune année; mais comme il n'y a aucuns fonds ni revenus appartenant à lad. Frérie, et que aucuns des maîtres pourroient refuser à l'advenir de contribuer pour sa portion aux frais dud. office, comme il s'est praticqué par le passé, et que par ce deffaud la céllébration dud. office seroit négligée contre les bonnes règles et anciens usages : c'est pourquoy il est nécessaire d'y pourvoir et à ce que l'autel de la Frérie soit entretenu de cire et autres ornements nécessaires. »

« Sur quoy lesd. maîtres ont unanimement délibéré : qu'attendu qu'il n'y a aucuns fonds appartenant à lad. Frérie, pour subvenir à faire céllébrer l'office divin le jour de St-Eloy de chascune année et pour l'entretien de l'autel, que chaque maître voulant prendre des aprentifs aud. mestier d'émouleur ou coutelier, payera aux baisles de lad. Frérie qui seront en exercice pour chaque aprentif la somme de 3 livres pour ceux qui ne seront pas fils de maîtres, et se trouveront-ils fils de maîtres ne payeront que 30 sols pour droit de cire : lequel droit lesd. maîtres seront tenus de payer ayant gardé lesd. aprentifs deux mois tout au plus à leur service, sans qu'ils puissent après ledit temps s'en exempter sous quelque prétexte que ce soit. Et pour parvenir aveq plus de facillité à faire cellébrer ledit office, a été délibéré que, outre le droit de cire, chascun desd. maîtres paiera aux bailes en exercice 12 sols 6 deniers la veille de la feste de saint Eloy en chascune année, pour estre le tout employé à faire cellébrer l'office accoutumé ou pour l'entretien des cires, napes et autres ornements nécessaires à l'autel. A tout quoy lesd. maîtres se sont soumis chascun à leur esgard, obligeant à cet effet tous leurs biens. »

Réunis de toute ancienneté en confrérie particulière, soumis à l'observation de certaines règles, les émouleurs avaient dû songer à faire convertir en règlement légalement reconnu par l'obtention de lettres patentes, leurs coutumes, comme avaient fait les maîtres couteliers. Ce n'est pas là une simple allégation. Nous établissons cette tentative de leur part par l'acte Notarié qui contient le procès-verbal de leur assemblée du 23 août 1664. Dans cette réunion il est dit : « Qu'il se commet tellement d'abus et malversations en leur art que la pluspart des maîtres sont reçus sans avoir la capacité de leur métier, ce qui est fort important et qui porte un grand préjudice aud. métier. Au moyen de ce ils sont d'advis, et tous unanimement et concordablement sont d'accord, que pour avoir règles et statuts en leur dit métier il est nécessaire de nommer et élire des personnes du métier pour présenter requete et obtenir lad. maîtrize, et pour avoir et obtenir ladite maîtrize ils délibèrent que chascun maître qui tiendra roue sur la rivière payera la somme de 3 livres sauf de suppléer et contribuer à l'advenir si davantage est nécessaire d'argent. »

Nonobstant ce projet, les émouleurs n'en restèrent pas moins soumis à la Jurande des couteliers, dont ils faisaient du reste naturellement partie, puisqu'aux termes des statuts de 1582, auxquels il ne fut pas innové sur ce point par le règlement de 1743, le chef-d'œuvre à faire pour obtenir la maîtrise consistait aussi bien à *émoudre qu'à forger et garnir, ou des 3 en faire au moins 2.*

Quoi qu'il en soit, nous trouvons à diverses époques les émouleurs fortement unis entre eux dans l'intérêt de ce qu'ils appellent leur *art* et métier. Citons-en ici deux exemples.

Le 14 novembre 1663, dans un acte reçu Girauld jeune, notaire, et passé entre *Guillaume Garnier*, bourgeois, et *Antoine Tournaire*, marchand, il est énoncé : « Qu'à la prière et réquisition dud. Tournaire le sieur Garnier lui a accordé le tiers en l'achapt qu'il a fait de sieurs *Claude Jacques Martin, Pierre Chevalier, Pierre Marie* et *Claude* et *Antoine Morin* frères, marchands à Langheac de la quantité de huit cent cinquante huit chards de moulats (meules) par deux ventes qu'ils en ont faites aud. Garnier l'une de main privée par led. Claude Jacques Martin, du xv juillet dernier, et l'autre par les susnommés le vi octobre dernier par devant Morin notaire royal moyennant le prix et somme de dix mille deux cents quatre livres, dont led. sieur Garnier a fait son debte et consenty obligations à chascun desd. marchands... Tournaire a promis de payer le tiers de lad. somme aux termes desdites obligations... La voiture et autres frais qu'il conviendra faire à raison de la conduitte desd. molats seront faits et fournis savoir les 2 tiers par led. sieur Garnier et l'autre tiers par led. Tournaire; lesquels molats seront reçus par chascune des parties indifféremment et par elles vendues dont *ils* se rendront compte du prix... Lesquels molats ne pourront être vendus à moindre prix que de 26 *livres* chascun chard... A reconnu led. Tournaire que le sieur Garnier a en sa maison 25 chards autres moulats dont led. sieur a payé le prix et voiture montant au prix de 24 *livres* le chard soit 600 livres... Laquelle quantité demeure comprise au présent traité pour être vendue comme il est dit cy devant... »

La teneur de cet acte nous explique suffisamment la raison d'être de cet autre contrat reçu Gardelle, notaire, le 24 novembre 1664 :

« Furent présents en leur personne honorable homme Claude Jacques Martin marchand de la ville de Langheac, pour luy et les siens d'une part ;

« Jean Fontenilles, dit le Maitre,   Antoine Rodier, ainé,
Gilbert Tixier,   Jean Colas-Pradel, jeune,
Gaspard Soulier,   Antoine Festu,
Benoid Champalier,   Claude Goutolade,

Antoine Chantady,
Gabriel Tixier,
Robert Girondo,
Antoine Chosson,
Annet Chazeaux,
Bonnet Ogeard,
Etienne Delucfeille,
Michel Buisson,
Jean Colas-Pradel, aîné,
Jean Gazet,
Jullien Cros,
Grégoire St-Joannis,
Pierre Barnerias,
Jean Ferriolles,
Annet Goutte,
Genès Manbrun,
Phelibert Talajat,
Bonnet Granetias,
Gilbert de Lignières,
Pierre Rochier,
Benoid Lanes,
Martial de Lamouroux,
Gabriel Soulier,
Blaise Bargheon,
Etienne Pourchier,
Giraud Bechon,
Denis Pittelet,
Jean Goyon,

Jean Coste-Farge,
François Jaly,
Jacques Barge,
Mathieu Dosris,
Jammes Colas-Pradel,
Gilbert Rigodias-Fournioux,
Pierre Berard,
Laurens Collet,
François Coste,
Antoine Prodon-Doly,
Amable Romantin,
Jean Branche,
Bonnet Prodon,
Hierosme Chaptard,
Guillaume Darbost,
Gilbert Goutte,
Pierre Fortias,
Antoine Rodier, jeune,
Jean Prugno,
Henry Maubert,
Claude Gonon,
Pierre Veilh,
Claude Prodont,
Mathieu Rigodias-Fournioux,
Jean Rigodias-Fournioux,
Annet Buisson-Chanier,
Antoine Coste,
et Bertrand Rousserie. »

» Tous iceux maistres Esmoleurs habitans de la ville, faulbours et paroisse de Thiers pour eux chascun en droit soi d'autre partye.

» Lesquelles partyes de leur gré et vollonté ont recogneu et confessé avoir fait et font par ces présentes le traité obligation pactes et convenances qui s'ensuivent : c'est assavoir, que led. sieur Martin a promis et promet par ces présentes aussusd. Mes Esmoleurs de leur fournir et faire conduire en cette dite ville de Thiers, pendant le temps et espace de deux ans huy commençans et à pareil jour finiront, tous molats nécessaires pour l'usage et débit desd. Mes Esmoleurs et de leurs serviteurs et domestiques, bons, marchands et de recepte, et en tenir toujours et continuellement au Moutier dud. Thiers, pour en prendre touttes fois et quantes qu'ils en auront besoing pourveu qu'ils soient bons : et au deffaud de fournir et faire conduire par led. sieur Martin lesd. molats, leur sera permis d'en achepter ailleurs et de qui bon leur semblera et recouvrer contre luy tous despens domages et intérêts. Et ce faisant lesd. Mes Esmolleurs promettent aud. sieur Martin de ne prendre, débiter ni achepter aulcuns molats dud. lieu de Langheac que de ceux dud. sieur Martin ou qui seront conduits par son ordre au Moutier dud. Thiers, lorsqu'ils en auront besoing ; et lui payeront pour chascun chard de molats la somme de 21 *livres* lors de la délivrance pour laquelle somme et prix lesd. partyes sont demeurés d'accord. Ainsi l'ont vollu accordé accepté et stipulé lesd. partyes et promis chascun en droit soi par foy et serment tenir et attendre à payne de tous despens domages et interets et mesme de payer par celluy ou ceux qui contreviendront à ces présentes la somme de 50 livres... Fait et passé dans le faulbourg du Moutier au logis où pend pour enseigne le Chevreuil d'or appartenant à Me *Robert Romans*... »

En comparant ces deux actes, il nous semble logique de conclure que le second n'a été créé que pour détruire l'effet du premier. Nos Emouleurs eurent le bon esprit de réagir contre les tendances de la Société *Garnier* et *Tournaire*, et de comprendre que, s'adressant directement au producteur, ils pouvaient s'exonérer de cette augmentation du prix des meules que les associés de 1663 avaient en vue. « A quoi bon, se dirent-ils avec raison, payer à ces accapareurs 26 *livres au moins*, ce que nous pouvons avoir pour 21 *livres?* » Il est évident que le coup de commerce tenté par Garnier et Tournaire dut tourner à leur ruine, grâce à cette entente qui s'établit entre ceux qu'ils voulaient ainsi exploiter.

En 1673, et le 17 juillet, nous retrouvons nos maîtres Emouleurs associés pour la vente de *la molade*. Molade est un mot patois qui n'a pas son équivalent dans notre langue. Il signifie, cette pâte humide produite par la poussière de la meule mordue par l'acier, et par la poussière de l'acier mordu par la meule. Ce mélange constitue, dit-on un excellent ciment. La molade sert encore à d'autres usages. Dans la médecine populaire, grâce à ses propriétés astringentes, elle remplace avec avantage l'*eau de boule*, soit cette eau dans laquelle on plonge une boule en fer rougie au feu, préservatif certain contre les contusions et autres menues blessures. La molade, c'est l'arnica des XVIe et XVIIe siècles... à Thiers.

Donc nos Emouleurs, par cet acte, « ont recogneu qu'il se fait annuellement beaucoup de molade dans les rouhets ou esmolandières qu'ils tiennent et jouissent, et qu'à cause de la grande quantité il n'y a que la plus part des maîtres Esmoleurs qui en fassent vente et débit à très-vil prix, et les autres sont contraints de la laisser perdre et couler par la rivière; attendu que la plus grande partie des rouhets sont tenus par trois ou quatre M⁽ˢ⁾ Esmoleurs, et que lorsque l'un a trouvé la vente de sa portion de molade, les autres ne l'ont pas, et néanmoins pour tirer la portion de celluy qui trouve le débit de sa marchandise, il faut que tous les autres cessent de travailler, ce qui cause notable perte et domage à la plus grande partie desdits M⁽ᵉˢ⁾ Esmoleurs. Pour obvier ausquels domages perte et dépérissement de lad. molade sont demeurés d'accord et ont transigé entre eux par transaction irrévocable ainsi que sensuit : c'est assavoir que pendant 6 ans à venir huy commençans, nul des susd. M⁽ᵉˢ⁾ Esmoleurs ne pourra vendre ni débitter aucune molade à quelle personne que ce soit à peine de tous despens domages et interets sans l'ordre et permission des cy après nommés pour Syndics pour la vente d'icelle; scavoir est : pour les quatre rouhets du Moutier proche l'Abbaye des personnes de Gilbert Tissier et Antoine Chantady, pour les deux premiers au dessous St-Jean : Jean Ferriolles et Jean Coste, pour les trois rouhets aussi sous St-Jean qu'est les trois plus haut dudit quartier : Pierre Rouchier et Grégoire St-Jouhannis, pour ceux des sieurs Rigodias et Batice : de la personne de Jean Granetias dit Laisant, pour ceux du Gourd de Saliens et du Triquet : des personnes de Laurent et Antoine Prodon-Doly, et pour ceux appelés de Servance et de chez la Châte des personnes de Jean Dauges, Pierre Barnerias et Barthélemy Rousserie. Lesquels Tissier et autres nommés pour procurer la vente de lad. molade ne pourront faire aucune vente sans en communiquer à tous les susnommés Syndiqs, et en ce faisant leur est donné pouvoir de vendre et débiter à telles personnes prix charges et conditions toute la molade ou partie d'icelle qu'ils pourront faire pendant led. temps de 6 ans, et mesme d'en traiter sy bon leur semble pour led. temps après que lesdits Tissier et autres nommés Syndics promettent d'y procéder en loyauté et conscience, et de payer ou faire payer à chascun desd. M⁹⁸ Esmoleurs le montant de la molade qu'il aura à prorata : laquelle molade sera tirée 2 fois l'année aux jours marqués par les susd. Syndics. »

..... On a reproché à nos émouleurs d'aimer le vin bien plus que l'eau. Ils savent sans doute que l'eau leur est indispensable pour l'exercice de leur métier, qu'elle est rare, et scrupuleusement mesurée à chaque rouet, qu'il arrive même, dans les sécheresses de l'été, des mois entiers où elle manque complétement, ce qui les contraint à chômer. Faut-il leur en vouloir d'aimer à vider de temps à autre quelques *pichers* de vin? Dieu sait combien est rude et fatigant leur labeur ! Ils travaillent couchés sur la poitrine et sur le ventre, allongés sur d'étroites planches au-dessous desquelles se trouve placée la meule, mise en jeu par les courroies adaptées à l'arbre de la roue qui à l'extérieur plonge et vire dans la Durolle. Un filet d'eau conduit par de petits canaux se déverse goutte à goutte sur la meule : elle tourne, et sur les parois humides glisse et brille, au milieu des éclairs, la lame enchâssée dans un long manche de bois, maintenu à ses deux extrémités et conduit par les deux bras de l'ouvrier. Si encore cette posture n'était que fatigante ! mais elle est pleine de péril. Chaque année notre journal n'enregistre-t-il pas quelques accidents terribles arrivés dans nos rouets ? La meule s'use vite grâce à cette rotation continue et échauffante, ses parties moléculaires se désagrégent insensiblement; et malheur à l'ouvrier s'il n'y prend garde à temps; car, tandis qu'il est couché sur son banc, la meule fait explosion, elle vole en mille éclats meurtriers emportant le banc, emportant l'ouvrier. Les éclats de l'obus ne font pas de plus affreux ravages.....

Pour en finir avec cette classe intéressante de nos ouvriers ou maîtres couteliers, ajoutons que chaque rouet se compose d'un certain nombre de *places* occupées par les émouleurs à titre de location. Nous avons compulsé beaucoup d'actes Notariés anciens, et nous croyons être dans le vrai en fixant à 30 livres par an, terme moyen, le prix du loyer d'une place dans un rouet avant 1789. Ainsi, en 1651, l'un de ces *rouets d'en haut, sous St-Jean*, dont il est fait mention dans l'acte de 1673, est affermé par bail reçu Veilh, notaire, à Pierre Granetias, Gaspard et Gabriel Sollières, Genès Martigniat et Laurent Collet, moyennant ladite somme de 30 livres par an pour chacun d'eux au profit de Jacques Jobert, marchand à Aigueperse, et de Jacqueline Sonnerain sa belle-sœur.

MARTINAIRES. — Comme nos émouleurs, nos martinaires habitent les bords de la Durolle, et depuis le Moutier jusques à Château-Gaillard, leurs usines (si l'on peut donner ce nom à des cahutes enfumées et taillées dans le roc) sont échelonnées et confondent le bruit de leurs pesants marteaux. Aujourd'hui cette classe de nos ouvriers couteliers a disparu presque complétement. Les fournisseurs de nos aciers nous les livrent en verges et non plus en barres. On dit que la qualité de l'acier ainsi livrée directement au forgeron est inférieure, que son battage est insuffisant pour lui donner la cohésion que lui assurait le marteau du martinaire, en le débarrassant plus complétement de ses parties pailleuses. Nous avouons notre incompétence en cette matière. Aussi bien, nous souvenant fort à propos que nous écrivons ici l'histoire du passé, signalons ce que nous savons de nos anciens martinaires, soit un acte d'association entre quelques-uns d'entre eux, à la date du 11 avril 1711.

« Furent présents en leurs personnes *Charles de Bouillon, Claude Gonon* et *Claude Chossières* maistres martinaires, demeurant au faubourg de St-Jean du Passet, pour eux d'une part; *François Chazeaux, Jacques Magnol*, faisant pour eux et pour un autre particulier qu'ils voudront prendre à loisir, aussi maistres martinaires, demeurant audit faulbourg d'autre part; et *Grégoire Vémy*, *Gilbert Foulhioux* et *Etienne Chatelet*, aussy martinaires demeurant aud. faulbourg d'autre part. Lesd. parties de leur gré et volonté ont recogneu et confessé avoir fait le traité, promesses et conventions suivantes : C'est assavoir qu'elles promettent de travailler pendant trois ans, qui commenceront le 15 du présent, comme bons et loyaux consorts, acquitteront les fermes des martinets qu'ils ont pris et jouissent chacun en particulier ; et comme il y a d'autres martinets qui ne sont pas occupés et desquels neanmoins il est dû le prix des baux, toutes les parties contribueront pour un neuvième à l'acquittement desd. baux au prorata, afin que lesd. parties payent par égalité, lesd. fermes revenant en totalité à 850 livres sans toutefois aucune solidité en général, mais seulement pour ce qui concerne chacune des parties suivant qu'elles sont en particulier susénoncées dans les qualités. Et comme il se pourrait trouver que les unes des parties auraient de beaucoup plus de fer à étirer que les autres, il en sera par elles fourny à ceux qui se trouveront n'en avoir pas, au prorata de la quantité qui se trouvera afin que le tout soit d'égalité. Et comme il vient d'être observé qu'il y a des martinets qui demeureront fermés, arrivant que ceux dans lesquels chacune des parties travaillent actuellement eussent besoin de grosses réparations ou autres causes ou raisons, pour profiter du temps il sera libre et permis à celles des parties qui se trouveront dans ce cas d'aller travailler dans lesdits martinets qui se trouveront fermés, expressément celles desd. parties qui sont dans l'obligation de partager l'eau. Et pour ce qui est de l'acier lesd. parties ne seront point tenues de s'en fournir les unes les autres, quoiqu'il arrive qu'aucune d'elles en ayent plus que les autres, le présent traité n'étant que pour le fer seullement. Promettant d'effectuer les conventions ci-dessus à peine de 50 livres par forme de dommages-intérêts tout autant de fois que l'une des parties qui se trouvera avoir du fer à étirer en refusera à celle qui n'en aura pas. »

Les articles XI et XII du règlement de 1743, nous éclairent assez sur la nature de certains abus qui avaient cours dans la fabrique. Ils ont pour but en effet d'empêcher un certain monopole que se permettaient nos marchands en gros propriétaires de martinets. L'acte d'association qu'on vient de lire a pour but évidemment de détruire l'effet de ce monopole. Ajoutons que le prix de location d'un martinet, d'après les baux notariés que nous connaissons, variait de 160 à 200 livres.

..... Nous sentons nous-même combien sont incomplets les renseignements que nous pouvons donner sur nos ouvriers couteliers. Nous voudrions pouvoir dire si, au XVe, XVIe et XVIIe siècles, comme de nos jours, notre industrie occupait dans la ville et dans la campagne une population de près de 35,000 ouvriers, ce que produisaient annuellement ces ouvriers, ce qu'ils gagnaient. Ne voulant rien affirmer que nous ne puissions appuyer sur des documents certains et authentiques, nous nous bornerons à consigner ici l'impression générale qui résulte de tout ce que nous avons pu compulser. Nous estimons donc qu'en somme le nombre de nos ouvriers couteliers, après avoir décru par suite de certaines circonstances rappelées plus loin, à certaines époques, n'a fait aujourd'hui que remonter à son chiffre normal en quelque sorte. Nous pensons qu'en temps ordinaire, quand la fabrique n'était pas paralysée, elle devait produire à peu près le même chiffre qu'aujourd'hui ; et d'un autre côté, sachant que notre régime commercial, nos habitudes, n'ont pas été modifiées de façon bien sensible, nous pensons que la même proportion a dû exister autrefois et aujourd'hui entre les salaires. Mais ce n'est là, nous le répétons, qu'une opinion personnelle, s'appuyant plutôt sur des indications que sur des documents précis et irréfutables. Le jour où, conformément à notre demande, vivement appuyée par les Sociétés Savantes de la province, et favorablement accueillie en haut lieu, les anciennes minutes des Notaires antérieurs à 1789, seront mises à la disposition de qui voudra les compulser à loisir dans nos Archives d'arrondissement, cette question, comme beaucoup d'autres, pourra être facilement résolue.

En attendant, et pour clore ce chapitre relatif à nos ouvriers, nous arrêtant un instant à celui d'entr'eux qui est destiné à la maîtrise, disons, d'après nos documents, que l'apprenti paye en moyenne pour chaque année de son apprentissage la somme de 50 livres, à la charge pour le maître de le loger, nourrir, entretenir d'habits *et de sabots*, et de lui apprendre son métier *à son possible :* de son côté, l'apprenti s'engage à le servir *exactement* et fidèlement..... Donnons maintenant au lecteur un *aperçu* des prix de nos différents articles de coutellerie à diverses époques, d'après les inventaires notariés que nous connaissons.

II.

Tableau du prix des couteaux au XVIIe siècle.

1666. — *Inventaire de Jeanne* Bellin, *veuve de* Jean Moutonnier, *maître coutelier, et de* Jean Rocuias, *son gendre, aussi maître coutelier* :

	livres	sols
— « Une coutelière (ou boîte) à 6 pièces, manches d'escaille ronds garnis d'argent..................................	XI	»
— Autre à 12 pièces, manche d'ivoire à bouton et rosette d'argent...	7	»
— Autre *id*. manches d'argent à virole et dorés.........	XII	»
— Autre de 6 pièces manches d'os à clous..............	»	25
— Autre de 6 pièces dorées, manches d'escaille à clous...	6	10
— Autre de 6 pièces dorées manches d'argent...........	4	»
— Autre de 6 pièces dorées manche d'ivoire............	3	»
— Une douzaine couteaux pliants manches d'escaille.....	5	»
— Six couteaux pliants manches d'escaille avec une aigle, au bout des manches, d'argent..................	7	»
— Dix couteaux pliants manche de corne noire.........	»	40
— Cinq douzaines couteaux pliants manches corne de cerf; la douzaine...................................	»	35
— Trois grands couteaux appelés tranchelard, manches d'os.	6	»
— Trois grands couteaux à bouchers manches de buis....	3	10
— Sept couteaux manches d'escaille appelés piquants garnis de leurs foureaux..............................	5	»
— Deux couteaux à paillons garnis de leurs foureaux.....	»	20
— Quinze couteaux avec leurs fourchettes manches d'ivoire.	9	»
— Cinq couteaux pliants manche de laiton taillé........	3	»
— Une douzaine de *petits* couteaux à ressort manche de corne noire....................................	»	40
— Une douzaine de *grands* couteaux à ressort manche de corne noire....................................	»	55
— Six douzaines couteaux *moyens* à ressort à pied de biche, la douzaine...................................	»	50

— Deux douzaines couteaux pliants manches de fer garni
d'écaille.. 8 livres » sols
— Quatre douzaines couteaux à ressort moyens à la Minime,
manche de corne noire; la douzaine.............. » 40
— Huit douzaines couteaux moyens à ressort manches d'os
façonné, la douzaine............................ » 30
— Une douzaine rasoirs manches de baleine.......... 4 10
— Neuf couteaux avec leurs fourchettes façon d'Angleterre
manche en ivoire................................ 6 »

1667. — *Inventaire d'*Annet Pigerol-Bonnemoy, *maître coutelier:*

— « Deux grosses (soit 12 douzaines) moyens couteaux
manches d'os, à................................ 6ᵈ la grosse.
— Six douzaines petits couteaux manches corne noire façon
baleine, la douzaine............................ » 20
— Une grosse moyens couteaux manches de buis....... 4 10
— Deux douzaines couteaux pliants manche de cuivre, la
douzaine.. » 25
— Une douzaine couteaux à ressort manche noir fin...... » 50
— Une douzaine couteaux mossudes pliants de corne..... » 45
— Quatre douzaines moyens couteaux manche corne de
bœuf, la douzaine............................... » 16
— Deux douzaines couteaux petits manches corne de cerf,
la douzaine.................................... » 10
— Deux douzaines petits couteaux à flutin, la douzaine... » 8
— Neuf grands couteaux à flutin, manche corne de mouton. » 9
— Une douzaine couteaux manches de prugnier martellé.. » 7
— Deux douzaines petits couteaux appelés *Ganits*, la
douzaine.. » 10
— Neuf douzaines petits couteaux appelés *Liraux*, la
douzaine.. » 3
— Neuf douzaines couteaux appelés *Briquatelles*, la douz°, » 4
— Trois douzaines rasoirs communs, la douzaine........ » 10
— Une douzaine meschants rasoirs................... 0 10
— Trois grosses 1/2 canifs, bois jaspe, la grosse........ 3 12
— Trois douzaines 1/2 canifs fins, la douzaine......... » 24

1673. — *Inventaire de* Jacques Mousson, *maître coutelier :*

— « Six douzaines canifs façon de Toulouse, la douzaine.	» livres	20 sols
— Une douzaine rasoirs façon d'escaille...............	3	10
— Deux douzaines et 5 rasoirs, manches de buis, le tout..	3	»
— Seize pincettes à ressort à usage de chirurgien, la pièce.	»	3
— Trois daviers et un polican......................	»	20
— Un estui de chirurgien garni à l'exception de 2 lancettes.	»	30
— Dix-huit menus ferrements à usage de chirurgien......	»	28 »

1675. — *Inventaire de* Thomas Fayet, *maître coutelier.*

— « Dix-huit douzaines petits couteaux manches de fer limé, savoir 15 douzaines façon d'Espagne et 3 pour étuis de moine, le tout............................	5	»
— Cinq douzaines couteaux pour Espagne, le tout.......	»	XL »

1675. — *Inventaire d'*Antoine Prodant, *maître coutelier.*

— « Quatre douzaines couteaux pliants à poinson grands, manches cornes de bœuf......................	8	»
— Quatre grosses grands couteaux manches corne de cerf, la grosse.................................	12	»
— Une douzaine moyens couteaux pliants manches corne de cerf...................................	»	35
— Quatre grosses grands couteaux à ressort, manches à la Dauphin moulés...........................	6# la grosse.	
— Seize douzaines couteaux passe-grands, manches à la Dauphin moulés, la douzaine...................	»	28
— Une douzaine couteaux à ressort damasquinés........	»	15 »

1680. — *Inventaire de* Jean Lacroix, *maître coutelier.*

— « Dix-huit douzaines couteaux pliants à crosse, manches d'os, la douzaine..........................	»	20
— Quinze douzaines couteaux petits pliants, manches de corne façon de baleine, la douzaine.............	»	25
— Six douzaines couteaux moyens pliants, manches de corne façon de baleine, la douzaine.............	»	35

	livres	sols
— Neuf douzaines couteaux grands pliants, manches de corne façon de baleine, la douzaine............	»	45
— Quinze douzaines petits couteaux d'écaille pliants, la douzaine..............................	»	45
— Trois grosses moyens couteaux d'écaille pliants, la grosse	33	»
— Neuf douzaines grands couteaux d'écaille pliants, la douzaine...............................	3	15
— Neuf douzaines canifs pliants, manches d'os, la douzaine.	»	10
— Une grosse petits couteaux servant de canifs pour l'Espagne, manches d'os......................	6	»
— Deux douzaines couteaux moyens, manches d'ivoire à la vieille mode, la douzaine..................	»	50
— Trois douzaines couteaux petits, manches d'ivoire à la vieille mode, la douzaine...................	»	25
— Une douzaine grands couteaux à la Turque, manche écaille, vieille mode......................	3	10
— Six douzaines couteaux pliants moyens, manches de corne, vieille mode, la douzaine...................	»	50
— Huit douzaines petits couteaux d'ivoire à fourchette, la douzaine...............................	»	55
— Une douzaine grands couteaux pliants, manches cornes de cerf................................	»	40
— Deux douzaines couteaux à virole tournante, manches d'os, la douzaine........................	»	20
— Trois douzaines couteaux pliants pour femme, dits mossudes, manche de cuivre garni d'escaille, la douzaine	»	20
— Deux douzaines petits couteaux de guesne d'ivoire dorés, la douzaine..............................	»	25
— Trois douzaines couteaux appelés petits ganits, manches d'ivoire, clous et ressort, la douzaine...........	»	24
— Deux douzaines couteaux appelés grands ganits, manches d'ivoire, clous et ressort, la douzaine............	»	36
— Quatre douzaines canifs dorés, la douzaine..........	»	20
— Une grosse coches à fuseaux de femmes............	»	24
— Deux douzaines 1/2 crochets pour femme, la douzaine.	»	10
— Deux douzaines petites pinsettes pour arracher le poil du nez, le tout............................	»	7
— Six douzaines petits compas, la douzaine...........	»	6

— Une douzaine petites flammes de mareschal.......... » livres 25 sols
— Deux douzaines autres flammes de mareschal moyennes, la douzaine............................... 0 60
— Quatre étuis de mareschal garnis, la pièce.......... » 15
— Une grosse rasoirs manche de baleine, la douzaine.... » 50
— Deux douzaines rasoirs manche de buis, la douzaine.. » 20
— Huit douzaines grands couteaux de table, manche d'ivoire, la douzaine............................ 5 »
— Deux douzaines couteaux de table grands-moyens dorés, manche ivoire, la douzaine.................... 5 »
— Six douzaines couteaux de table moyens non dorés, manche ivoire, la douzaine..................... 4 »
— Trois passe grandes coutelières d'ivoire à 6 couteaux chaque, la pièce............................. 4 10
— Quatre coutelières d'ivoire grandes à 6 couteaux chaque, la pièce.. » 50
— Deux grandes coutelières d'écaille chacune à 6 couteaux dorés, la pièce.................................. 5 »
— Une grande coutelière à 12 couteaux manche de corne. » 40
— Une douzaine 1/2 couteaux de table dorés manches d'argent, chaque.................................. » 20
— Quatre douzaines petits couteaux à fourchette dorés, manche ivoire, la douzaine.................... » 40 »

1694. — *Inventaire de* François BERNARD, *maître coutelier.*

— « Cinq coutelières à 6 couteaux fort communs, manches de bois teint en noir, en bloc................. » 25
— Cinq douzaines 1/2 bouts de fourreau d'épée, le tout... » 25
— Quinze douzaines bouts de baguette, le tout......... 0 36
— Vingt-huit douzaines furettes, manches de bois, la douz. » 5
— Quatre douzaines furettes manches de corne, la douzaine. » 5
— Une douzaine 1/2 tranchets de plusieurs façons moyens et petits, la douzaine.......................... » 20
— Deux douzaines couteaux pliants façon de St-Etienne, la douzaine.................................. » 10
— Cinq douzaines couteaux pliants façon de St-Etienne, manches de buy, la douzaine................... » 8

— Quatorze douzaines petits couteaux à virole, manches de buis, la douzaine.................................. » 5 »
— Quatre grosses 1/2 couteaux à sifflet, manches de bois, la grosse (12 douzaines)..................... » 15 »

Tableau du prix des ciseaux au XVIIIº siècle.

Inventaire LACROIX.

— « Huit douzaines 1/2 ciseaux camuses et pointues façon de Grisolles, petites et moyennes, la douzaine.... » 40
— Une grosse ciseaux lingères à branche droite........ 24 »
— Six grosses ciseaux moyennes à branche droite ou à cœur lisses, la grosse........................ 18 »
— Deux grosses ciseaux moyennes gravées partie camuses et partie pointues, la grosse.................. 24 »
— Une grosse petites ciseaux gravées................. 18 »
— Une grosse petites ciseaux à la Parisienne ou à branche droite...................................... 18 »
— Six douzaines ciseaux demi barbières, la douzaine.... » 40
— Dix douzaines ciseaux à crain, la douzaine.......... » 50
— Six douzaines ciseaux lingères passe-grand, la douzaine. 3 »
— Treize douzaines grandes ciseaux à l'Espagnole, la douz. » 40
— Huit douzaines ciseaux à gros clous pour tailleurs ou drapiers, la douzaine .... 3 »
— Six douzaines ciseaux lingères grandes, la douzaine.... » 40 »

Inventaire MOUTONNIER.

— « Quatre douzaines ciseaux communs, la douzaine.... » 10
— Sept douzaines ciseaux à double rose, la douzaine.... 3 »
— Cinq douzaines ciseaux dorés, la douzaine.......... 3 »
— Six douzaines ciseaux dorés en or *molu*, la douzaine... 4 »
— Deux étuis ou fourreaux d'argent garnis de ciseaux.... 6 10 »

Inventaire PIGEROL-BONNEMOY.

— « Trois douzaines ciseaux à 3 émoutures communes, la douzaine..................................... » 12

— Quatorze douzaines ciseaux communes, en tout....... 9 livres 0 sols
— Quinze paires ciseaux damasquinés.............. » 30
— Une douzaine petits ciseaux fins façon de Paris....... » 24 »

{Tableau du prix des couteaux au XVIIIº siècle.

1738. — *Inventaire de* Pierre Reynaud, *marchand en gros.*

— « Six douz. moyens couteaux à poinsons, la grosse 15ᵗ. 7 10
— Six douzaines passe grand couteaux d'os blanc à ressort,
    la grosse 10ᵗ................................ 5 »
— Une grosse couteaux flamants manches d'os......... 18 »
— Six douzaines moyens couteaux de buis à virolle, la
    grosse 3ᵗ................................... » 30
— Six douzaines passe grand couteaux de buis à virolle, la
    grosse 5ᵗ................................... » 50
— Trois grosses moyens couteaux à ressort, corne claire,
    la grosse 15ᵗ................................ 45 »
— Deux grosses petits couteaux d'os à ressort, la grosse
    4ᵗ 10ˢ..................................... 9 »
— Six douzaines petits couteaux en écaille à 2 mitres d'a-
    cier, la douzaine............................. » 20
— Quatre douzaines grands couteaux à poinson, la grosse 21ᵗ 7 »
— Six douzaines grands couteaux de table à cul de lampe
    de cuivre, en boëtte......................... 15 »
— Une grosse passe grand couteau à ressort corne claire.. 22 »
— Une grosse passe grand couteaux manches de bois..... 8 »
— Une grosse moyens   *id.*   *id.*   ..... 6 »
— Six douzaines petits couteaux d'os blanc............ » 45
— Six grosses petits couteaux de buis à virolle à cuvette,
    la grosse 4ᵗ................................ 24 »
— Trois grosses passe grand couteaux façon d'écaille, la
    grosse 22ᵗ................................. 62 »
— Deux grosses moyens poinsons, la grosse 30ˢ........ 3 »
— Trois grosses canifs manches d'os, la grosse 45ˢ...... 6 15
— Trois grosses canifs manche rouge, la grosse 35ˢ..... 5 5
— Quatre douzaines canifs à ressort, la grosse 6ᵗ....... » 40

	livres	sols
— Six douzaines couteaux grands en escaille et pièce de cuivre, la douzaine....................	»	30
— Une grosse moyens couteaux à la Siamoise.........	18	»
— Dix huit douzaines grands couteaux à la Siamoise, la grosse 24ʰ................................	36	»
— Cinq grosses moyens couteaux de corne à la Siamoise, la grosse 20ʰ..........................	100	»
— Trois grosses 6 douzaines petits couteaux de corne à la Siamoise, la grosse 15ʰ.......................	»	»
— Quatre douz. petits couteaux d'os fin avec fleurs, le tout.	3	»
— Six douzaines petits couteaux de cuivre, la grosse 13ʰ.	6	10
— Deux douzaines grands id. la grosse 21ʰ.	3	10
— Trois grosses huit douzaines très-petits couteaux, bois de cerf, la grosse 18ʰ.......................	66	»
— Deux grosses 6 douzaines petits couteaux, bois de cerf, la grosse 21ʰ..........................	52	10
— Deux grosses 8 douzaines moyens couteaux, bois de cerf, la grosse 27ʰ..........................	72	»
— Huit grosses 10 douzaines grands couteaux, bois de cerf, la grosse 33ʰ..........................	291	10
— Huit grosses 8 douzaines passe grands couteaux, bois de cerf, la grosse 45ʰ.......................	390	»
— Neuf grosses 9 douzaines passe très-grands couteaux, bois de cerf, la grosse 57ʰ....................	555	15
— Quatre douzaines couteaux de St-Estienne communs, la douzaine 5ˢ...............................	»	20
— Huit douzaines petits couteaux de corne pointe de coutelas, la grosse 9ʰ.........................	6	»
— Quatorze grosses 3 douzaines couteaux à sifflet, la grosse 20 sous.................................	14	5
— Onze douzaines passe grands couteaux de table, manch de porcelaine et virole d'étain, la douzaine........	6	»
— Une douzaine 1/2 passe grands couteaux de table, manche de porcelaine et virole de cuivre, la douzaine......	5	»
— Demi douzaine passe grands couteaux de table, manche de porcelaine et virole d'argent, la douzaine.......	8	»
— Six grosses couteaux de table très-communs, piquotés, manches noirs et manches d'os blanc, la grosse 8ʰ..	»	»

— Dix douzaines grands couteaux de buis pour bouchers en guesne, la grosse.................................... 0 livres » sols
— Demi douzaine jardinières de corne à 3 lames, le tout.. 3 10
— Une douzaine grands couteaux de table manche d'ivoire. 12 »
— Dix grosses rasoirs, manches de bois noir, la grosse... 12 »
— Vingt douzaines rasoirs fins, façon de baleine, la grosse. 27 »
— Quatre grosses rasoirs façon d'écaille, la grosse...... 18 »
— Trois douzaines pincettes à arracher le poil, la grosse.. 3 »

Tableau du prix des ciseaux au XVIII° siècle.

1753. — *Inventaire* OJARDIAS.

— « Deux grosses petits ciseaux à poire, la grosse...... 15 »
— Trois grosses moyens   id.   la grosse........ 17 »
— Sept douzaines moyens ciseaux à oreille, la douzaine.. » 40
— Deux grosses petits ciseaux Barcelonnes, la grosse.... 14 »
— Six douzaines grands ciseaux lingères unis, la grosse.. 18 »
— Une grosse grands moyens ciseaux Barcelonnes....... 21 »
— Trois grosses moyens   id.   la grosse. 15 »
— Dix-neuf douz. grands moyens ciseaux canelés, la grosse. 21 »
— Trois douzaines grands ciseaux à béquille, la douzaine. 5 »
— Dix-huit douz. moyens ciseaux façon de Madrid, la grosse. 15 »
— Une grosse moyens ciseaux lingers.................. 15 »
— Cinq douz. moyens ciseaux façon de Langres, la douz.. 3 »
— Une douzaine petits ciseaux à béquille à vis.......... » 50
— Trois douz. grands ciseaux à crain, communs, la douz. » 40
— Une grosse petits et passe petits ciseaux mêlés façon d'Angleterre........................... 15 »

. . . .

Arrêtons-nous ici ! l'aspect de tous ces chiffres pourrait effrayer le lecteur et lui faire fermer le livre... à son grand dommage, car nous avons la prétention de lui apprendre encore bien des choses qu'il ignore et qu'il est intéressant pour lui de connaître. Quel enseignement retirera-t-il de ces chiffres? que la fabrique de Thiers a réalisé de tout temps le miracle du bon marché? c'est un fait bien connu; au moins faudrait-il pouvoir établir le prix de revient de chaque article pour le fabricant, déduction faite du prix de la matière première, du salaire de l'ouvrier; et savoir, en définitive, aussi ce que représente la valeur de ces mêmes articles.

Nous ne pouvons satisfaire cette curiosité fort légitime qu'en partie. Ne perdons pas de vue qu'ici nous donnons de *simples notes* et non un traité complet de la matière. Nous fournissons à nos couteliers quelques moyens, et non tous les moyens de se faire une opinion, par aperçu, sur le prix des articles de Thiers, abstraction faite des ouvrages de quincaillerie proprement dits, afin de ne pas étendre indéfiniment ce livre. Or, pour qu'ils y parviennent, il faut bien qu'ils consentent à parcourir encore deux tableaux leur indiquant la valeur des matières premières, et la valeur des choses nécessaires à la vie. Qu'ils daignent donc s'armer, pour quelques instants seulement, de patience... archéologique!

Prix des matières premières au XVIIe siècle.

1680. — *Inventaire* Dufour.

— « Deux ballons acier de France étiré, dont l'un de rebut. 25 livres » s's
— Sept ballons acier de Rives, sans étirer, et autr
  le ballon. 23 10
— Seize ballons acier de France, le ballon. .... 11 »

— Quatorze milliers 97 livres fer plat en 270 barres ou bouts, le millier.................................. 80 livres » sols
— Cent douze barres de fer d'échantillon pesant 2886 livres, le millier...................................... 85 »
— Trente-sept masses fer étiré pesant 5747 livres, le cent. 11 »
— Huit masses fil de fer d'Allemagne, la masse......... » 55
— Soixante-quatorze masses fil de fer, la masse........ » 42
— Cinq cent trente feuilles fer blanc, le cent........... 16 »
— Quatre tonneaux émery en pierre, le cent........... 8 »
— Vingt dents d'ivoire pesant 508 livres, la livre....... » 18
— Quatre livres écaille de tortue, la livre............. 3 »
— Cinq cent cinquante livres bois jaspe, le cent........ 20 »
— Mille six cents livres bois de cerf, le cent........... 20 »

Inventaire PIGEROL-BONNEMOY :

— « Une livre métal de cuivre.................... » 12
— Environ 2 chards bois de buis.................. 50 »
— Cinq grosses os de bœuf, la grosse................ 7 »
— Deux cents cornes de mouton blanches fort petites comme rebut, le cent............................. » 20
— Mille quatre cents têtes cornes de bœuf ou vache, le cent. 8 10

Inventaire MOUSSON :

— « Un cent de têtes cornes de chèvres............. » 40

Inventaire CHALARD (1670) :

— « Un chard de charbon de bois.................. 4 »
— Vingt cartons de charbon de pierre, le carton....... » 6

Nous faisons grâce au lecteur de détails plus explicites, et notamment du tableau du prix des matières premières au xviiie siècle, d'autant mieux que de l'ensemble de nos documents ne résulte pas une progression bien sensible dans ces prix comparés à ceux du siècle précédent. Si la matière est cotée plus cher, elle suit comme toute chose, comme le couteau lui-même, l'augmentation de valeur de l'argent. Terminons donc, sans plus tarder, ce chapitre déjà trop long au gré de beaucoup de lecteurs, par l'indication du prix des objets de première nécessité au xvii° siècle.

III.

Nous supposons que nos lecteurs ont dû se poser depuis longtemps cette question :

« Que représentent tous ces prix d'autrefois? Quelle était la valeur d'une livre en 1680? Un sol de cette époque représente-t-il un sol d'aujourd'hui? — » Si nous nous contentions de répondre que la livre du xvii° siècle valait 10, 15 ou 20 fois plus que ne vaut le franc du xix° siècle, cette réponse paraîtrait sans doute évasive et vague. Mais il nous semble que mieux vaut indiquer ici la valeur des choses essentielles à la vie : outre que, par ce moyen, nous saurons plus exactement ce que vaut la livre en connaissant ce qu'elle peut procurer; nous aurons aussi l'occasion de faire une étude des mœurs ou plutôt de la manière de vivre de nos anciens couteliers.

Si nous étions quelque peu sorcier, à l'instar des partisans modernes de l'école Spirite, nous évoquerions volontiers l'esprit d'un maître d'autrefois, de Jean Lacroix par exemple, le priant de nous faire les honneurs de sa maison et de son ménage... Ma foi! c'est fait! il a suffi de ce désir d'évocation pour attirer l'Esprit ; écrivons donc sous sa dictée :

« En ce temps-là, le septier de seigle valait en moyenne 5 livres, et le septier de froment, 7 livres ; le poinson de vin en moyenne, 5 livres ; l'huile d'olive, 24 livres le quintal ; l'huile de noix, 16 livres le quintal ; le poivre, 12 sous la livre ; le lard, 15 livres le quintal ; la graisse, 4 sous la livre ; le sucre 1re qualité, 53 livres le cent, 2e qualité, 50 livres 10 sols ; la muscade, 4 livres 5 sous la livre, le girofle, 5 livres 10 sous, et la canelle, 5 livres la livre ; la chandelle, 20 livres le quintal ; la cire jaune, 16 sous la livre ; l'azur, 10 sous la livre ; le fromage blanc, le cent 9 livres, autre à 12 livres le cent ; la merluche, 14 livres le cent. ».....

— Ici nous nous sommes permis d'interrompre l'esprit de Jean Lacroix, et de lui faire remarquer que cette nomenclature pourrait paraître monotone et sèche, quoiqu'exacte comme un inventaire notarié, qu'il fallait donc procéder avec un peu plus d'ordre ; à quoi l'esprit de notre maître a répondu : — « Je pourrais vous dire peut-être que si mon tableau vous semble dépourvu de charmes, je m'en lave les mains avec du savon de Castres à 24 livres le quintal ; mais puisque vous daignez visiter ma demeure, je m'empresse de vous ouvrir les portes. Voici d'abord la première et la plus importante de toutes les pièces qui la composent. *la boutique*, elle n'a pas je l'avoue cet aspect monumental de vos magasins du xixe siècle, point de devantures, encore moins des glaces, qui semblent devenir de mode chez vous ; aussi bien n'est-ce qu'une boutique dans toute l'acception du mot ; vous y trouverez les instruments nécessaires à l'exercice de ma profession :

» Une enclume ou forge, fer et acier, pesant entour 200 livres, garnie de ses soufflets et de sa souche, valant 60 livres.

» Quatre étaux garnis de leurs souches, valant 7 livres chacun.

» Une scie à main, estimée 15 sous.

» Dix limes grandes ou petites qui ne valent pas davantage. — Deux marteaux de main, à 12 sous pièce. — Deux petits marteaux ou floquets, à 5 sous chacun. — Deux brunissoirs, à 4 sous pièce. — Quatre cornues, à 50 sous pièce. — Deux pinces à feu, valant 5 sous. — Deux étaux à main, à 12 sous pièce. — Deux petits martelets, à 2 sous 6 deniers chaque. Voilà mon matériel, mes outils de travail. » ....

« J'ai la prétention d'être aussi confortablement meublé que pas un de mes confrères, et cependant quelle différence, grands dieux! entre mon ameublement et celui de nos successeurs! Le luxe a envahi vos demeures ; il vous faut un salon avec table ronde en acajou, fauteuils en tapisserie, glaces, garnitures de cheminée, etc., etc., que sais-je?

» Dans ma *chambre haute*, qui est mon appartement de réception, vous trouverez, au lieu de fauteuils, six grands caquetoires et quatre petits, valant, à 10 sous pièce, 5 livres. — Au lieu de table ronde, une table à ralonge à bois de noyer en menuiserie avec un tapis d'estame, usé, valant le tout 6 livres. — Un miroir à plaques d'argent garni d'écaille, qui vaut 3 livres. —

Un autre en noyer, valant 50 sous. — Six petits tableaux enluminés, un autre représentant l'Annonciation, un autre représentant la tête de notre Sauveur en figure, enfin un dernier représentant la tête de la mère de notre Roi, le tout valant 5 livres 10 sous. — En guise d'armoire à glace, j'ai une grande garde-robe à 4 armoires à 2 clés et 2 tiroirs, valant 18 livres ; mais elle renferme 130 livres de vaisselle d'étain, presque neuf, à 10 sous la livre, ce qui fait 55 livres, et 38 autres livres de même vaisselle, ne valant à 9 sous la livre que 17 livres 2 sous. — Sept fourchettes, douze cuillers et trois tasses d'argent de billon pesant 34 onces 1/2, à 50 sous l'once…

» Et puisque je vous ai parlé de vaisselle, poursuivit l'esprit de Jean Lacroix, permettez-moi d'ajouter ceci : De mon temps, hommes de peu d'estomac, on mangeait beaucoup parce que l'on travaillait de même ; la nourriture était bonne, saine, abondante ; on se contentait du vin du crû. La tradition vous a conservé les noms de quelques buveurs émérites, à l'estomac desquels un pot de vin ne faisait point peur. Il est vrai que chez eux cet organe n'était pas affadi, usé, délabré par le mélange et l'abus de toutes ces boissons liquoreuses ou vineuses frelatées et malsaines, que le commerce aujourd'hui jette dans la circulation. Nous faisions aussi quelques extras. Quand nous avions le bonheur de marier nos garçons ou nos filles, nous allions faire bombance à l'auberge, au *Chapeau Rouge*, surtout, où l'on nous servait un dîner de procureur… je veux dire un dîner semblable à celui de la noce du procureur

Bonnefoy (1709) dont voici la carte et le prix. Veuillez les comparer à vos festins superbes et dispendieux qui absorbent trop souvent le tiers de la dot.

	livres	sous
— « Un gros aloyau de bœuf à la Godarde.............	»	10
— Deux poitrines de veau en ragout, garnies de riz de veau, palais et langue........................	4	10
— Deux grandes tourtres d'agneau garnies d'andouillettes.	5	»
— Un plat langues de mouton et 1 grand plat pieds de porc.	2	»
— Un coq dinde roty........................	2	5
— Un autre coq dinde à la daubbe.................	3	10
— Deux chapons...........................	2	10
— Deux canards, et 6 perdrix à 35ˢ pièce............	14	»
— Un levraud.............................	1	10
— Deux sallades...........................	»	14
— Deux gasteaux et 2 tartres...................	6	»
— Deux tourtres de confiture...................	6	»
— Deux plats petits choux.....................	1	16
— Deux douzaines biscuits, 2 *id*. muscardins et 2 *id*. macarons................................	7	4
— Trois grandes assiettes amendes à la praline ou confitures liquides.............................	5	»
— Une carte vin muscat......................	1	16
Total............	62	05

» Grâce à la sobriété de notre régime ordinaire, nous savions, le plus souvent, nous passer des visites à 10 sous du docteur J.-B. de la Fuste; des saignées à 5 sous de Mᵉ Bésian, chirurgien, et surtout des services que sa qualité d'apothicaire lui donnait le privilége de rendre, à l'exclusion de tous autres. Aussi bien, chaque fois qu'il était indispensable, le ministère de ce fonctionnaire *à tergo* coûtait 15 sous. 15 sous un.... lavement! juste le prix d'une grosse de petits couteaux à sifflet! *horresco referens!...* »

Il dit, et sous l'impression, sans doute, de ce souvenir pénible, l'esprit de Jean Lacroix s'évanouit, et cependant nous aurions eu bien d'autres renseignements encore à lui demander...... Son vêtement se composait-il comme celui de Pigerol-Bonnemoy, son confrère, « d'un pourpoint et haut de chausses en drap gris estimés 8 livres?... » S'était-il payé, comme un autre maître, Antoine Batice, le luxe d'un « manteau appelé bran de bourg boracant, estimé 15 livres » (ce qui n'empêchait pas le susdit Batice de porter « un chapeau reteint, valant 10 sous)?... »

Mais il faut laisser de côté tous ces détails. Poursuivons donc notre route, sans perdre plus de temps à compter ainsi toutes les pierres du chemin.

CHAPITRE V.

I. Des marques de fabrique. — II. Du mode d'exportation des produits fabriqués, et des négociants Thiernois.

I.

Autant de maîtres Couteliers, autant de *marques*, ou *caractères* propres à marquer, à distinguer les ouvrages fabriqués à Thiers. La marque est le blason de chaque maître; c'est par elle, et non par l'empreinte du nom, que les produits de notre industrie se recommandent au consommateur. Tant vaut le couteau, tant vaut la marque. Aussi que de précautions pour éviter les contrefaçons. Daignez pour vous en convaincre relire les statuts de la Jurande. La fraude est si facile et peut être si profitable, surtout en ces temps où la gravure du poinson est tellement grossière! Et puis ne suffit-il pas de l'omission d'un seul trait, d'un point, d'un croissant, etc., pour permettre la confusion de deux marques distinctes cependant? Nous donnons à la fin de cet ouvrage un tableau des ventes de plusieurs marques de notre fabrique. C'est un moyen de constater en quoi consistaient ces signes particuliers de chaque maître, d'indiquer leur valeur, et de faire passer en même temps *à la postérité* les noms d'un grand nombre de Couteliers d'autrefois. Le lecteur voudra bien y recourir, s'il le juge convenable. Actuellement, donnons ici quelques exemples de la vigilance déployée par les Jurés visiteurs relativement à cette contrefaçon des marques...

En 1595. — Procès-verbal de saisie faite par les Visiteurs *Annet Bellin*, *Antoine Brunel* et *François Sabattier*, à la requête de *Guillaume Manbrun*, Mᵉ Coutelier, habitant au village de Mambrun, représentant ses consorts ou sa *Communauté* (15 membres mâles), sur *Gabriel Courtade* dit *Grangeon*, Coutelier au village des Belins, et *Blaise Pourcharesse*, de la Vidallie. Les Manbrun ont appris : « Que chascun d'eux forgent en leurs maisons des allemelles de couteaux et à icelles mettent marque ou impression d'une lettre M en lettre Romayne, voire en mettent 2 l'une sur l'autre. » Les délinquants sont propriétaires de la marque de l'N, et leur but en doublant cette marque, surtout en ayant soin de faire emporter et effacer un ou deux jambages par l'Emouleur, est facile à comprendre. On saisit donc chez eu.. « 10 douzaines de couteaux appelés *Grands Chatellerault*, et 2 appelés *Grands Boucherons* » portant la double empreinte de la lettre M. Confiscation de la marchandise et jugement du châtelain qui les condamne à se contenter de frapper et marquer l'N seule...

En 1621. — Les Visiteurs *Annet Bellin, Louis Prodon, Pierre Rigodias* et *Mathieu Begon*, saisissent dans les magasins des frères *Courtade*, marchands à Thiers, divers couteaux portant la marque de la *Hallebarde*, qui est celle de Bellin, et qui leur ont été vendus par *André Pozet-Barge*. Procès en contrefaçon, confiscation des objets saisis et double condamnation contre Courtade et Pozet-Barge...

En 1671. — *Louis Costebert*, M⁰ Coutelier, fait saisir sur les *Bechon*, M⁰⁰ Couteliers au village de Bechon, divers articles, prétendant que la marque qu'ils portent est la sienne, soit l'*Etrier couronné*. Erreur profonde, disent les Bechon, cette marque n'est autre que la nôtre, soit le *Chapeau couronné*. En fin de compte, par transaction reçue Gardelle, notaire, « les parties prennent l'engagement de s'en tenir désormais scrupuleusement à leurs marques respectives, telles qu'elles sont immatriculées dans la table de plomb, si bien que le Chapeau couronné de Bechon ne puisse plus ressembler à l'Etrier couronné de Costebert... »

En 1705. — Procès entre *Jean Bostmambrun*, M⁰ Coutelier du village du Montel, et *Antoine Chabrol*, maître du même village. Bostmanbrun prétend que la marque de l'*M, avec une étoile au-dessus*, empreinte sur les lames saisies est une contrefaçon de sa marque l'*M avec une barre au-dessus*. Recours au *plomb*, et jugé qu'on se conformera des deux parts à l'empreinte immatriculée...

En 1706. — *André de Bouteriges*, M⁰ Coutelier de la ville, invente et veut faire recevoir une marque nouvelle qu'il appelle *le Trompette*. Opposition de la part de M⁰ Genès Meallet, fondé sur la ressemblance du susdit Trompette avec son *Mousquetaire*. Après tout, l'opposition peut être juste; car rien ne ressemble plus à un Mousquetaire qu'un *Trompette de Mousquetaires* par exemple. Il en devait être ainsi, car les maîtres assemblés constatent cette ressemblance; et le Procureur d'office, conformément à leur délibération, s'oppose à l'admission de la marque nouvelle...

1699. — *Un Lion* est un *Lion*, direz-vous peut-être. Un *Lion* est un *Griffon*, disent les visiteurs de 1699. Ces deux animaux ne constituent qu'une seule et même marque; donc deux maîtres différents ne peuvent en user. *Le Lion* est une marque ancienne, propriété de M⁰ *Antoine Maubert-Bechon*. Guillaume, son propre fils, a tort de vouloir créer le *Griffon* qui est une nouveauté; donc, respect au *Lion!* mais arrière *le Griffon!*...

1708. — Entre des *Ciseaux* et des *Lunettes* vous trouveriez sans doute plus d'une dissemblance. Laissez-moi vous dire poliment que vous vous trompez. Entre ces deux marques, toute la différence, c'est que *les Lunettes* constituent une marque ancienne, propriété de M° *Jean Londant*, tandis que les *Ciseaux* sont une nouveauté que prétend introduire M° *Jacques Bechon*...

1703. — Rien ne ressemblera davantage à la lettre romaine F *droite*, que la même *renversée*, selon la manière de considérer l'objet sur lequel cette marque est empreinte. En 1703, *Pierre Provenchères* marque l'F renversée; quant à l'*F droite*, elle est vacante par suite du décès de son propriétaire qui n'a point d'héritiers. Antoine de Lignières profite de cette vacance pour usurper sans façon l'F droite et en marquer ses ouvrages. Plainte de Provenchères par requête au Châtelain, qui demande, suivant l'usage en cette matière, l'avis des maîtres assemblés. Ils comprennent que l'occasion est belle de supprimer une marque qui peut par sa ressemblance avec une autre occasionner des contrefaçons; Antoine de Lignières ne peut garder un bien qu'il a usurpé. La marque devenue par le décès du titulaire sans héritiers, *res nullius*, est devenue la chose de la Jurande qui décide « que Provenchères demeurera maître et propriétaire des deux marques à la charge qu'il ne pourra se servir que de l'une d'elles, suivant les Règles et Statuts, moyennant 13 livres qu'il donnera à la Frérie pour employer au divin Service... »

1679. — *A* et *B* sont les deux premières lettres de l'alphabet; c'est aussi la marque revendiquée par

M° *Antoine Brunel*, et l'occasion d'un procès en la Châtellenie; procès dont nous possédons toutes les pièces. Comme elles contiennent plus d'un enseignement utile, qu'il nous soit permis de nous y arrêter un instant.

Et d'abord : Antoine Brunel n'est ni un Thiernois ni un simple Coutelier. Il habite loin de nous, à Billom, et s'intitule « M° Coutelier Mareschal et Grossier. » Mais il a été reçu « en la Jurande de Thiers le 20 juin 1668; » c'est à Thiers qu'il fait fabriquer. Il est donc soumis à la loi commune, et notamment aux dispositions relatives à la marque des ouvrages. Il devra avoir une marque spéciale... — « Mais il marque en effet les deux lettres romaines AB? » — D'accord. Mais cette marque a-t-elle été reçue dans les formes légales? Est-elle immatriculée dans la Table de plomb? C'est là toute la question. Elle est soulevée un peu tard, sans doute, puisque Brunel use de sa marque depuis 1668, date de sa réception comme maître, et le procès ne commence qu'en 1679. Mais les Visiteurs appliquent à la réformation des abus ce principe connu : Mieux vaut tard que jamais. Et voilà pourquoi le 6 juillet 1679 ils dressent le procès-verbal suivant :

« Aujourd'huy jeudy 6 juillet 1679, entour une heure après midy, nous *Jean Lacroix, Genès Meallet* et *Gabriel Delarbre*, trois des Mes Jurés visiteurs du métier de Coutelier de la ville et mandement de Thiers, faisant notre visite pour *descouvrir les fraudes et malversations qui se font dans led. mestier soit pour les mauvais ouvrages qui se font ou en ce que* *plusieurs contrefont les marques les uns des autres et en impriment à leur fantaisie sans qu'elles soient gravées dans la matricule des marques des M*^{es} *dudit mestier*, nous sommes transportés dans un rouhet ou moullin à esmoudre quinqualhe et tranchants situé sur la rivière de Durolle, au dessouns de l'église de St-Jean de Thiers, appartenant à sieur *Gabriel Camusat* marchand aud. Thiers : où nous avons trouvé *Antoine Vachon* et *Jean Stipon* Mes Esmoleurs lesquels nous avons requis d'assister à la visite que nous voulions faire dans la place de *Jean Coste-Farge* dit *Grilhon* l'un des locataires dud. rouhet : ce qu'ils nous ont accordé. Et en leur présence nous sommes portés dans la place dud. Coste-Farge où nous avons trouvé une douzaine faucilles et deux serpes marquées en cette forme AB. Et ayant enquis led. Coste de qui il tenait ces ouvrages iceluy nous a respondu qu'il les tenoit d'Antoine Brunel taillandier de la ville de Billom lequel les luy avoit baillées pour esmoudre : et luy ayant remonstré que led. Brunel étoit reçu Me Coutelier et par conséquent subjet à *toutes les Règles et Statuts dudit mestier de Coutelier dans lesquels sont comprins tous ceulx qui font des tranchants, ainsy que ledit Brunel l'avoit recogneu en se présentant à lad. Maîtrize, ayant fait expériance et ayant été reçu maître, et qu'en cette qualité il devoit avoir une marque certaine qui fut gravée dans le Plomb et Matricule des marques dud. mestier, et que celle qu'il gravoit sur ses ouvrages en la forme susdite n'étoit point gravée dans led. Plomb, et par ce moyen qu'il avoit contrevenu ausd. Règles et Statuts, que les autres Tallandiers avoient leurs marques gravées dans led. plomb, et qu'il devoit suyvre leur exemple.* Icelluy nous a dit : que ce n'est pas son affaire, et qu'il ne vouloit pas empescher que lesd. Règles ne fussent exécutées. Ce qui nous a obligé de nous saisir desd. faucilles et serpes, et icelles déposer ès mains de *Pierre Sabattier* M⁰ Coutelier de lad. ville pour estre ensuite apportées au Greffe de la Chatellenie de cette ville, pour en estre par nous demandé la confiscation avec amende despens domages et intérêts... »

Brunel n'attendit point que le procès lui fut fait. Il l'engagea lui-même par une première requête au Châtelain, du 7 juillet, tendante à la nullité de la saisie, comme « tortionnaire et injurieuse. » Les Visiteurs font à cette demande une première réponse, le 29 du même mois. Seconde requête de Brunel pour demander communication du procès-verbal de saisie; cela fait, troisième requête au Châtelain signifiée par *Vernet* procureur de Brunel à *Daurelle* procureur des Visiteurs, où les moyens du demandeur sont plus explicitement déduits.

Il s'étonne que les Visiteurs n'aient pas encore fait droit à son assignation et donné main-levée de la saisie de ses ouvrages, « attendu qu'on n'a aucune raison de les retenir, considéré que non-seullement il est maitre dudit art de coutellerie, mais encore que cette sorte d'ouvrage de grosserie n'est pas traité à la rigueur comme les autres ouvrages parfaits et délicats dud. art, soit à cause que la grosserie ne le mérite pas, soit à cause que n'y ayant que très-peu de maitres de cette sorte, le corps n'a presque point d'intérêt de leur faire observer les règles que par une simple dépendance et pour en tirer ses droits de maitrise. C'est ce qu'on lui remontra quand il voulut commencer de travailler en l'année 1668, en la qualité de maitre et soubs la même marque qu'il fait à présent. Car les maitres Visiteurs de cette année ne voulant pas souffrir qu'il fit paraistre ses ouvrages dans lad. ville ny qu'il les fit esmoudre dans le rouhet, n'eurent point d'autre raison sinon que la grosserie étoit une dépendance dud. art de coutelier et que pour cela il y falloit passer maitre. Et bien qu'il eut eu raison de se roidir à cela, néantmoins il aima mieux recognoistre leur maitrise que d'exposer un procès avec eux : si bien que ayant passé maitre depuis l'année 1668, il a fait depuis comme il faisoit auparavant ses ouvrages marqués AB sans que personne l'ait aucunement inquiété ; outre cela, en tant que de besoin il met en fait et articule positivement : que lorsqu'il passa maitre, il présenta aux maitres Visiteurs de ce temps son ouvrage marqué de lad. marque AB. Il offre en outre de prouver : que sur la demande qu'il leur fit à cette époque de mettre lad. marque dans le plomb, il lui fut répondu : que le plomb étoit rempli et qu'il n'y avoit plus place, qu'il falloit attendre qu'il y eut un nouveau plomb.

» Si bien que ayant eu cette permission depuis 1668, des Visiteurs de lad. année et ayant du depuis jouy paisiblement de lad. marque, c'est une possession acquise qui ne sauroit lui être contestée, non pas même quand il n'auroit aucune permission et ne l'auroit fait que de son autorité privée, parce que la possession une fois acquise au vu et au su de toute une ville et pendant si longtemps ne sauroit lui être si bizarement ravie. Il faudroit au moins passer dans les formes, et contester premièrement au possessoire de la part des défendeurs auparavant que de pouvoir espérer de rien obtenir au petitoire. Et comme la Cour voit que la possession du demandeur n'est point contestée de laquelle d'ailleurs il offre de rapporter preuve en cas de besoin, il s'ensuit que de quelque façon qu'on regarde la chose la saisie est nulle, tortionnaire et injurieuse, de laquelle mainlevée doit être faite, sauf aux Visiteurs de se pourvoir par simple action, à quoi le suppliant conclud, attendu que c'est un trouble formel à sa possession. »

A cette requête les Visiteurs ripostent, le 8 août suivant, par une nouvelle écriture ; ils traitent les faits de *permission* et de *possession* allégués par Brunel de « imaginaires et inadmissibles. » Ils repoussent l'interrogatoire demandé des Visiteurs de 1668 pour obtenir d'eux l'aveu de la prétendue permission qu'ils auraient donnée, « ce qui est aussy absurde et ridicule, sauf respect, que les conclusions possessoires, parce qu'il n'est pas au pouvoir des maîtres jurés Visiteurs, sans ordonnance du Châtelain juge conservateur de la Jurande, de donner aucune permission contraire à la disposition des règles et statuts du métier, chartres, arrets de parlement et ordonnances de la sénéchaussée d'Auvergne et de cette châtellenie qui l'ont établie. » — La table de plomb était remplie ? — C'est possible, mais parmi les marques gravées, il en était beaucoup de vacantes en 1668, « il y en a encore plus de cent qui sont vaccantes et en vente. » Brunel devait donc acheter une de ces marques, au lieu d'en introduire une nouvelle, conformément aux Statuts. — Quant à ce qu'il allègue, « que les ouvrages fabriqués par lui ne sont pas des plus délicats, et que c'est seulement par une espèce de bienséance qu'il s'est fait recevoir maître. » Qu'importe? le point essentiel, c'est qu'il est maître, donc soumis aux règles de la Jurande. « Ce qui est véritable, c'est que tous les autres Taillandiers qui font des faucilles, serpes, hachoirs et autres tranchants ont leurs marques gravées et plaquées dans le plomb, et n'ont jamais osé faire une entreprise semblable à celle de Brunel; ce qui est d'une grande considération et même décisif, et d'autant plus que lesd. Taillandiers quand ils se sont présentés à lad. maitrise n'ont fait pour leurs chefs d'œuvres que des faucilles, serpes, couteaux d'épée, goyes, couteaux et autres tranchants, parce que tous lesd. ouvrages et tranchants entrent dans lad. maitrise, et que celluy qui fait les faucilles, serpes et hachoirs a le pouvoir et la liberté entière de faire des couteaux et ciseaux comme font les autres maîtres Couteliers et Taillandiers. Et pour faire voir que tout cela est véritable, lesd. Visiteurs font production des actes de réception à la maitrise des maîtres Couteliers et Taillandiers qui ont fait leurs expériences par des faucilles et serpes, bien que cella soit une vérité publique et constante dont personne ne peut disconvenir.

» Cella présuposé, et que la marque de chaque maitre est son principal bien, et que les uns ne peuvent rien entreprendre sur les autres, parce que tout leur crédit dépend de là et de la distinction et différence de leurs marques recognues et approuvées par tout le Corps, l'on peut dire que l'on ne voit pas comment Brunel a le front de soutenir qu'il a pu de son autorité inventer une marque et de la graver sur ses ouvrages sans être gravée sur la table de plomb. » Le fait énoncé par lui d'avoir joui de cette marque pendant 10 ans, ne le rend que « plus punissable et plus criminel puisque sa contravention a eu une durée d'un si long temps et qu'elle est occulte et défendue. »

Ici nouveaux débats et nouvelles écritures signées de M° *Clounet*, avocat de Brunel, et de M° *Durohannys*, avocat des Visiteurs, relativement aux caractères légaux de la possession prétendue par Brunel. Grâces à Dieu ! la matière est sommaire d'après les statuts de la Jurande ; sans cela avant d'arriver à la solution, nous serions obligés de compter autant de requêtes, contre-requêtes, écritures, réponses, etc., qu'un chapelet compte de grains. Nous pouvons donc laissant de côté cette querelle fort instructive pourtant entre les deux avocats, sur la question de droit que le procès fait naître, assister au *prononcé* du jugement le 5 décembre 1679, par « M*re Antoine Astier, sieur de la Verchère*, conseiller au conseil de S. A. R. Mademoiselle, châtelain et juge ordinaire ès chatellenie, ville, baronnie et mandement de Thiers, par très-haute et très-puissante Princesse Madame Damoizelle Anne-Marie-Louise d'Orléans, duchesse de Montpensier, souveraine de Dombes, dauphine d'Auvergne, dame et baronne dud. Thiers. » Le dispositif de ce jugement est ainsi conçu :

« Nous disons la saisie en question avoir été bien faite. Faisons défense audit Brunel, demandeur, de plus marquer ses ouvrages de coutellerie de la marque AB ny d'autre marque que de l'une de celles qui sont empreintes dans le plomb ou matricule de l'art et Jurande de couteliers de cette ville à peine d'amende et confiscation. Et néantmoins ordonnons que les ouvrages saisis et mis au greffe seront délivrés aud. demandeur en payant les frais de la saisie et de la procédure auxquels nous l'avons condamné taxés à la somme de 16 livres 15 sols, sans comprendre l'expédition des présentes. »

Comme on le voit par la teneur de ce jugement, le principe posé dans les Statuts était consacré. Si Brunel échappa aux conséquences de sa contravention, quant à la confiscation des ouvrages saisis et l'application de l'amende, il le dut, sans doute, à l'admission par le Juge de cette excuse tirée de sa prétendue bonne foi résultant du long espace de temps pendant lequel il avait usé de sa marque, sans être inquiété par les Visiteurs des années précédentes.

Avant de rentrer ce dossier dans le sac de Procureur d'où nous l'avons extrait, qu'il nous soit permis de donner ici les noms des maîtres couteliers-taillandiers, dont les actes de réception furent produits au débat; ces Maîtres sont :

En 1617. — « *Michel Desolmades*, fils à Romain,

a fait pour son chef-d'œuvre deux faulx ou faucilles et une sarpe à tailler la vigne, forgés et manchés chez *Antoine Desapt*, visiteur, en la présence des autres maitres, *Michel Meallet, Durand Roche* et *Benoit Dufaux*. A fait son apprentissage en la maison de *Pierre Mambrun-Barbarin*, et du depuis a travaillé chez *Annet Girodon.* »

En 1618. — « *Etienne Chazeau* a fait pour son chef-d'œuvre 12 couteaux d'espée, manche d'os, faits en la maison de *Guillaume Fédit*, présence des autres maitres, lesd. couteaux par lui forgés et émoulus. »

« *Benoit Girodon* a fait pour son chef-d'œuvre une serpe ou goye, icelle forgée et limée en la maison de *Michel Girodon* son père.

» *Jean Girodon* a fait 2 faucilles et une serpe, a travaillé chez son père plus de 20 ans. »

En 1643. — « *Charles Chamboissier*, fils à feu Sébastien, de Champetières, a fait son apprentissage chez *Jean Tourlonias*, fini il y a plus de 15 ans, et du depuis a travaillé en cette ville, a fait pour chef-d'œuvre une serpe et 3 couteaux pliants appelés *Jambettes*, manches de cornes de cerf, forgés, garnis et limés chez maitre *Anglade*. »

En 1653. — « *Antoine Chamboissier*, de Thiers, a travaillé 20 ans, et fait pour son chef-d'œuvre une douzaine faucilles icelles forgées et limées, à lui permis planter sa marque au plomb. » . . . .

Pour terminer ces quelques indications sur les marques, appelons l'attention du lecteur sur les articles du règlement de 1743, qui ont pour but la répression d'un abus qui devait causer un tort considérable à nos maîtres, soit la possession par nos marchands en gros de marques qui leur étaient propres, à l'aide desquelles ils pouvaient faire fabriquer par les ouvriers des articles de coutellerie, créant ainsi à nos maîtres une concurrence d'autant plus sérieuse, qu'ils avaient le privilége de faire la commission sur une vaste échelle, ainsi qu'il nous reste à le démontrer.

II.

Le couteau est achevé. La marchandise est prête à livrer au consommateur. Ce consommateur, quel est-il ? Voyons-nous aux siècles passés, comme au nôtre, nos maîtres couteliers transformés, une fois l'an, en voyageurs de commerce, allant placer eux-mêmes leurs articles soit en France, soit à l'étranger ? Les acheteurs viennent-ils s'approvisionner directement sur notre marché ?

Nos compatriotes savent assez, pour l'avoir entendu dire, qu'autrefois les principaux agents de notre commerce à Thiers, les intermédiaires accoutumés entre le producteur et le consommateur étaient nos *marchands en gros*, véritables *négociants* dans l'acceptation propre du mot. Il ne faut pas les considérer seulement comme commissionnaires, écoulant au dehors les marchandises achetées par eux au fabricant; il faut encore voir en eux de véritables banquiers, facilitant la fabrication soit par l'avance ou la vente qu'ils font aux maîtres des matières premières, fer, acier, etc. dont ils font commerce, soit même par l'avance d'argent à compte des marchandises qui doivent leur être livrées une fois fabriquées. Pour constater cette triple opération à laquelle ils se livrent, il suffit de consulter leurs inventaires chez les notaires. Ce qu'ils font pour la coutellerie, ils le font du reste pour les gaînes, le papier, les cartes et toutes les autres branches de notre commerce. Le rôle qu'ils jouent dans notre cité est donc assez considérable pour que nous leur fassions les honneurs d'une monographie spéciale. Parlons-en ici seulement au point de vue de notre coutellerie, et voyons quels sont leurs débouchés.

L'Espagne a été de toute ancienneté l'un des principaux débouchés de notre fabrique. La coutellerie thiernoise, ainsi qu'on l'a vu par les inventaires donnés plus haut, a des articles spéciaux pour ce pays. On y trouve nos produits. En retour, il est peu de marchands en gros dans la bourse desquels on ne trouve quelques *pistoles* d'Espagne. Au décès d'*Antoine Dufour*, en 1680, l'inventaire constate dans la caisse du défunt « cinq cens vingt-six pistoles d'Espagne à onze livres pièce, soit : cinq mille sept cents quatre-vingt-six livres. »

Nos relations avec l'Espagne sont si bien établies que nous voyons des Thiernois aller s'y fixer pour faire le négoce et tenir des comptoirs. — « En 1606, *Michel Sallamon*, marchand, de présent estably au royaulme d'Espagne, dans un voyage à Thiers, passe contrat d'apprentissage avec *Jean Viouly*, fils de feu *Annet* vivant marchand à Thiers, pour luy apprendre le négoce en Espagne. »

« En 1631, *Durand Begon*, natif du mandement de Thiers, marchand, habitant la ville de Madrid, » envoie procuration notariée pour liquider la succession de sa mère. L'acte est en langue espagnole, mais on y trouve annexée la traduction faite devant le châtelain par *Antoine Favier*, marchand à Thiers, qui a dit : « parfaitement savoir procéder à la traduction de la susdite procuration du langage espagnol en vulgaire français, comme ayant l'intelligence de l'une et l'autre langue, estant naturel Français, et ayant demeuré et fréquenté plusieurs années le royaulme d'Espaigne. »

Au XVIIIe siècle, avant la révolution, nous trouvons établis dans ce pays un *Dufour*, un *Darrot*, un *Bodiment*, c'est-à-dire, les représentants de nos principales familles de négociants.....

Nos relations avec l'Italie ne sont pas moins suivies. Là encore, nous trouvons des Thiernois établis. En 1616, *François Daguilhon* passe contrat d'apprentissage avec *Pierre de Ville*, « pour lui apprendre l'art de marchandises dont il fait traffiq en Italie et royaume de Naples. »

Un des frères *Clémenson*, établi à Lyon en 1625, associé avec ses frères, marchands à Thiers, est l'un des intermédiaires entre les acheteurs de ce pays et les fabricants thiernois. Nous en trouvons la preuve dans une procuration notariée, écrite en latin, par laquelle *Antoine et Guillaume Clémenson*, associés de leur frère Jean demeurant à Lyon, donnent pouvoir à *Joseph Basilica-Petri*, de Milan, de recouvrer contre les héritiers de *Jean-Antoine Silva* de la même ville, les sommes qu'ils doivent à leur Société. Les *Torrent*, les *Guillemot*, les *Marry* ont comme les *Clémenson* des comptoirs à Lyon ; un *Bodiment* est établi en Suisse avant la Révolution....

Outre les marchandises qui, de ce côté-là, s'écoulent par leur intermédiaire, nos produits s'exportent encore par les colporteurs du Dauphiné qui viennent eux-mêmes s'approvisionner en fabrique, ainsi que le constatent les inventaires de nos maîtres Couteliers. Ils s'exportent encore par l'intermédiaire de gens que vous ne vous attendez certainement pas à trouver mêlés à nos affaires. Si nous les nommions simplement, peut-être seriez-vous incrédules. Mieux vaut donc, pour vous convaincre, relever dans l'inventaire de *Jean Lacroix* en 1680, quelques-unes des obligations qui lui restent dues à son décès :

— « Obligation *Jean Thomassin* MARCHAND RAMONEUR du pays de Lombardie, paroisse de St Bernard, reçue Veilh Nre du 21 septembre 1657 restante à payer pour. .... 50 livres.
— Obligation *Dominique Monder*, Md ramoneur du même pays du 12 aout 1658, restante à payer pour............ 155
— Id. *Pierre de Grasse*, id... du 12 nov. 1650, de... 160
— Id. *Mathieu Rusquon*, id... du 4 mars 1667, de... 69
— Id. *Jean Demarse*, id... du 6 mars 1666, de.... 100
— Id. *Jacques Plase*, id... du 12 avril 1678, de... 100
— Id. *Jean Simon*, id... du 23 avril 1665, de... 104
— Id. *Jean Grassain*, id... du 18 mars 1672, de... 126

Ce qui démontre péremptoirement, ce nous semble, qu'au XVIIe siècle les ramoneurs Lombards peuvent être considérés comme courtiers de nos marchandises....

L'Allemagne est-elle notre tributaire ? Nous ne saurions en douter après avoir lu l'acte suivant; reçu de *Madières*, notaire à Thiers, le 5 octobre 1628 :

« Devant *Antoine de Madières*, notaire, tabellion royal et garde-notes héréditaire en la sénéchaussée d'Auvergne, habitant en la ville de Thiers, aud. pays d'Auvergne, royaume de France, ont comparus honorables nommés *Antoine Courtade, Pierre Guerre, Jacques Duchier, Pierre Marcon et Antoine Sallamon*, marchands, habitans en lad. ville de Thiers, lesquels par serment qu'ils ont fait et presté entre les mains dud. notaire, ont affirmé, certifié et attesté avoir veu, il y a entour 12 ou 15 jours, dans le magasin de S⁺ *Mary Martigniat*, marchand, habitant en lad. ville, plusieurs sortes de marchandises comme : *chapellets d'os à estoille, roues de loton pour patissier, cadenas à littes, gratteboisses, écritoires de loton, soiz de cordonnier, imagines illuminées, seringues, rasoirs de barbiers, feuilles d'orphèvres, quadrans, paillettes d'argent faux, fils de sistres, boutons de verre, petites sonnettes, boutons esmaillés, tablettes, lunettes, cages d'oiseaux, compas de loton, images de passions, tableaux vernis, bestes mouvantes, boutons de loton, boëttes de couteaux de six, boëttes de huit, boëtes rouges de quatre, trompes de leton, cristal, cartons en images, bagues de leton, or filé d'Allemaigne, boëttes pour barbiers, cloux de cordonniers, horloges de leton, clavières, miroirs esmaillés, petits miroirs communs, grenat noir de jays, miroirs grands esmaillés, poëlles de leton, culières de leton, lardoires, images de papier, boutons de cristal, cou-*

teaux pliants de plusieurs fassons, mouchettes plattes, mouchettes rondes, esperons, petits poigniards dorés, sizeaux à cœur, lames d'espées, estuis à plusieurs fassons, et plusieurs autres sortes de marchandises : et le tout estre des ouvraiges faits en lad. ville de Thiers et villages circonvoisins, ville de St-Estienne en Forets et en la ville de Lyon, le tout dans ce royaulme de France, POUR PARTIR EN ALLEMAIGNE DANS LES TERRES SUBJETTES A L'EMPIRE ET NON AILLEURS. Le sçavoir pour avoir bonne cognoissance desd. marchandises et en avoir achepté et fait achepter aux mesmes des semblables aux susdits endroits.

» Et toutte ladite marchandise avoir veu mettre dans vingt balles ou entour au magasin dudit Martigniat, et par luy marquées et *caractées* de semblable marque et caractère qui est cy (2 M juxtaposées au-dessus d'un T, surmontées d'une double croix). De quoy a esté octroyé acte aud. Martigniat pour ces présentes luy servir et valloir où et comme il appartiendra... »

La question que nous venons de nous poser pour l'Allemagne, nous pourrions la poser et la résoudre de même pour tous les pays du monde, en deçà comme au delà des mers, car il n'est pas un coin de terre habitée où nos produits n'aient pénétré. Pour donner à nos lecteurs, en nous résumant, quelque idée de l'importance des maisons de nos négociants thiernois et de l'étendue de leurs relations, mentionnons ici un document trouvé dans le grenier de la maison Henry, une *maison* qui ne s'est établie à Thiers que bien tard, mais qui n'en faisait pas moins des affaires considérables. Ce document est un *cahier* intitulé : « *Noms des correspondants à qui nous vendons, du 1er apvril 1774.* »

Le nombre de ces correspondants s'élève à 617, sur lesquels 200 environ sont répartis entre les principales villes de France : Lyon, Marseille, Rouen, Paris, Bayonne, Lille, Nantes, etc., etc. : les autres correspondants appartiennent à l'étranger ; ils résident dans les villes suivantes :

Barcelonne,	Rome,	Plaisance,
Genève,	Milan,	Liège,
Padoue,	La Corogne,	Novarre,
Turin,	Turgues, en Catalogne,	Reus, en Catalogne,
Annecy,	Naples,	Venise,
Brescia,	Florence,	Berne,
Chambéry,	Cadix,	Livourne,
Bologne,	Gênes,	Véronne
Manosque,	Catella, en Catalogne,	Vévay,
Viterbe,	Nice,	Le Cap Français,
Arone,	Bisbal,	Castello des Ampurias,
Attena,	Navarrein,	Valence, en Espagne,
La Guadeloupe,	Soleure,	Moudon, en Suisse.
Parme,	Lausanne,	Morges, *id.*

Plus tous nos ports de mer et nos principales villes frontières....

A ces indications sommaires, il conviendrait de joindre un aperçu du chiffre d'affaires de nos négociants ; nous voudrions, sous ce rapport encore, pouvoir être complet ; pouvoir affirmer, par exemple, pièces en main, qu'il se fabriquait annuellement en moyenne, et qu'il se vendait tel nombre déterminé d'articles donnant tel produit, absolument comme on dit aujourd'hui : « Il ne se fabrique pas à Thiers moins de

48,000,000 de couteaux, ciseaux ou rasoirs annuellement, » produisant annuellement près de 12 millions (voir, pour plus de détails, le rapport de M. R. Marilhat à la chambre de commerce du 6 mars 1859)... Mais pour arriver à ce résultat, il faudrait être *archispirite.*

Il nous est bien permis cependant d'attester l'importance de notre ancien négoce, quand nous voyons, par exemple, dans l'inventaire Dufour en 1680, les sommes qui lui sont dues, et que nous additionnons celles qui sont énoncées « *dans un grand-livre in-folio couvert d'une bazanne verte*, COMMENCÉ LE 12 AVRIL 1680 ET FINY LE 13 AOUT 1680. » Dans l'espace de ces quatre mois, la maison Dufour seule avait expédié à quarante-deux correspondants de France qui restaient ses débiteurs pour 32,515 livres de marchandises ! non compris, bien entendu, ce qui avait pu lui être payé comptant ou réglé de toute autre manière, soit en valeurs, soit en échange de marchandises, soit pour les expéditions faites en Espagne en « *vins rouges de Mattaro, Ribas montagne et Benicarlo, petits vins blancs de Valls Xarelo, Maccabeu et Mattaro* » ou autres, comme en recevait la maison Henry plus tard en 1775...

S'il nous est défendu d'établir année par année le *rendement* de notre fabrique, en revanche, nous pouvons signaler ici quelques-unes des causes qui, à certains moments donnés, ont pu gêner son essor, paralyser sa marche, l'arrêter même presque complétement; sans parler de cette cause première toujours subsistante jusqu'à la Révolution, soit la constitution de la jurande elle-même, qui ne permettait pas à notre fabrique d'arriver à tout le développement dont elle était susceptible, combien d'événements lui ont été funestes! C'est une page douloureuse de notre histoire qu'il faut bien écrire!

CHAPITRE VI.

LES ANNÉES MAUVAISES.

I. 1576-1593, la Ligue. — II. Les Pestes. — III. La Famine. — IV. Les Guerres. — V. Inondations et Sécheresses.

I.

Nous n'avons pas la prétention de faire ici l'histoire de la Ligue ; il nous suffit de rechercher quels furent, à Thiers et relativement à notre industrie principale, les effets de cette agitation religieuse et politique à la fois, qui troubla et remua profondément le Royaume pendant le règne d'Henri III jusqu'à l'avénement d'Henri IV. Fidèle à notre principe, de laisser la parole aux *documents historiques*, quand nous avons la bonne fortune d'en rencontrer, nous reproduisons ici, *in extenso*, la pièce suivante, d'ailleurs inédite jusqu'à ce jour, laquelle fait partie de nos *archives municipales*; il suffira de la lire jusqu'au bout pour voir qu'elle se rattache directement à notre sujet.

« *Verbail faict à la réquisition des sieurs consuls de ville, concernant le service de toutte anciennelé qu'ils ont rendu à Sa Majesté et fidellité à son service, et les despences faittes aux murailles et pavez d'icelle et la solde qu'ils ont payez aux cappitaines et officiers pour empescher l'entrée des ennemis du Roy qui sont très-considérables.* »

1594.

« Lan mil mil cinq cens quatre vingt quatorze le mercredy vingt huictieme jour de septembre sont comparus par devant nous Blaise Cytol conseiller du Roy et trésorier général de France au bureau des finances établi à Riom les consuls et habitans de la ville de Thiers par M⁰ Pierre Mellun leur depputé, lequel nous a dict et remonstré. « Que cy devant lesd. consuls et habitans de lad. ville de Thiers auroient présenté requete à Sa Majesté en laquelle ils auroient remonstré que durant et à l'occasion des présents troubles ils auroient receu de grandes pertes foulles ruynes et ravages en leurs personnes et biens par les ennemis de Sa Majesté, et aussy pour les réparacions fortiffications et aultres despances qu'ils ont esté contraints faire pour conserver et maintenir lad. ville soubs lobeyssance de Sad. Majesté et empescher les dessaings de sesd. ennemis rebelles scachant de combien elle est importante non seullement au pays dAuvergne mais aussy à ceux de Fouretz, Beaujollois et Bourbonnois dont elle est limitrophe et se trouvant environnée de toutes parts des villes et chateaux tenans le party contraire comme est entraultres des villes d'Ambert, Oliergues, Lezoux, Corpières, Vollore, Ravel ou aultres villes, et plusieurs chasteaux, mesmes voyant que lesd. ennemis sestoient emparés des chasteaux de Vaux, Landrevye, Palladuc, et Esglize de Celle, distans seullement dune petite lieue de lad. ville de Thiers, dans lesquels forts iceux ennemis tenoient grosses garnisons qui faisoient journellement entreprinse sur lad. ville laquelle ils tinrent comme bouchée par un long espace de temps. Iceux habitans sans aultre respect que pour le service de Sa Majesté et pour conserver icelle soubs son obeyssance auroient ruyné et desmolli leurs propres maisons estans aulx faulbourgs dicelle et souffert les desgais de touttes leurs mestairies autour dicelle et néantmoins entretenu ordinairement grosses garnisons dans lad. ville laquelle ils ont fait clorre et fortiffier à leurs propres couts et dépens, sans avoir eu aucun soullagement dailheurs ny diminution des grosses tailles ou subcides lesquels ils ont contignué de païer durant led. temps; en quoy et pour fournir aux munitions nécessaires et closture de lad. ville et confection d'un fort grand espéron et dune fort longue et large courtine au dehors dicelle pour chasser lesd. ennemis desd. forts et chasteaux et les remettre soubs lobeyssance du Roy, lesd. habitans auroient pendant le tems de neuf ou dix mois faict infinies grosses despences, ayant esté contraincts prendre deniers à intérest dont ils sont chargés jusques à la somme de vingt mille escus, en quoy ils sont obligés et dont ils sont maintenant poursuyvis par leurs créanciers, sans aulcun moyen de les satisfaire *attendu la povreté où ils sont à présent réduits le traffic ou commerce qui se soulloit faire en lad. ville ayant entièrement cessé durant lesd. troubles tant à l'occasion des passages et chemins qui estoient dettenus et occupés par lesd. ennemis, que aussy pour nestre iceux habitans aller débitter leurs marchandises ès villes de Paris, Lyon, Rouen, Orleans, Toullouze et aultres villes de ce royaume et hors icelluy, à cause de ce quelles estoient révoltées de lobeyssance du Roy.* Ayans employé la plus grande part de leurs biens et moyens pour conserver lad. ville en l'obéissance de Sa Majesté (ils l'ont prié) leur voulloir donner quittance et remettre touttes les tailles corvées subcides et aultres impositions qui seroient imposées sur lad. ville durant le temps et espace de dix années prochaines advenir ensemble de ce qu'ils peuvent debvoir du reste de lannée mil cinq cens quatre vingt treize. Laquelle requete Sa dite Majesté auroit renvoyé à Messieurs les présidents et trésoriers généraux de France nos confrères et à nous avecq ses lettres patentes en forme de commission données à Paris le vingtseptiesme jour daoust mil cinq cens quatre vingt quatorze de lannée présente signées par le Roy et son conseil Fayet et scellées de cire jaune sur simple queue, par lesquelles leur a été mandé de vériffier et informer bien et deubment des faits contenus en lad. requete, et l'in-

formation faite l'envoyer au Conseil de Sa dite Majesté
avecq leur advis sur le tout préalablement clos et scellé
pour y estre pourveu ainsy quelle verra estre affaire.
Lesquels habitans auroient présenté la dite commission
avecq leur requete à mesdits sieurs nos confrères tendant affin de procéder à la vérification et information
desdites pertes et ruynes; à quoy nous aurions esté commis et depputés ainsy quil appert par le décret estant au
pied de lad. requeste du viie jour du présent mois de
septembre. A ces causes nous auroient lesd. consuls
comparans comme dessus supplié et requis nous voulloir
transporter en lad. ville de Thiers pour veoir et vériffier au doigt et à l'œil les dittes démollitions ruynes
bruslemens des faulbourgs, hédiffication fortifications
et aultres réparations par eux faites en icelle comme
dit est cy dessus. A quoy obtempérant serions partis
de la ville de Clermont où nous faisons notre résidence et nous serions acheminés en lad. ville de
Thiers prins avecq nous maistre Jehan Goutard pour
greffier. »

« Et le lendemain vingt neufviesme jour dud. mois
de septembre seroient derechef comparus devant nous
lesdits consuls de Thiers avecq Mre François de Sai-
gnes sieur de Barante chastellain de Thiers, Hugues
Gorce licencié ès lois lieutenant général aud. Thiers,
Eustace Gorce procureur doffice en lad. ville, Raymond
Feydict, Hugues Clémançon, Gabriel Pignat et Pierre
Mignot prins et appelés avecq nous pour veoir et vériffier lesd. ruynes demollitions et réparacions. »

« Et le lendemain trentiesme jour dudit mois de septembre aurions procéddé à ladite veriffication en présence des susnommés, et pour ce faire serions sortis de ladite ville, et faisant le tour dicelle aurions veu un grand esperon que lesdits habitans auroient fait faire pour la deffense de lad. ville estant de aulteur de quinze pieds, de longueur quinze brasses, de largeur huit ; et veu aussy autour dicelle lesd. habitans avoir fait faire et bastir de neuf partye des murailles de lad. ville. Et estant arrivés aux faulbourgs du Moustier, du Lac et de la Porte neuve nous aurions trouvé la plus grande partie diceux rompus brisés et desmolis où il y auroit apparence davoir eu plusieurs maisons bastiments granges ou aultres ediffices, lesquels bastimens estant au nombre de quatre vingt ou environ ruynés et desmollis comme dit est lesdits habitans nous auroient dit lavoir fait faire pour la crainte qu'ils avoient que larmée du seigneur duc de Nemours qui sestoit levée en cette province durant ces dits troubles ne sallat loger dans lesd. faulbourgs et surprendre lad. ville. De quoy lesd. consuls nous auroient requis faire le présent procès verbail et en faire notre rapport à nos dits sieurs nos confrères, affin den donner avis à Sa Majesté. Et pour plus amplement nous faire appercevoir de ce que dessus et des autres pertes ravages et misères par eux soufflertes durant et à loccasion des présents troubles par les ennemis de Sadite Majesté nous auroient requis vollor ouyr et examiner les témoings qu'ils entendoient nous produire pour nous attester et confesser icelles, ce que leur avons accordé. Au moyen de quoy sont comparus par devant nous en ladite ville de Thiers les tesmoings cy après nommés desquels nous avons prins et receu le serment en tel cas requis et accoutumé de dire vérité sur ce qu'ils seroient par nous enquis, et leurs dépositions fait mettre et rédiger par escript par ledit Goutard comme sensuyt. (Signé) Cistol. »

« Du xxx° jour du mois de septembre mil v^ciii^{xx}xiiv.

» Messire Antoine Camus, seigneur de (*nom effacé*), conseiller du Roy, président et ancien trésorier général de France en la généralité de Lyonnois, aagé de soixante douze ans ou environ, après serment par luy presté par devant nous de dire vérité sur ce qui sera par nous enquis du contenu en la requeste présentée au Roy par les habitans de la ville de Thiers, a dit : Que d'espuis trois ans et demy en ça à cause de la révolte de la ville de Lyon il se seroit retiré en lad. ville de Thiers dautant que durant les guerres les habitans dicelle ne se sont jamais despartis de lobeyssance du Roy, ains se sont opposés aux dessaings de ses ennemis et par exprès de ceux qui sestoient emparés des places de Palladuc, Celle, Lendrevye et Vaulx proches de lad. ville d'une lieue où les garnisons dicelles faisoient mil ravages meurtres et aultres hostilités de guerre. Pour à quoy obvier iceux habitans auroient appelé les trouppes de Messieurs de la Guische, Busset, Chazeron, Rivoire, Birague, Brancas et aultres gentilshommes, affin de faire paroistre à Sa Majesté linclination que lad. ville et habitans dicelle avoient à son service et faire quitter ausd. ennemis lesd. places par eux occupées, lesquelles trouppes ils auroient paiées et soldoiées à leurs despens, pourquoy faire ils auroient esté contraints emprunter grosses sommes de deniers mesme dud. sieur déposant, tant pour lesd. affaires que aultres qui se sont présentées pour la conservation de laditte ville, les habitans de laquelle auroient fait fondre une coulouvrine et cinq ou six petites pièces à leurs propres couts et despens, aussy auroient fait provision de pouldre boullets et munitions de guerre attendu ladvis qu'ils avoient eu que larmée de Monsieur le duc de Nemours conduicte par le sieur marquis de Saint Sorlin son frère sestoit approchée jusques au lieu de Celle distant seullement dune lieue de lad. ville de Thiers, et auroient esté contraints iceux habitans rompre et desmollir touttes les maisons des faulbourgs de la Porte neufve et du Lac où il ny aurait resté aulcunes oultre celles qui joignoient deux grands esperons qu'ils firent faire pour la deffense de lad. ville si led. sieur de Saint Sorlin les eut vollu attaquer comme on leur avoit fait entendre par plusieurs et diverses fois. A la mesme occasion ils auroient fait bastir et eslever la plus grande partye des murailles de lad. ville, pour lesquelles despenses ils auroient emploïé la plus grande partye de leurs moyens oultre la ditte ruyne de maisons et aultres héritages qui leur auroient apporté telle perte que les povres habitans sont réduits maintenant à une grande pôvreté, joint aussy que leur traffiq et manufacture quils avoient auparavant ces guerres a cessé et leur est du tout enlevé pour nestre allés et livré aux villes de Paris, Lyon, Rouen, Toullouze, Orléans, Nantes et aultres villes du dedans et dehors ce royaume à cause de leur révolte et tenans le party de la Ligue, auxquelles villes lesd. habitans faisoient le débit de leurs marchandizes. A ocazion de quoy et desdites desmollitions une infinité dartizans ont quitté lad. ville et se sont retirés à daultres, estant tout notoire quelle a tousjours esté environnée de garnisons et places tenans le party contraire comme celles de Lezoux, Corpière, Billom, Oliergues, Ambert, Bulhon et une infinité daultres nestans que à deux lieues près dicelle, ce qui leur apportoit une grande incommodité estans comme dit est bouschés de tous costés et recevant ruynes à leurs mestairies, pertes dhommes et de bestail grains et aultres danrées que les soldats des dittes garnisons auroient emportés, mesme mis le feu en aulcuns lieux de leursd. mestairies, pour estre la ditte ville de Thiers seulle au quartier de sa situation qui ait tenu pour le party de Sa Majesté, qui auroit esté cause qu'ils auroient entretenu des gens de guerre en lad. ville oultre ceux de la garnison establie par Sa Majesté en icelle. Ce que les dits pòvres habitans ont bien vollu faire assavoir à Sad. Majesté et tous aultres quil appartiendra et qu'il est du tout impossible quils puissent satisfaire au payement des parties quils ont esté contraints emprunter pour employer à ce que dessus est dit si grattuitement Sa ditte Majesté ne les descharge du payement de leurs tailles et aultres subcides quils sont tenus payer par chascun an à Sad. Majesté. Et a led. sieur déposant dict scavoir ce que dessus pour lavoir veu en partye, et comme ayant fait son actuel résidance en laditte ville comme y estant reffugié et demeuré durant led.

temps de trois ans et demy, et a signé sa depposition.
— Signé. Camus. »

« Noble Pierre Ossandon, seigneur de Lollière, demeurant au chateau des Ortz près Thiers, controlleur ordinaire des guerres, aagé de 50 ans ou environ, » dépose des mêmes faits que le précédent témoin. Il ajoute que les sacrifices faits par les Thiernois sont d'autant plus lourds qu'ils avaient été « cy devant affligés de la maladie contagieuse. » Il constate la cessation du commerce, la désertion de partie des artisans et la pauvreté générale.

« Messire Mathieu Dumas, pretre et curé de S. Remy sur Thiers » (58 ans.) — Même déposition. Il mentionne que le grand éperon construit pour la défense de la ville était placé « au devant de la ville à la Porte neuve. » Il termine en disant qu'il a vu et sçu tout ce qu'il raconte « pour estre à une lieue près de lad. ville et estre venu souventes fois en icelle pour leur donner des advis pour ce qui concernoit le service du Roy et pour les entreprinses qui se faisoient contre lad. ville. »

« Messire Jacques Clozel, notaire royal à Vollore et Montguerlhe, procureur doffice au viscomtat de Celle. » (60 ans.)

Même déposition que les précédents. Parmi les villes ennemies des environs il cite Cervières, et parmi les châteaux pris par Nemours ou sa troupe, mentionne celui du Charriol. Parlant de l'état de blocus dans lequel se trouvait la ville, il ajoute : « Pour à quoi résister les habitans seroient sortis plusieurs fois où il en seroit demeuré de morts. » Il dit que la courtine s'estendait

« despuis la Porte du Lac jusques à S. Jehan dun costé, et despuis la Porte de Malorie jusques à la Porte Neufve. »

L'enquête se continue le 3 octobre suivant, et les nouveaux témoins entendus, qui tous sont unanimes pour déposer des mêmes faits et pour constater notamment la cessation du commerce, sont :

M° Joseph Desapt, notaire au mandement de Thiers, paroisse d'Escoutoux.

Frère Jehan Doz Martineaux, prieur claustral et chambrier de l'abbaye du Moustier.

Claude de Prunerolles, homme d'armes de la compagnie de M. le marquis d'Urphé, habitant au bourg de Celle.

Claude Dessaix, seigneur de Rivoire, Noally, Chassaing et Bosrigauld, gentilhomme ordinaire de la chambre du Roy et capitaine de cent chevau-légers de ses ordonnances.

Les Thiernois l'ont « appelé en l'année 1590 aveq sa troupe de gendarmes et arquebusiers pour la conservation de la ville. » Il constate aussi que le sieur de Chavaignac demeura longtemps à Thiers « pour la construction des esperons et la conduitte des fortiffications. »

Noble Philippe Bachellur, sieur de Faulx Rion, prévot des mareschaux du Bas-Auvergne.

Noble Aymé Bachellur, sieur de Plaidu, maréchal-des-logis de la compagnie du sieur de Rivoire.

Il constate que la solde des hommes d'armes appelés par la ville à son secours et payés par elle était de

« un escu quarante sols par jour aux gendarmes et aux arquebusiers à cheval trente cinq sols. »

Noble Pierre Prat, sieur de Bardes, homme d'armes de la compagnie de M. d'Allègre.

Noble François Faure, homme d'armes de la compagnie de Monsieur le comte de Ludde, habitant à Chateldon.

A la suite de toutes ces dépositions se trouve la mention suivante : « Oys et examinés ont esté les tesmoings cy dessus nommés par nous trésorier général de France susdit à ce commis et depputé, et lesd. dépositions faict mettre et rediger par escript par led. Goutard prins pour greffier les jour et an que dessus. (Signé) Cistol et Goutard.

» Pour coppie collationnée à l'original par moy greffier au bureau des finances à Riom soussigné. — Signé. Génin. »

Au rang des minutes anciennes du notaire Robert, actuellement conservées en l'étude de Mᵉ Fritisse à Thiers, nous avons trouvé un autre document qui témoigne de cet état de désolation profonde à laquelle notre ville fut réduite pendant cette méchante époque. C'est un procès-verbal dressé, le 15 mai 1603, par le châtelain, à la requête des fermiers de la baronnie, pour constater l'état du faubourg de la Porte-Neuve et de Bartasse, par suite des « ruynes et desmollitions advenues ès maisons, jardins, bastiments et autres hedifices pendant les troubles qui ont eu cours en ce royaume. » On constate qu'antérieurement à la Ligue, les terriers du baron mentionnaient quarante maisons payant le cens au seigneur dans ce quartier, et qu'au moment où ce procès-verbal est dressé, « il est apparu par la vision locale ny avoir à présent que dix maisons, de nouveau et despuis peu de temps construites, le surplus estant du tout ruyné inhabité et vacque. » Ainsi, dix ans après ces troubles, bien des ruines à Thiers attestaient encore la funeste influence de ces orages politiques sur notre industrie et sur la fortune de nos habitants. Il leur fallut bien longtemps encore pour se relever et effacer jusqu'aux dernières traces de ce désastre!

II.

LA PESTE.

« Ils ne mouraient pas tous, mais tous étaient frappés.... »

Frappés d'une terreur profonde, quand les Consuls recevaient la nouvelle que le terrible fléau sévissait dans l'une des localités avec lesquelles Thiers entretenait des relations de commerce. La crainte de ces épidémies alors mal connues, mal définies et, par suite, mal soignées, restait comme une menace perpétuelle. Depuis les ravages occasionnés par la fameuse peste noire du xive siècle, les Français vivaient dans une appréhension continuelle, redoutant la venue de cet affreux visiteur, de ce *mal que le Ciel en sa fureur inventa pour punir les crimes de la terre.* Car il ne faut pas voir dans ce vers du fabuliste une simple définition poétique de la peste. Lafontaine ne fait que constater le caractère surnaturel et presque divin attribué par la croyance commune à cette épidémie : Pierre Jacques Brillon, dans son *grand Dictionnaire* des arrêts, la définira en 1727 : « l'un de ces fléaux dont Dieu se sert pour la punition des crimes, » comme l'avait définie Lafontaine en 1668. Aussi bien, dans ces consciences timorées des xvie et xviie siècles, dans ces temps où la Réforme achetait au prix de son sang le droit de professer librement ses maximes nouvelles et d'exercer son nouveau culte ; la peur du mal, déjà si terrible par lui-même, s'augmentait de la frayeur morale qu'inspirait à tous cet émissaire redoutable d'un Dieu vengeur et courroucé. A Thiers, les alarmes étaient d'autant plus vives, que notre ville avait été ravagée par la maladie contagieuse. Dans les années qui précédèrent la Ligue, sans qu'on puisse préciser la date, elle sévit chez nous. Les dépositions des témoins, consignées dans le procès-verbal de 1594, en font foi. C'est le seul document que nous puissions invoquer. Nos registres de délibérations du conseil de ville ne commencent qu'à cette même année 1594, et nos actes notariés ne vont guère au-delà. Recherchons du moins dans nos anciens documents postérieurs à cette époque échappés au naufrage de 93, la trace des alertes causées à la ville par l'appréhension du fléau, la trace aussi de son passage parmi nous à diverses reprises ; car, hélas ! Thiers devait sentir encore les cruelles atteintes de ce mal épidémique.

— En 1602, au mois de septembre, le consul Bodyment étant au Pays-Bas (c'est-à-dire du côté d'Orléans) mande à ses collègues que ces parages sont suspects de maladie contagieuse. Aussitôt le conseil de ville prend la délibération suivante (27 septembre) :

« Ont esté dadvis que les vieux drapeaux, cornes et autres marchandises qui peuvent porter maladie contagieuse venans des Pays-Bas et le long de la rivière de Loire et autres lieux que avons advis estre suspectionnés dud. mal demeureront en arret pendant quarante jours au port de Puyguillaume ou autres lieux, où iceux à qui ils appartiennent lauront fait arriver apprès que auront esté advertis de leur venue ; et ne sera permis lentrée au vieulx drappeau qui est déposé chez le sieur Bonniere proche de ceste ville jusques après les festes de Toussaint passées, et sera fait deffenses à tous les habitans de lad. ville de ne aller veoir lesd. marchandises audit Puyguillaume sans la permission de nousdits consuls à payne de demeurer dehors. »

Le 14 octobre de cette même année 1602, Pierre Mignot adresse requête aux consuls pour obtenir l'entrée de certaines marchandises dont on n'indique ni la nature ni la provenance. Le conseil lui accorde l'entrée qu'il demande, mais à la condition qu'il affirmera par serment que sa marchandise ne vient point de lieux suspects.

— En 1607, par délibération du 18 mai, le conseil décida que : « Sur ladvis de la maladie contagieuse (on ne dit pas quels sont les lieux suspects), aux frais de lad. ville seront mis trois hommes aux trois maistresses portes d'icelle capables pour empescher lentrée à ceulx qui viendront des lieux suspects et affin quelles soyent plus exactement gardées et qu'il y ait bon ordre (les consuls) en feront advertir messieurs les dellégués au fait de la polisse, et les autres petites portes et poternes seront fermées excepté la porte du Lac et de S. Jehan (chemin des usines), lesquelles seront gardées aux frais des particulliers qui ont affaire de passer par icelles pour le service de leurs héritages, lesquelles gardes seront chargés de ne laisser entrer aucuns pauvres ny mendiants. »

— En 1628, le bruit court que les villes de Nevers, Limoges, St-Flour, Aurillac, Rhodez et autres sont atteintes de la maladie. « Les consuls prieront messieurs les cappitaines (de la santé) de voulloir faire l'ordre pour mettre une demy douzaine d'hommes pour iceux estre pozés en garde à chascune des trois principalles portes de cette ville et par iceux estre interdit lentrée des personnes et marchandises venans des susdits lieux à payne de cinquante livres d'amande, et que publications seront faittes à tous hostelliers et cabarretiers de ne recepvoir aulcunes personnes et marchandises venant desd. lieux à payne davoir leurs maisons et familles privées pendant quarante jours et plus de la conversation du reste du peuple, et que les trois poternes demeureront fermées sans que les consuls puissent bailler les clefs à personnes quelconques; lesquels consuls, dellégués de polisse et cappitaines ont esté nommés pour veiller à la conservation de la santé de lad. ville. » (Délibération du 22 juillet.)

Ainsi la ville est close pour ceux du dehors comme

pour ceux du dedans. Comment faire pour aborder les usines situées hors l'enceinte sur les rives de la Durolle ? « Sur la requête présentée par les paroissiens de St-Jehan Louis Chalmy, Georges et Pierre Rigodias et autres tendant à ce que ouverture de lad. porte de St-Jehan soit faite soubs les soubmissions de la garder à leurs frais ; délibéré que les précédents délibératoires à ce subjet seront entièrement exécutés et neantmoings pour donner la liberté aux habitans qui ont des mollins de jouir de lad. porte, pourront faire passer les fardeaux soit drappeaux ou charbons par lad. porte qui leur sera ouverte en venant demander les clefs vers nous d. consuls qui commettrons nostre vallet de ville ou autre personne duquel nous aurons assurance pour nous rapporter lesd. clefs incontinent lesd. fardeaux sortis de lad. ville et lesd. portes fermées, et paieront led. vallet de ville ou autres. Aussy a esté délibéré que l'on accomodera les murailles de ceste ville en certains endroits où les estrangers et autres personnes entrent et pénètrent en ceste ville ensemble certain gabion estant au lieu de Couagne et la courtine de la muraille estant proche de la Grenette. » (Délibération du 1er août.)

Le 5 septembre, on apprend que Lyon est affligé du fléau. Il va sans dire que les précautions redoublent : défense absolue de laisser entrer en ville les personnes et marchandises avant d'avoir fait quarantaine ; examen scrupuleux des passeports ; laissez-passer délivrés par les gardiens des portes ; interdiction aux hôteliers de loger les étrangers. « Et parce qu'il y a plusieurs pauvres estrangers logés tant dans ladite ville que faulbourgs qui vont et viennent en plusieurs lieux et endroits et qui sont incogneus, et affin de pourvoir aux inconvéniens et accidans qui pourroient arriver, a esté délibéré qu'il sera fait suitte et vizitte des susdits estrangers tant en lad. ville que faulbourgs par nousdits consuls et messieurs les officiers de la justice, les sieurs delléguès de la pollice et cappitaines de lad. ville affin destre iceux chassés hors dicelle, et sera publié à son de trompe par les carrefours de lad. ville et faulbourgs et aux prosnes des messes de paroisses tant de ceste ville que du Moustier que aulcuns habitans des villages estant dans la paroisse de ceste ville, de S. Jehan et du Moustier n'ayent à retirer ni loger aulcuns étrangers à peine damende et de leur interdire et reffuzer lentrée de la ville. » — Sur de nouvelles réclamations des habitants du quartier de S. Jehan, on décide que la porte de ce quartier pourra rester ouverte à la charge par lesd. habitants dy placer comme gardiens 2 chefs de famille, sous leur responsabilité personnelle, et de venir prendre la clef chez les consuls à 6 heures du matin pour la remettre à 5 heures du soir.

Si grande que soit la surveillance des autorités, leurs règlements sont enfreints. Les gardes établis aux portes se laissent forcer la main, ils acceptent pour l'entrée des marchandises des billets donnés sans discernement par le premier venu, ce qui fait que par délibération du 6 octobre défenses leur sont faites « d'accepter d'autres laissez-passer que ceux qui seront délivrés soit par les consuls, soit par les officiers de justice, soit encore par les délégués au fait de la police ou les capitaines de la santé. »

Le 23 octobre, les consuls exposent au conseil qu'ils ont reçu « une lettre de la part des consuls de Montferrand portant advis qu'il a esté veu en leur ville et à Clermont un quidam soubçonné destre ung des infecteurs qui courent par les provinces du royaulme pour infecter soit de la maladie contagieuse ou venin, qu'il engraisse les serrures et portes des villes et maisons où il passe; et que heussions à y prendre garde. En conséquence de laquelle lettre ayant esté advertis que led. homme estoit entré ainsy qu'il a esté despain par lad. lettre à la porte de la Malorie de ceste ville aurions envoyé des hommes exprès sur le grand chemin de Lyon ou il auroit prins sa routte lequel ils n'auroient pu trouver, et aussy avons fait desloger du lieu de Bouterige des bohemes qui y estoient logés par les cappitaines accompagnés de leurs suittes affin desvitter quelque malladie qu'ils heussent pu mettre. »

Il est évident que le commerce souffre de cet état de choses. La même délibération le constate, « a esté remontré tant par les sieurs de la pollice que autres de la santé que jornellement ils sont importunés tant par les habitans que autres voyageans par ceste province et autres endroits du royaume pour l'entrée tant de leurs personnes que marchandises. A été deslibéré que aulcunes marchandises en quelque sorte et condition que soient de quel lieu quelles puissent venir nentreront dans lad. ville quelles nayent fet leur quarantaine. Le fer et acier et les emballages desquelles marchandises seront

— 153 —

brulées au-devant de la porte de lad. ville, et pour le regard des personnes de cette ville ou autres venans de lieux suspects de contagion seront tenus faire leur quarantaine sans pouvoir espérer moindre terme, et sur ce qui a esté représenté par les cappitaines que aulcuns habitans négligent et méprisent de faire la garde en envoyant des manœuvres vallets ou enfans qui nont la connoissance ny lexpériance requises en tel cas a este délibéré attendu lurgente nécessité qu'il y a pour la conversation et assurance de lad. ville joint le grand nombre de lieux qu'il y a qui sont atteints du mal de contagion, que lesd. habitans y seront tenus en personne à la garde lorsquils seront commandés à payne de 50 livres damende. »

Or, pendant qu'ils délibèrent, la peste est à leurs portes. Au 20 novembre, on apprend qu'elle a envahi Cervières, et les dernières pages de notre régistre de cette année 1628 temoignent du redoublement de craintes et des mesures nouvelles de la part de notre municipalité. Du mois de décembre 1628 à l'année 1640 il existe une lacune dans la collection des régistres que possèdent nos Archives. Nous serions donc réduits à l'ignorance la plus complète des faits subséquents, d'autant que les régistres de nos paroisses manquent également, si les actes notariés ne venaient à notre secours. Car il ne s'arrêta pas à Cervières le fléau tant redouté !

— En 1629, 1630 et 1631 nous trouvons quelques traces de son passage dans notre ville et dans notre banlieue.

Voici un testament en 5 lignes reçu et écrit à la hâte par le notaire Demadières, de Jeanne Roche habitante du faubourg du Moutier ; un seul témoin assiste à l'acte et le signe ; et cette minute laconique constate « qu'il ne s'est trouvé autre témoin à cause de la malladie. » (11 juin 1629.)

Le 22 juillet, même année, se présente devant le même notaire « Mre Blaise Faure prêtre semy prébendé en l'église de St-Genès de Thiers faisant testament et déclaration de dernière volonté joint que ses père et mère et une sienne sœur sont décedés de maladie contagieuse savoir sa mère y a entour trois mois, sa sœur mardi dernier et son mary y a entour huit jours, et son père cejourd'hui, luy estant en leur compagnie. »

Le 1er août suivant, le même notaire reçoit le testament de « Maria Delamouroux-Cartailler, veuve de Girauld Mambrun, habitante du village de Mambrun, paroisse de Thiers estant sortie un peu éloignée dune petite hutte ou cabane dans laquelle elle s'est retirée à cause de la maladie contagieuse estant aud. village et de laquelle elle se cognoit atteinte... » A la fin de l'acte se trouve cette mention relative à l'un des témoins : « Pierre Mambrun na signe ores qu'il scache signer estant maintenant soupçonné destre infect. » Et cette autre mention en marge : « Le sceau na pu estre apposé apprès à cause de la malladie de laquelle le scelleur est décedé. »

Le même jour, au même village, le même notaire reçoit le testament de « Marguerite Thiers fille à feu

Jehan, veuve de Louis Tarerias-Mambrun, reconnaissant sondit mari estre décedé de la maladie contagieuse et lavoir servi jusques à la mort par conséquent estre infecte... »

— En 1630 et le 27 mars le même notaire reçoit le testament de « Guillaume Audias fils à feu Estienne m° coutelier habitant au village de Mambrun paroice et justice de Thiers lequel recognoissant que despuis peu de jours sont décedés de la maladie contagieuse sa femme et une leur fille unique, et parce qu'il est dans l'infection et doubte qu'il soit prins du mal et de la mort, a de sa franche volonté fait son testament faisant le signe de la croix sur sa personne suppliant la divine bonté par l'intercession de la glorieuse vierge saints et saintes son ame séparée de son corps la recevoir en son paradis et son corps estre mis au lieu où sont les autres décedés de lad. malladie aud. village et a légué 45 livres pour aider à clorre de murailles ledit lieu... »

— En 1631, Anna Sallamon fille de Blaise Sallamon marchand à Thiers, âgée de 24 ans, « certaine de plusieurs malladies populaires et autres qui maintenant sont en cette province, » dicte son testament au meme notaire Demadierés le 21 octobre de ladite année......

— Le fléau disparaît enfin; mais de loin il nous menace toujours. En 1640, le bruit se répandant que « certaines provinces prochaines sont infectées les consuls font garder chaque porte de la ville par 4 hommes, de plus on suppliera messieurs du chapitre de fermer l'hopital vieux pour donner aux pauvres subjet de se retirer... »

— En 1650, dans la délibération du 3 juillet on voit : « A esté aussy proposé avoir esté advertis par plusieurs marchands de cette ville négociant en Italie et Marseille qu'il y avait malladie contagieuse dans led. Marseille et Laciotat et presque dans toute la province, que lad. maladie s'est communiquée dans partie du Languedoc et que nous avons aucuns de nosd. habitans dans iceux cartiers y négossiants qui sont Jacques Héraut, Pierre Méret, Antoine Gaubert et Antoine Marnasse. — Délibéré que pour empescher tant l'entrée des marchandises que des personnes qui viendront des susd. lieux suspects l'on fera garde aux portes de cette ville... et qu'il sera signifié aux domestiques des susnommés de ne les recevoir venant desd. lieux n'y aulcunes marchandises sans le consentement de la ville a payne d'etre rendus suspects de la maladie et de 100 livres d'amende aux contrevenants. »

— En 1657, dans l'assemblée du 7 août, les consuls disent : « Avoir esté advertis que au préjudice des deffenses faittes à nos habitans d'aller à la foire de Beaucaire à cause de la contagion et des affiches qui furent pour raison de ce posées aux carrefours de la ville, plusieurs desd. habitans n'ont deslaissé d'aller à ladite foire en quoy faisant ils ont enfreint lesd. deffances et peuvent causer quelque malheur et accident à lad. ville. — Sur quoy a esté délibéré que MM. Clémenson l'ainé, Barge et Jollivet capitaines carteniers seront suppliés de faire la fonction de commissaires de la santé leur estant donné pouvoir dempescher que aulcunes personnes ny marchandises nentrent dans cette ville venans des lieux suspects quapprès les ordres et permission desdits commissaires et de nousd. consuls. »

Le 2 septembre de cette même année, grand émoi, assemblée des notables convoquée d'urgence. Les consuls « exposent avoir esté advertis par les sieurs de la pollice et plusieurs aultres habitans que le sieur Jean Chappuis, son fils, et le sieur Chinon son gendre et sa femme venant de Gennes en Italie où la contagion a ete grande depuis peu de temps doivent arriver ce soir au village de Prodon, paroisse de St-Remy qui est à nos portes et comme il sagit de notre conservation et qu'il faut prévenir les accidents... délibéré que attendu qu'ils viennent dun lieu extremement suspect, quelques certificats et attestations qu'ils puissent avoir lentrée de la ville leur sera reffuzee comme aussy l'entrée de leurs nippes et hardes jusques a ce qu'ils auront fait quarantaine exacte soit au domaine de Prodon ou ailleurs et leur a pareillement reffuzé lentrée à leurs domestiques et métayers jusques à lad. quarantaine à payne de 100 livres, et affin que les uns et les aultres ne puissent ignorer le présent délibératoire icelluy sera signifié à la chambriere dud. Chappuis qui est en cette ville de mesme que aud. métayer... » Le 11 septembre Chappuis et son fils présentent vainement requete pour obtenir l'entrée de la ville, elle ne leur est accordée que le 28 du même mois.

— En 1665, et le 5 août, les consuls reçoivent communication d'une ordonnance des commissaires de la santé de Lyon, du 29 juillet, portant interdiction de cette ville aux marchands et marchandises venant de la foire de de Beaucaire. Appliquera-t-on cette ordonnance à Thiers? Le conseil répond que attendu que déjà bon nombre de Thiernois de retour de cette foire ont eu l'entrée libre, les autres pourront également entrer « quant à leurs personnes », mais quant à leurs marchandises, ils devront en faire la déclaration aux consuls qui en permettront l'entrée après les avoir « faites parfumer » si bon leur semble. Tout marchand qui contreviendrait à cet arrêt encourrait une amende de 200 livres.

— En 1720, la peste de Marseille restée si tristement fameuse dans l'histoire par ses ravages, au milieu desquels l'archevêque Belzunce immortalisa son nom par son dévouement évangélique, motiva le 20 août la délibération suivante de notre conseil de ville. Les consuls exposent : « que la contagion dont la ville de Marseille est affligée et dont les villes de la même province sont menacées doit faire rompre tout commerce avec des lieux aussy suspects, qu'on ne saurait apporter trop de précautions pour se garantir d'un mal dont les suites sont si funestes, que le plus sûr moyen est en gardant la ville et les avenues d'empescher toute sorte de communications et l'entrée des marchandises qui ne sont pas encore arrivées dé Beaucaire, et croyant que pour y parvenir il est absolument nécessaire de commander la milice bourgeoise de confirmer les officiers de quartier et d'en nommer d'autres à la place de ceux qui sont décédés, et comme toutes les prévoyances humaines ne sont rien pour arrêter le cours des décrets de Dieu, quelques bonnes que soient les intentions desdits sieurs remonstrants ils ne sauraient les faire réussir sans implorer par des prières publiques la miséricorde de Dieu. — Sur quoy a esté délibéré que nousd. consuls prierons messieurs du chapitre de vouloir faire des prières et particulièrement une procession générale dans la chapelle de St Roch, vendredy prochain, pour implorer la miséricorde de Dieu. En second lieu, que la milice bourgeoise sera commandée pour commencer dès ce soir à garder la ville et les avenues, et posé des sentinelles aux endroits les plus convenables; et attendu que la plupart des murs de la ville sont ruinés a été délibéré qu'il sera fait des barricades dans les endroits les plus convenables et que les trous seront bouchés avec des espines. »

— En 1721, nous voyons que la garde se fait toujours, et que les consuls ayant demandé à messieurs du chapitre de se mettre en devoir de la monter à leur tour, ils y ont acquiescé de fort bonne grâce. L'intendant de la province stimule lui-même par une ordonnance la vigilance des consuls de chaque localité. De son côté, le vicomte de Beaune, lieutenant-général du Roi et commandant de la province, prescrit aux milices bourgeoises l'assiduité la plus grande à leur service. Un arrêt du Conseil du 24 juin, a règlementé toutes les précautions à prendre : au nombre de ses dispositions, il en est une aux termes de laquelle « déffenses sont faites à tous marchands, commissionnaires ou traffiquants pour leur compte, d'envoyer aulcunes balles de marchandises qui nayent esté plombées et aux voituriers de sen charger sans que les dites naient esté plombées et sans un certificat. » — « Sur quoy notre conseil décide « que les plombs seront mis entre les mains de Guillaume Delarbre sécretaire de cette ville pour etre par luy distribués à ceux qui voudront faire plomber des balles qui lui payeront 5 sols par chaque plomb dont il tiendra un estat et donnera un certificat de la quantité qu'il en aura donné, la matricule et le coing resteront entre les mains dun de messieurs les consuls; et à légard des certificats, il a été délibéré que messieurs les consuls ne pourront signer ne délivrer aucuns qu'ils ne soient remplis de la quantité de la marchandise du poids de la balle du numéro et des noms de ceux auxquelles elles seront adressées le tout conformément au susdit arret du conseil. »

Dans l'assemblée du 10 septembre de cette même année 1721, « les consuls remontrent qu'en exécution des ordres du Roy, ils se donnent toute l'attention possible à faire garder exactement cette ville et les faulbourgs pour tacher de la garantir de la maladie contagieuse qui afflige la Provence et le Gévaudan, qu'ils ont cru qu'après cette attention, la plus grande devoit être celle de pourvoir la ville d'une quantité de bleds et de médicaments pour distribuer à ceux qui n'ayant pas de quoy se fournir pourront en manquer; que cette précaution est d'autant plus sage et nécessaire que la famine qui accompagne ordinairement la peste peut faire des ravages aussi sanglants que la contagion mesme : que n'ayant aucuns fonds entre leurs mains ny de ressources auprès des habitants qui sont accablés de billets de banque, ils étoient hors d'espérance d'effectuer leurs bons desseins; que le malheur où la ville se trouve exposée leur a fait prendre la liberté d'implorer l'assistance de monsieur Crozat, commandeur, grand trésorier des ordres du Roy, seigneur et baron de cette ville : que M. Crozat, touché de leurs remontrances et de celles de messieurs les officiers de cette Chatellenie, a généreusement promis de prester au corps commun de la ville la somme de trente mille livres pour estre employée à faire des achapts de bled et de médicaments, à condition que la distribution en seroit faite de l'avis de messieurs les chatelain, lieutenant et procureur d'office de lad. ville baronnie et mandement de Thiers, ou de l'un d'eux en l'absence des autres. »

« Sur quoy a esté délibéré d'une commune voix, en premier lieu, que lesd. sieurs consuls sont remerciés de leur démarche, qu'ils sont priés d'en poursuivre l'exécution; qu'à cet effet ils commenceront par escrire à monsieur Crozat, seigneur de cette ville, pour le remercier de son extrême bonté, et l'assurer de la parfaite recognoissance que la ville et les habitants en général et en particulier en conserveront éternellement. » Pouvoir leur est donné de passer telle obligation que de raison pour contracter led. emprunt au nom de la ville. MM. Vachérias et Pierre Darrot achèteront les bleds et médicaments. La distribution en sera faite par les consuls et les officiers de la chatellenie. Enfin, il est institué un conseil de santé composé de MM. Antoine Astier de Chazeron, sieur des Astiers, chatelain et subdélégué de l'Intendant; de Merville, lieutenant; Astier, procureur d'office; Barthélemy Riberolles, juge des marchands; Pierre Darrot, delégué de police; Pierre Garnier, médecin; Antoine Riberolles, Jean Vachérias, Antoine Guillemot, Antoine Delotz, Barthélemy Delotz et Guillaume Delarbre, secrétaire : « pour délibérer sur les affaires qui arriveront concernant les faits de la garde et l'entrée des marchandises; » sous la présidence des consuls : Mathieu Courtade, Joseph Bodiment et Barthélemy Dufour-Nourrisson.

Grâces à Dieu, il ne survint aucun fait fâcheux; et Thiers, cette fois encore, en fut quitte pour la peur. Vingt-deux années s'écoulent pendant lesquelles la ville, en proie d'ailleurs à d'autres misères, comme nous le verrons par la suite, n'eut pas à se préoccuper des bruits de peste, et put oublier les dangers passés. Mais une troisième et terrible épreuve lui était encore réservée. En 1744, éclata cette épidémie désastreuse dont la tradition nous a conservé le souvenir sous le nom de *peste des Rizières*.

1744.

L'illustre historien des *Ducs de Bourgogne*, M. de Barante, dans la notice qu'il a consacrée à notre ville dans les *villes de France*, expose ainsi la cause de ce nouveau fléau :

« Des propriétaires riches et des commerçants, qui, sans doute, avaient vu en Piémont combien y est profitable la culture du riz, tentèrent de la transporter à Thiers. La Durole, après être descendue de rochers en rochers, comme un torrent, à travers la montagne, coule en quittant la ville sur une plage unie, *alors sablonneuse et stérile;* n'étant plus contenue par ses rivages, elle se divisait en beaucoup de canaux dont chaque inondation faisait changer le cours; de sorte que depuis Thiers jusqu'à la Dore, où va se jeter la Durole, c'était un vaste espace, stérile, marécageux. On fit venir des ouvriers piémontais; on acheta le sol aux possesseurs; l'hôpital, qui en était propriétaire pour une partie, a encore conservé les actes de vente. Des digues furent élevées; la rivière fut retenue dans les différents canaux qui lui furent tracés. Outre les digues, de grands espaces furent réservés pour semer le riz. Des écluses et des vannes servaient à élever le niveau de l'eau, afin de la répandre sur les cultures et de les tenir inondées, ainsi que cela se pratique en Piémont. Tout allait bien, la récolte était abondante; mais lorsqu'arriva le moment de la moissonner, lorsque l'eau eut été retirée des rizières, la fange de ce marais répandit de telles exhalaisons, qu'une épouvantable épidémie s'empara de la population et la décima cruellement..... »

Ce n'est point sans motif que nous avons réservé pour la fin de notre citation cette phrase qui commence le récit de M. de Barante : « Cette prospérité de la ville de Thiers (au XVI° siècle) s'accrut et se maintint pendant le XVII° siècle : mais *en 1693*, elle fut visitée par un terrible fléau, qui semble avoir mis un terme à son activité et à ses progrès... » Cette date de 1693 ainsi assignée dans la Notice de l'éminent historien à la peste des rizières, est évidemment une *faute d'impression*. Certes, cette année-là doit compter parmi celles qui furent les plus fatales à notre ville, mais par d'autres causes que nous indiquerons bientôt et non par la peste des rizières. C'est bien en 1744 que sévit chez nous cette épidémie cruelle ; nous en trouvons la preuve, 1°. dans les registres des délibérations de notre conseil de ville ; 2°. dans les registres des actes de décès de nos trois paroisses.

Quand nous alléguons l'autorité de nos registres des délibérations, nous ne voulons pas dire qu'ils s'occupent précisément de cette peste des rizières et qu'ils nous offrent le triste tableau de ses ravages ; nous reconnaissons au contraire que le registre de 1744 est absolument muet sur ce point. Rien ne fait pressentir dans les délibérations de nos conseillers l'affreuse épidémie qui désole notre ville au moment où ils délibèrent. Il est vrai qu'ils délibèrent peu. Ils s'assemblent le 8 janvier pour la nomination des membres du conseil : le 16 du même mois, pour ordonner le transfert des archives, de la tour de Chabannel qui menace ruine et va être démolie, à l'hôtel-de-ville ; le 27 mars, pour la nomination du prédicateur ; le 18 septembre et 5 octobre, pour la nomination des gardes des vignes et la fixation du ban des vendanges ; et enfin, le 26 décembre, pour l'élection des échevins : et c'est tout. On devine qu'il se passe à Thiers quelque chose d'étrange. Cette rareté des séances dans lesquelles un nombre très-restreint de conseillers s'occupe d'un nombre très-restreint d'affaires, fait pressentir quelque mystère. Nous ne sommes pas habitués à ce silence de mort... C'est qu'en effet la mort est dame et maîtresse absolue de notre ville à cette époque. Elle est venue brusquement, sans révéler son approche par aucun signe avant-coureur; car cette fois elle n'a pas fait d'autres victimes dans les provinces voisines, elle ne nous a pas laissé le temps de nous mettre en garde, elle a surgi tout d'un coup au milieu de nous. Une délibération du 18 février 1742 porte ce qui suit : « Il a été exposé que les eaux qui entrent dans l'emplacement où l'on a semé du riz dans la prairie de Durole croupissent toujours dans les cases desd. rizières, *ce qui peut encore causer une infection dans cette ville et causer des maladies semblables à celles dont nous avons été infectés* l'ANNÉE DERNIÈRE ET QUI MÊME N'ONT POINT ENCORE CESSÉ, requérant qu'il soit délibéré sur les moyens convenables pour prévenir les effets de l'infection par le moyen de l'écoulement des eaux. — A été délibéré qu'à la diligence de Messieurs les juges délégués au fait de la police, les canaux des eaux de la rivière de Durole qui communiquent à l'emplacement desd. rizières, seront comblés et étoupés et les vanages abaissés, *attendu que le croupissement desd. eaux cause actuellement de nouvelles maladies et fait un grand préjudice aux convalescents*, et qu'au cas qu'il survienne des empeschements ou des contestations pour raison de l'étoupement desd. canaux, le corps commun prendra leur fait et cause. »

En présence de ce texte formel, nous devons donc restituer à la peste des rizières cette date de 1741, qui est la véritable date, et ne pas rendre l'année 1695 plus méchante qu'elle ne l'a été. La part de calamité qu'elle apporta est déjà bien assez forte sans la grossir davantage.

Pour nous rendre plus certain du fait, et pour arriver à démontrer en même temps la funeste influence que dut exercer cette épidémie sur notre industrie, nous avons compulsé minutieusement les registres de nos trois paroisses, St-Genès, St-Jean et le Moutier. Nous avons additionné le chiffre des décès de cette année 1741; nous avons fait même travail pour les trois années antérieures à cette date et pour les trois années postérieures. A l'aide de ces recherches, nous avons composé le tableau suivant, qui a bien son éloquence.

Décès de la ville de Thiers et le Moutier.	
1738................	343 décès.
1739................	443 id.
1740................	493 id.
1741................	1253 id.
1742................	598 id.
1743................	271 id.
1744................	318 id.

Une mention du registre de 1742 de la paroisse de St-Jean nous indique que l'épidémie commença à sévir en juillet 1741. Elle est ainsi conçue : « La grande mortalité dont la paroisse a été affligée depuis le mois de juillet dernier, a obligé d'enterrer dans le cimetière qu'on appelle *des Délaissés* appartenant à cette paroisse qui fut bénit en 1694 en juin par M. Soudy, curé alors de cette paroisse et rebénit par le même en 1709. De Lachenal, curé. » — 15 avril 1742. »

Nos autres registres confirment l'exactitude de cette mention. Rien n'est plus lugubre, à coup sûr, que les pages de ces cahiers où la mort apparaît à chaque ligne. A partir de juillet 1741, pas de jour qui ne mette en deuil au moins dix familles ! Et cet état de choses horrible se prolonge jusque vers le mois de mars de l'année 1742 ! car il faut bien attribuer encore à l'épidémie cet excédant des décès de 1742 sur l'année 1743, et les registres témoignent assez que dans ces deux premiers mois de 1742, le fléau n'a guère ralenti sa marche sinistre ; en sorte que dans l'année 1743 la mort ne trouva plus à glaner que 271 cadavres dans ce champ si affreusement dévasté par elle au cours des deux années précédentes !

III.

LA FAMINE.

1692-1693-1694.

En ce temps-là, un fléau d'un autre genre, la famine, désolait la France. Epuisée par les sacrifices de toutes sortes que lui imposait le grand Roi pour l'entretien de ses armées, le royaume tout entier dut subir toutes les horreurs de la faim. « A ces maux, ouvrage des hommes, se joignaient les fléaux de la nature. La récolte de 1692 avait été gâtée par les pluies; celle de 1693 n'avait pas été meilleure, et comme toujours, la panique générale et l'avidité des trafiquants portaient la cherté fort au delà du déficit réel; le gouvernement lui-même était d'ailleurs, par nécessité, le grand accapareur, à cause des vastes magasins qu'exigeait la subsistance des armées. Le roi commença par taxer les grains, ce qui n'aboutit qu'à rendre les marchés vides; le roi alors prescrivit un recensement général des grains appartenant soit aux communautés soit aux particuliers, et enjoignit à chacun d'envoyer au marché, à raison de certaine quantité par semaine, et d'y vendre au prix courant la moitié du bled qu'il possédait, l'autre moitié restant à la libre disposition du possesseur. Il prohiba l'exportation des grains, sous peine des galères; en même temps il envoya des vaisseaux acheter des blés en Afrique pour les répandre à prix modique sur les marchés. Les efforts du Gouvernement ne portèrent qu'un faible et tardif remède à la disette qui engendra de cruelles épidémies, suite ordinaire de l'épuisement populaire. On prétend (sans doute le chiffre est exagéré) qu'il mourut cette année à Paris, quatre-vingt-seize mille personnes. » — (Henri Martin.)

Dans une ville placée comme la nôtre sur un sol ingrat, incapable de fournir la nourriture de ses habitants, la disette devait exercer d'affreux ravages. A défaut du registre de 1693 et de 1694 qui manque dans la série de nos *délibérations* municipales, nous sommes obligés de recourir ailleurs pour fournir quelques indications sur cette époque désastreuse. Déjà nous avons soumis au lecteur, dans les premières pages de cet ouvrage, un document précieux, soit l'acte d'assemblée des maîtres couteliers du 15 juin 1694 (*vid. supr.*). Quelle éloquente peinture des maux que souffrait la ville à cette époque! Le bled vaut de 47 à 48 livres le septier. Plus de commerce! la ville est à moitié déserte! et c'est dans ce moment de profonde détresse que le Roi demande le rachat par la maîtrise des emplois qu'il lui plaît de créer! Il faut que les couteliers trouvent la finance nécessaire pour les coffres du Roi, alors qu'ils n'ont pas de quoi payer leur pain de chaque jour! aussi bien ils meurent de faim..... Consultons une fois encore les actes de décès de nos paroisses de St-Genès et du Moutier, ceux de St-Jean, pour cette période, nous faisant défaut, et nous arriverons à dresser le tableau suivant :

Décès des 2 paroisses de St-Genès et du Moutier (DE THIERS.)	
1690........................	430 décès.
1691........................	639 *id.*
1692........................	1378 *id.*
1693........................	412 *id.*
1694........................	993 *id.*
1695........................	248 *id.*
1696........................	241 *id.*
1697........................	253 *id.*
1698........................	203 *id.*

Ainsi la famine commence à se faire sentir à Thiers en 1691. En 1692, elle sévit avec une fureur inouïe. 1378 décès dans deux paroisses seulement! En 1693, le fléau semble vaincu, mais avant de disparaître il se ranime encore en 1694, pour moissonner 995 victimes. Qu'elles sont lugubres à lire ces annales de la mort! Ne sont-elles pas navrantes ces mentions que l'on trouve sur nos registres? — Dans celui du Moutier, en 1691, celle-ci : « Je soussigné, certifie avoir enterré, depuis le premier jour de caresme 24 février, soixante personnes tant petits que grands déceddés dans la paroisse dud. Moutier dont les noms m'ont été incogneus pour estre morts dans des granges, dans les rues et grands chemins à cause de la famine. Fait ce 11 may 1694. — Fayet, curé. »

Et, dans les registres de St-Genès de la même année, cette autre : — « Notez que dans le mois d'avril on trouve sur le registre cent et dix-sept malheureux enterrés dans le même mois dont on ignorait les noms. N'y a-t-il pas là de quoi nous effrayer, et nous décider à travailler sérieusement à notre salut, sans nous attacher aux biens périssables de ce monde. » — Et plus loin, à la fin du mois de mai suivant : — « Vous serez encore plus frappés de trouver dans le courant de ce mois de mai, cent quarante pauvres trouvés morts dans les rues et dans les granges ou autres lieux sans pain et sans aulcun secours, la plupart morts de faim. Nous ne parlerons plus de cette affreuse misère. Ceux qui voudront en avoir quelque connaissance, pourront lire le registre de la présente année; ils y trouveront de quoi s'affliger avec nous. »

Dans les registres de 1692, on remarque également presque à chaque page la mort d'un pauvre inconnu, au convoi duquel personne n'assiste. Pauvres gens que la faim chassait des campagnes voisines, et qui venaient à la ville croyant y trouver quelque soulagement à leur affreuse détresse. Ce n'est pas que la charité ne vînt en aide à leur misère. En 1693, le parlement de Paris avait rendu un arrêt en forme de règlement par lequel un rôle devait être fait dans chaque paroisse pour l'entretien d'un bureau de charité. Et nous savons qu'il fonctionna à Thiers, grâce au billet imprimé suivant, que nous avons trouvé dans un sac de procureur.

« — Au nom de Dieu. Amen.

« M*e* *Jacques Olanier boulanger au pavé*, il vous plaira donner à *Etiennette Constantias*, *à la place de Caterine Fressanges, qui est morte, demy* livre de pain et *une* escuelleez de bouillon par jour, suivant ce qui a esté réglé au bureau en exécution de l'arrest de la cour du parlement du XXe octobre dernier au présent an 1693, pour éviter les contraintes ordonnées par led. arrest. Fait le 10 janvier 1694. — Montanier, curé. — Jean Delotz. »

Nous savons aussi, que outre cette contribution forcée, nos bourgeois de Thiers s'imposèrent des sacrifices volontaires, recueillant les pauvres chez eux; et, sous ce rapport, nous trouvons dans le registre de 1692, la mention suivante qui mérite d'être rapportée ici :

« Le 25 mars 1692, le vicaire soussigné a enterré

un pauvre de la paroisse de Vollore, dont on ne scait pas le nom, mort chez monsieur Guillemot, marchand de cette ville, lequel, après l'avoir bien retiré et nourri dans sa maison, l'a aimé jusqu'au tombeau avec toute sa famille, comme s'il eut esté un de ses enfants. »

Mais la charité pouvait-elle paralyser ce mal profond et général ? Hélas! notre tableau des décès répond trop bien à cette douloureuse question ! — Pour en finir avec cette triste époque, qu'il nous soit permis de transcrire ici un acte d'assemblée des habitants d'une localité voisine de Thiers, importante alors comme aujourd'hui par sa population et par son industrie. Nous avons nommé St-Rémy où l'on trouvait au xvii° siècle comme au nôtre bon nombre de maîtres et d'ouvriers couteliers. C'est encore un acte notarié reçu par M° Bitary, notaire à Thiers, le 7 février 1694.

« Aujourd'huy dimanche septiesme febvrier mil six cent quatre-vingt-quatorze dans le bourg de Saint-Rémy, au-devant de la porte de l'église et à lyssue de la grand'messe, ce requérant Bonnet Rougier, maistre coutelier et François Barge, laboureur, syndicqs des pauvres, lesquels après avoir fait publier au prosne de lad. messe de ce jourd'hui de sassembler au présent lieu pour délibérer sur le soulagement desd. pauvres de lad. paroisse en exécution de l'arrest de la vénérable cour du parlement rendu en la chambre des vacations pour la subsistance des pauvres de la campagne, et daté du xx octobre 1693, et après que l'assemblée a été convoquée au son de la grande cloche se sont comparus (26 habitans) ausquels ainsy assemblées, lesd. Rougier et Barge ont exposé : qu'ayant été vivement poursuivis par Mre Melchior Chossier, curé dud. St-Rémy, par divers actes, mesme en vertu d'une ordonnance de M. le sénéschal d'Auvergne du vii janvier dernier qui leur a été signifié le 28 dud. mois, pour en exécution dud. arrest faire un rolle des contributions auxquelles chacun de ceux du dedans et du dehors de lad. paroisse doivent être cottizés, ils ont enfin dressé le mieux qu'ils ont pu led. rolle, lequel ils ont fait signer par M. le chatelain de Thiers et M. le procureur d'office, lequel rolle ils représentent, se montant la somme de six cens soixante-treize livres un sol dix deniers, suivant le calcul qui en a esté arresté au bas dud. rolle. Mais comme lesd. requérants sindicqs sont illétréz ils ne sauroient donner aucune quittances pour le paiement dud. rolle, que d'ailleurs ils n'ont pas le temps de vacquer à la levée desd. contributions, laquelle sera très-difficile à cause de la qualité de ceux du dehors (partie du Forez) qu'il seroit très-préjuddiciable auxd. sindicqs de poursuivre en justice pour les contraindre au payement de leurs cottes, et que mesme par led. arrest il est porté qu'il sera nommé un collecteur particulier par ceux qui auront fait led. rolle pour en faire la levée; joint d'ailleurs que les syndicqs ne résidant pas dans le bourg ains chacun dans des villages séparés distant l'un de l'autre et du bourg mesme d'une demi lieue ils ne peuvent point abandonner le soing de leurs familles ni leur travail pour vacquer à la distribution des aumones et achast de bled dont la paroisse est généralement dépourvue pour prendre soing de faire cuire le pain n'estans pas sur les lieux, et *mesmes la somme imposée est si modique attendu le grand nombre de pauvres de lad. paroisse qui s'augmente de jour à autre et de l'extrême cherté du bled qu'à peyne se trouvera-t-il une bouchée de pain pour chacun de ceux qui s'abandonnent à la mandicité*, et à moins qu'il n'y ait quelque personne d'autorité dans led. bourg, et qui ait l'intelligence et le discernement pour distribuer les aumosnes à propos à ceux qui en ont plus de besoin, le tout ne tournera qu'à une extrême confusion. Sur tout quoy et par exprès la nomination d'un collecteur lesd. syndicqs ont sommé lesd. habitans de déliberer affin que faulte ne leur soit doresnavant imputée sur l'inexécution dud. arrest auquel de leur dite part en tout ce qui est de leur pouvoir et capacité, ils sont prêts de satisfaire en tous et un chacun ses points. »

« Tous lesquels, après avoir longtemps conféré et délibéré, sont demeurés d'accord : *que la misère et la pauvreté de la paroisse sont extrêmes :* QUE DESPUIS DEUX MOIS IL EST MORT DE PURE FAIM DES HABITANS DE LAD. PAROISSE SOIT DANS ICELLE OU DANS LE VOISINAGE PLUS DE SOIXANTE PERSONNES SANS COMPRENDRE CEUX QUI SONT MORTS DAUTRES MALLADIES, ET QUE SI LA CHERTÉ DES BLÉS CONTINUE, JOINT LA CESSATION DU TRAVAIL ET DU NÉGOCE, LA MORT ENLÈVERA DICI A LA MOISSON PLUS DES DEUX TIERS DES HABITANS, et qu'à moins que M. le Curé ne veuille prendre soin des pauvres, et mesme continuer les aumosnes qu'il a fait despuis quatre ou cinq ans et par exprès l'entretien de plusieurs orphelins auxquels il a sauvé la vie les ayant retirés nourris et habillés chez soi mesme leur apprenant à travailler, tous lesd. habitans sont dans une impuissance absolue d'exécuter en aucune manière led. arrest comme il n'est que trop évident ; ils ont tous unanimement délibéré que M. le Curé sera supplié de la part de tous et un chacun desd. habitans de prendre soing de l'exécution dud. arret tant en sa qualité de curé qu'en quallité de directeur du bureau de charité étably aud. St-Rémy ; et pour cet effet lesd. syndicqs l'ont supplié de venir assister à lad. assemblée. »

« Lequel sieur Curé s'estant en même temps comparu en personne, après avoir pris lecture dudit présent acte a dit et remontré ; que si l'arrest avoit été exécuté à temps le désordre auroit été *beaucoup moins moindre*, et partant, sans approuver ce qui s'est passé, il est pret de faire tout ce qui sera de son possible pour le soulagement des pauvres et pour l'exécution de l'arret mesme pour la levée du rolle si l'on le lui remet en main, à la charge que le présent acte lui serve de procuration de la part de tout le corps commung pour agir en tout ce qui concerne lesd. pauvres à son nom propre et faire partout où besoin sera à tous juges et magistrats telles remontrances, réquisitions et dilligences qu'il advisera par conseil, sans qu'il soit besoin d'autre advis ny délibération desd. habitans soit en général soit en particulier. A aussy exposé que plusieurs habitans qui n'ont pas de quoy contribuer en argent pourroient en bois charbon travail et industrie contribuer au soulagement des pauvres et leur sauver la vie ; qu'au surplus en ce qui concerne ladite affaire des pauvres il se soumet d'en rendre bon compte à nos seigneurs de la Cour de Parlement et partout ailleurs où de droit et d'équité lon peut cognoistre de l'affaire. Et a l'instant s'est led. sieur Curé retiré, et a signé la présente remonstrance. (Signé) : Chossier, curé de St-Remy. »

« Tous lesquels habitans ont déliberé que outre que l'offre est très-avantageuse tant aux pauvres en particulier qu'à tous les habitans en général, que le présent acte lui servira d'adveu et de procuration générale pour l'affaire en question pour agir au nom de lad. paroisse conformément aux offres faites par led. sieur Curé qui sont acceptés et par exprès pour la levée dud. rolle des contributions l'emploi et distribution des aumosnes, et que pour cet effet Remy Dosphant un des officiers du bureau de charité qui reside dans le bourg de St-Remy aidera en tout ce qu'il pourra aud. sieur Curé, et les quittances qu'il donnera seront censées faites au nom de toute la paroisse. Et à l'esgard de plusieurs habitans qui nont esté cottizés à aucune somme d'argent et qui néantmoins pourroient sans notable incommodité contribuer par leur travail et petites fournitures de bois charbon ou autre chose, led. sieur Curé en usera comme il verra bon estre. De tout quoy a été octroyé le présent acte... »

Si les efforts du bureau de charité de St-Remy furent impuissants tout aussi bien que ceux du bureau de Thiers, rendons du moins à la mémoire du curé Chossier un hommage tardif mais légitime. Qui connaît, aujourd'hui, même son nom à St-Rémy ? N'est-ce pas pour l'archéologue une satisfaction bien douce de pouvoir remettre en honneur le souvenir de ceux qui, dans les mauvais jours, se signalèrent par leur dévouement?....

Elle devait nous visiter encore cette active pourvoyeuse de la mort, la Famine. « L'hiver de 1709, dit Duclos dans ses Mémoires, avait détruit le germe des moissons, la misère fut extrême dans les campagnes, dans les villes, et jusque dans Paris... La faim éteint tout autre sentiment. Les clameurs s'élevèrent; les placards injurieux s'affichaient aux carrefours, aux pieds des statues du Roi. Le Dauphin n'osait plus venir à Paris, au milieu d'un peuple qui le suivait avec des cris de douleur, lui demandoit du pain, et à qui il ne pouvoit en donner. » La faim les poussait au désespoir. Nos *délibérations* des années 1709 et 1710 ne font aucune mention de cette nouvelle famine; mais dans l'assemblée du 17 juillet 1709, l'assesseur Jean Marry « remontre qu'il a été averti que certaines personnes mal conseillées s'attroupent le jour et la nuit et vont de leur autorité privée dans les maisons et enlèvent ce qu'ils y trouvent. A quoy étant nécessaire de pourvoir il est à propos de commencer par nommer des capitaines lieutenans enseignes et sergents dans chaque quartier, requérant qu'il soit procédé à lad. nomination, et après icelle qu'il soit fait une patrouille jour et nuit dans ladite ville pour pourvoir à la sûreté publique. » Proposition qui est suivie en effet de la nomination des officiers de la milice bourgeoise. Il est évident que la cause de cette émotion populaire d'un moment n'est autre que la famine; car si nos registres de l'hôtel de ville sont muets sur les nouveaux ravages de ce fléau dans ces deux années, ceux de nos paroisses n'en conservent que trop le triste souvenir.

Pour nos trois paroisses en 1709 le chiffre des décès s'élève à 1026 ! Dans le registre de la paroisse de St-Jean se trouve cette mention lugubre : « Le vingtiesme décembre nous avons fait ouvrir une grande fosse dans le cimetière appelé des Délaissés sous les murailles de cette ville devant le cimetière de l'hôpital et l'avons béni processionnellement pour la seconde fois (il avait été beni une première fois en 1694) accompagné des quatre marguilliers nommés Mrs Damien Nourrisson, Georges Delolme, Jean Dargon et Genès Groisne... Ledit cimetière ouvert à cause de la mortalité des pauvres et d'la cherté des vivres. » Le vicaire de St-Genès qui a dressé la table des décès de cette année 1709 la termine ainsi : « Fin de l'année 1709 qui renferme de quoi nous convaincre des peines et des misères inséparables de cette malheureuse vie. »

Il a bien raison encore d'ajouter en terminant la série de l'année 1710 : « Fin de la triste année 1710, » puisque le chiffre des décès de cette paroisse de St-Genès pour cette seconde année s'élève à 763 : en y joignant les 46 décès fournis par le registre de la paroisse du Moutier, nous constatons pour ces deux paroisses seules une mortalité de 809 personnes ! Le registre de St-Jean nous manque. La part de cette paroisse en 1709 était de 174. Nous pouvons donc estimer à près de 2000 le nombre des individus décédés à Thiers dans le courant de ces deux années. A cette époque, comme en 1692 et 1694, les pauvres inconnus meurent par centaines dans les rues, dans les champs, partout. On voit de tout petits enfants abandonnés, venus on ne sait d'où, au nombre des victimes. Nous avons compté en 1709 et 1710 dans nos registres 211 de ces malheureux chassés par la faim de leurs campagnes et ramassés morts dans notre ville.

Nous croyons pouvoir garantir l'exactitude des chiffres que nous avons donnés jusqu'ici. Il est possible cependant que nous en ayons omis quelques-uns dans le cours du travail long et minutieux auquel nous nous sommes livré en parcourant une à une les lignes serrées et mal divisées de nos registres. Nous avouons franchement que nous n'avons pas eu le courage de recommencer cette addition pour en vérifier la rigoureuse exactitude; n'avions-nous pas le cœur assez navré de voir le triste résultat auquel nous étions arrivé? Dieu préserve à jamais notre ville de pareilles hécatombes!

IV.

LES GUERRES. — LES SURCROITS D'IMPÔTS. — LA BANQUE DE LAW, ETC.

Nous avons constaté jusqu'ici la funeste influence exercée sur notre commerce par la guerre civile qui désola le royaume à la fin du XVIe siècle : la Ligue ayant eu pour effet de fermer aux couteliers Thiernois l'entrée de la plupart des villes avec lesquelles ils faisaient trafic. Nous avons vu aussi comment à certaines époques l'accès de ces villes leur avait été interdit par suite des maladies contagieuses qui les rendaient suspectes, comment notre ville elle-même eut à souffrir à son tour des fléaux dévastateurs, se trouvant condamnée par la peste à l'isolement et à la mort ; par la famine, à l'impuissance de produire et à la dure nécessité de mourir de faim. A ces causes d'affaiblissement pour notre fabrique s'en joignit une autre qui fut permanente pendant le XVII° siècle presque tout entier, nous voulons parler de la guerre, non plus au-dedans comme pendant la Ligue, mais au-dehors. Thiers devait ressentir doublement le contre-coup de ces guerres dont l'Espagne, l'Italie et l'Empire furent le principal théâtre. D'abord parce qu'elles eurent pour résultat inévitable d'arrêter l'essor du commerce que notre ville faisait avec ces contrées ; ensuite parce que les nécessités de ces guerres les soumirent, comme tous les Français, à des surcroîts d'impôts qui durent paraître d'autant plus lourds à nos anciens maîtres couteliers, qu'en définitive ils étaient condamnés à payer davantage alors qu'ils gagnaient moins, et à payer pour l'entretien de guerres qui ne pouvaient en aucun cas faire leurs affaires. L'argent est le nerf de la guerre, soit ! mais il est aussi le nerf du commerce. Ne perdons pas notre temps à étaler ici des théories acceptées par tout le monde, et n'oublions pas que notre mission dans cet ouvrage n'est point de parler des généralités, mais bien de rechercher les particularités de l'histoire ancienne de notre ville de Thiers, et plus expressément de notre coutellerie Thiernoise.

Les guerres du règne de Louis XIV nécessitèrent la création d'une foule d'offices attentatoires, soit aux libertés municipales des villes, soit aux priviléges des corps d'état qui s'y trouvaient établis. Nous avons dit plus haut comment nos couteliers furent contraints dans leur propre intérêt de racheter à chers deniers les offices que les édits royaux créaient dans leur Jurande. Dans la monographie que nous consacrerons à notre administration municipale, nous verrons ce qu'il en coûta à la ville pour éteindre les offices municipaux à fur et à mesure de leur création. Outre la contribution de nos couteliers, comme Thiernois, au paiement de ces sommes, ils supportaient comme les autres habitants l'aggravation des tailles, l'établissement de la capitation, du dixième, les dons gratuits, en un mot toutes les charges nouvelles qui, sous un nom ou sous un autre, venaient les accabler; leurs doléances sont vives, elles sont légitimes, mais vaines naturellement. Relevons-les dans le registre de nos délibérations municipales :

Assemblée du 5 septembre 1696. — « Exposé que par exploit de Ferrand archer de la maréchaussée, il nous a été signifié un arrêt du conseil d'Etat du Roy du dernier juillet 1696 et ordonnance de Mgr l'intendant par laquelle il est ordonné que les habitans des villes et bourgs de cette généralité (de Riom) payeront la somme de 70,000 livres avec les 2 sols pour livre, moyennant lequel paiement ils demeureront déchargés de l'exécution de l'édit du mois de mars dernier portant création en titres d'offices héréditaires de jurés moulleurs visiteurs compteurs mesureurs et peseurs de tous les bois à brusler et charbons qui seront amenés tant par eau que par terre dans les lieux et à tel nombre qu'ils jugeront à propos d'en établir, lesd. offices et droits y attribués esteints et supprimés ; l'estat et rolle arrêté aud. conseil en conséquence dud. arrêt le même jour ; à laquelle signification dud. arrêt a été extrait ce qui s'ensuit :

« Election de Riom. — Les maire, eschevins et habitants de la ville de Thiers payeront la somme de quatre mille livres pour estre déchargés de l'édit du mois de mars 1696 et pour tenir lieu de la finance des offices créés par led. édit qui seront supprimés. »

« Sur quoy il s'agit de délibérer :

R. « — Le sieur Chicot eschevin s'assistera de sieur Jacques Lachaux pour aller à Clermont donner requête à Mgr l'Intendant laquelle contiendra l'impossibilité que la ville puisse payer en aucune manière les 4,000 livres ordonnés etre imposés attendu la grande misère et nécessités où lad. ville est réduitte par le payement des grosses tailles souvent imposées, les rolles des arts et mestiers, greffiers alternatifs, les deniers communs et d'octroy, l'ustancile, le fourrage et milice, l'imposition des offices de la milice bourgeoise, la taxe des eaux et fontaines, la capitation, le restant des taxes des maisons et autres non expliquées, comme les frais des contraintes et garnisons, qui ont réduit et réduisent tous les jours les habitants à la mendicité, outre qu'il est mort par la violence de la peste (1628-1631) et famine (1692-1694), près de la moitié des habitans de lad. ville et villages. »

A cette requête l'intendant répond que c'est une affaire réglée par le conseil « et qu'il n'y pouvait toucher. »

... Du 20 mai 1698, à propos de la taxe des armoiries. — « MM. les maires et eschevins sont priés de se rendre incessamment vers Mgr l'Intendant pour luy représenter que le rolle des armoiries qui a esté envoyé au procureur du Roy de cette ville est excessif, eu égard à la misère des habitants par la cessation du commerce et le nombre prodigieux des taxes que le public et chaque particulier ont payé. »

... Du 26 octobre 1701. — « L'Intendant étant de retour de Paris et la répartition des tailles devant se faire bientot il est nécessaire d'aller à Clermont pour le voir et tâcher d'avoir une diminution considérable sur les tailles à cause de la disette d'argent et pauvreté de la ville causée par la cessation du commerce et autres nécessités. »

... Du 8 novembre 1718. — « Il est de nécessité au moment de la répartition des tailles de faire voyage vers l'Intendant pour lui représenter le mauvais état et la misère de cette ville causés par la cessation du commerce attendu que cette ville ne subsiste que par là et le supplier de diminuer la taille qui est exorbitante. »

... Du 10 octobre 1720. — « Prochaine répartition des tailles à Riom. Nécessité de députer à Mgr l'Intendant pour lui représenter le triste état où la ville se trouve par l'accablement des billets de banque, la disette des espèces, la cherté de toutes les choses propres à la vie et la cessation totale du commerce, les manufactures ne pouvant plus être soutenues et les ouvriers déjà réduits à la mendicité, et supplier Mgr l'Intendant d'accorder une diminution considérable dans la répartition des tailles sans laquelle il serait impossible que les habitans puissent subsister. »

On voit par une délibération subséquente que cette fois ces doléances eurent quelque succès, puisque l'augmentation de la taille de cette année qui avait été fixée au prorata à 2800 livres en sus de la taille de l'année précédente, fut réduite à 200. C'est qu'aussi bien la misère était grande à Thiers, la disette d'argent réelle et l'*accablement des billets de banque* trop exactement vrai. Nous renvoyons nos lecteurs à l'Histoire générale de France et notamment à celle d'Henri Martin pour l'appréciation financière et morale du système de Law. Qu'ils consultent encore le journal de l'avocat Barbier pour se rendre un compte exact, jour par jour, de la dépréciation successive des billets de banque, valant d'abord un peu moins, puis finissant par ne plus rien valoir. Dans une ville de commerce comme la nôtre, ils devaient être nombreux ceux qui obligés pour se conformer aux édits de ne conserver en espèces chez eux que des sommes minimes, se trouvaient avoir réalisé en billets de banque la plus grande partie de leur fortune, et qui durent subir d'abord la diminution de leurs ressources, puis une ruine complète. Notons ici ce fait dont nous verrons ailleurs les conséquences, que, à cette époque, notre hôpital général avait dans ses archives en billets de banque 52,000 livres de remboursements de rente! Le chapitre y perd aussi plus de la moitié du revenu de ses fondations! A la suppression des billets de banque succèdent la dépréciation des espèces, l'établissement de l'impôt du cinquantième, la création des offices héréditaires renouvelés de ceux qui avaient été institués dans les mauvais jours du règne de Louis XIV; toutes causes que l'on peut étudier dans l'Histoire générale et qui se traduisent chez nous par ces demandes continuelles de réduction des tailles motivées par la misère et la cessation du commerce que nous voyons se reproduire périodiquement une fois l'an dans nos registres des délibérations municipales en 1721, 1722, 1724, 1725, 1730, 1736, 1738.

En 1740, la misère est si grande à Thiers, que l'Intendant de la province est obligé de rendre l'ordonnance suivante :

« Nous Bonaventure Robert Rossignol, chevalier, seigneur de Balagny, etc...

» Étant informé qu'il y a actuellement dans la ville de Thiers un grand nombre de pauvres auxquels il est d'autant plus indispensable d'assurer la subsistance que sans ce secours la mendicité augmenteroit encore, à un point que la plupart des habitans se trouvant dans la dernière indigence et sans aucun secours pendant l'hiver prochain, seroient obligés d'aller chercher à vivre dans les provinces voisines, en sorte que ce manque d'habitans dans la ville de Thiers porteroit un préjudice considérable aux fabriques qui y sont établies. Cette raison ainsi que la justice et l'humanité concourant également à faire rechercher les moyens de prévenir ces inconvénients, on peut y remédier en obligeant chaque habitant aisé à donner tous les mois une somme proportionnelle à ses facultés pour être employée à nourrir ceux qui se trouveront dans une mendicité absolue. Il y a tout lieu d'espérer que dans des circonstances aussy facheuses tous les habitans se porteront de bonne vollonté à secourir des concitoyens qui par cette qualité ainsy que par leur extrême misère sont également dignes de leurs ausmônes. Dans cette idée nous pensons que pour tirer des habitans des ausmones proportionnées à leurs facultés, il suffiroit peut-être de leur représenter sur cela leur obligation. Mais comme il pourroit arriver aussy que quelques habitans de mauvaise volonté se reffusent à fournir ce secours, et qu'un seul exemple peut quelquefois servir de prétexte à plusieurs autres, il nous a paru nécessaire d'employer l'authorité pour assurer l'exécution d'un projet aussy sage et aussy utile. Et pour cet effet, Nous Intendant ordonnons qu'il sera fait incessamment par les officiers de police de Thiers en présence des curés de St-Genès et de St-Jean des échevins en charge et de deux administrateurs de l'hopital général un rolle des habitans de lad. ville en estat de donner l'aumosne, dans lequel rolle chacun d'eux sera taxé à une somme pour chaque mois proportionnée à son état et à ses facultés et au nombre des pauvres auxquels l'aumosne devra être distribuée suivant qu'il sera réglé par lesdits sieurs officiers de police, curés, eschevins et administrateurs, pour estre ce rolle exécuté par touttes voyes justes et d'usage en tel cas, nonobstant oppositions ou tous autres empeschements. Enjoignons au sieur de Merville notre subdélégué à Thiers de tenir la main avec toute l'attention possible à l'entière exécution de la présente ordonnance, laquelle sera lue dans une assemblée générale de la Communauté qui sera convoquée à cet effet. »

» Fait à Clermont-Ferrand le 5 octobre 1740. — Rossignol, intendant. »

A la suite de la lecture de cette ordonnance, faite dans l'assemblée générale du 20 octobre, est prise la délibération suivante :

« Sur quoy tous sont convenus de contribuer à l'exécution de la susdite ordonnance, et qu'il sera présenté requete à l'Intendant pour avoir une diminution sur les tailles de l'année prochaine qui sont excessives, sans quoy aucun habitant ne seroit en état de faire des aumosnes proportionnées au nombre des pauvres dont la ville est chargée pour lesquels même la ville auroit besoin d'un secours pris sur les fonds publics, les facultés des particuliers étant épuisées par la cessation du commerce et les mauvaises récoltes. »

Nous ne trouvons nulle part trace du rôle qui dut être fait conformément aux prescriptions de l'Intendant et pour préserver les pauvres des rigueurs « de l'hiver prochain. » Ce rôle fut-il même dressé ? Hélas, il devint tout au moins inutile, puisque quelques mois plus tard, au milieu de cette population d'ouvriers appauvrie par la misère, devait éclater cette cruelle peste des rizières dont les ravages nous sont connus !

... Nos lecteurs nous objecteront peut-être qu'afin de mieux établir la vérité de notre proposition, à savoir l'augmentation des impôts causée par les nécessités des guerres qui signalèrent la fin du règne de Louis XIV et le règne de Louis XV, il serait beaucoup plus simple de dresser ici un tableau indiquant le chiffre de ces tailles dans les années qui ont précédé et suivi nos années de guerre. Si la pauvreté de nos archives ne nous permet pas de nous livrer sous ce rapport à un travail complet, nous pouvons du moins réaliser leur désir en partie, grâce à l'heureuse trouvaille par nous faite dans nos études de notaires, de quelques obligations passées par les consuls de la ville avec les collecteurs ou autres, pour la levée des tailles à certaines époques. Ne perdons pas de vue que le bourg du Moutier ne fait pas encore partie de notre ville, puisqu'il n'y a été réuni que pendant la Révolution. Ainsi le montant des tailles dont nous donnons le tableau s'applique uniquement à la ville et au mandement de Thiers.

1596. « Guill° Quinet, marchand s'engage vis à vis des consuls à faire la levée des roles suivants qui lui sont délivrés par eux 1°. role des crues s'élevant à 535 escus soleil, 8 sols 8 deniers; 2°. role des petites crues s'élevant à 216 escus 31 sols; 3°. role de 63 escus 18 sols 3 deniers; 4°. role de 432 escus, 54 sols 8 deniers. »

1597. « Obligation du meme de lever la taille royale conformément aux roles : 1°. de la grand taille royale y compris le taillon s'élevant à 1408 escus 6 sols; 2°. des grands crues 1079 escus 54 sols 9 deniers; 3°. des subventions de l'année précédente 1028 escus 52 sols. »

1598. « Obligation du meme de lever la taille royale conformément aux roles 1°. de la grand taille royale, compris le taillon s'élevant à 1454 escus, 10 sols 6 deniers..... »

1601. « Obligation du meme de lever la taille royale montant à 1502 escus, 58 sols; 2°. des crues et taillon montant à 815 escus 55 sols 3 deniers. »

1604. « Obligation du meme de lever la taille royale conformément aux roles 1°. de la grand taille royale montant à 4535 livres 5 sols 6 deniers; 2°. des crues et taillon montant à 2103 livres 5 sols 5 deniers. »

1607. « Obligation du meme de lever la taille royale conformément aux roles 1°. de la grand taille montant à 4716 livres 6 deniers; 2°. crues des garnisons, dettes du tiers état et taillon montant à 5479 livres, 14 sols 7 deniers. »

1608. « Obligation du meme de lever la taille royale conformément aux roles 1°. de la grand taille montant à 4794 livres 15 sols; 2°. de la grand crue et taillon montant à 5416 livres 9 sols 9 deniers. »

1610. « Obligation du meme de lever la taille royale conformément aux roles 1°. de la grand taille s'élevant à 4876 livres 14 sols; 2°. des crues et taillon s'élevant à 5542 livres 9 sols 3 deniers. »

1611. « Obligation du meme de lever la taille royale conformément aux roles 1°. de la grand taille s'élevant à 4857 livres 18 sols 6 deniers; 2°. des grandes crues s'élevant à 5584 livres 15 sols 4 deniers. »

1628. « Obligation passée avec Joseph Clémenson pour la levée des tailles s'élevant 1°. pour la grand taille à 6341 livres 16 sols; 2°. pour le taillon et crues à 4656 livres 5 sols. »

Déduction faite, bien entendu, des sommes à payer en sus pour la contribution aux charges locales ou *octrois* de la ville....

Telles sont les indications que nous fournissent nos actes notariés pour donner une idée du chiffre de la taille au xvii° siècle, antérieurement aux guerres qui ont contribué à leur élévation. Certes, le nombre des habitants de la ville n'a pas augmenté; loin de là, nous avons au contraire subi, à diverses époques, des fléaux à la suite desquels Thiers, qu'on surnommait anciennement *le Peuplé*, a vu sa population singulièrement réduite. Et cependant voyons quel était, après toutes les guerres de Louis XIV et sous le règne de Louis XV, le montant de la taille, en 1748, par exemple, et mesurons la distance qui existe entre la taille de la première moitié du xvii° siècle et celle de la première moitié du xviii°.

Pour nous renseigner sur ce point, nous possédons cette fois un document aussi complet que possible: c'est le rôle dressé par les collecteurs du quartier du Bourg, en cette année 1748, rôle à la suite duquel se trouve le *mandement de la taille*. Si nos lecteurs daignent le parcourir, ils y verront non-seulement le montant de la taille, mais encore le chiffre des maisons et l'état des biens imposés et plus spécialement la taxe que paient pour leur industrie nos maîtres et ouvriers couteliers. Nous estimons donc utile et essentiel de reproduire ici ce document *in extenso*.

« Rolle de la taille royalle capitation et autres impositions extraordinaires de la ville et paroisse de Thiers pour l'année 1748 faite sur tous les habitans contribuables à la taille de lad. ville et paroisse en exécution du mandement de Monseigneur Rossignol intendant de cette province d'Auvergne en date du 27 octobre dernier, par lequel il est ordonné d'imposer :

« Premièrement : la somme de vingt deux mille huit cent quarante livres pour le principal de la taille cy   22840^t   » ^s   » ^d

Plus celle de onze cents quarante deux livres pour les 6 deniers pour livre du principal de la taille et autres 6 deniers du meme principal le tout revenant aux consuls et à eux accordé par le mandement de la taille et arret du conseil du 13 janvier 1685, cy....   1142   »   »

Plus celle de quatorze livres huit sols pour le sceau du présent rolle cy............   14   8   »

Plus celle de quarante sols pour le droit de quittance cy........................   »   40   »

Plus celle de dix mille deux cents livres pour la capitation cy...................   10200   »   »

Plus celle de mille livres pour les gages des offices municipaux cy................   1000   »   »

Plus celle de trois mille cinq cents quatre vingt dix huit livres pour les despenses du quartier d'hiver de 1747 à 1748 suivant l'arret du conseil du 22 juillet 1747 cy.... 3598 » »

Plus celle de quatre mille six cents cinquante livres pour l'ustensile des troupes de cavalerie suivant l'arret du conseil du 22 juillet 1747 cy......................... 4650 » »

Plus celle de quatre cent soixante dix neuf livres pour les dépenses des milices garde-cottes suivant l'arret du conseil du 26 aout 1747 cy...................... 479 » »

Plus celle de quatre cents quatre vingt six livres sept sols pour le sol pour livre de toutes lesdites sommes à l'exception de la capitation cy........................ 486 7 »

Plus celle de cent cinquante huit livres pour les dépenses des miliciens levés en 1747 en exécution de l'ordonnance du Roy du 22 novembre 1746 et de l'article 12 de celle du 12 novembre 1733 cy............... 158 » »

Plus celle de cinq livres cinq sols quatre deniers pour les huit deniers pour livre de ladite somme cy.......... .... 5 5 4

Total du chiffre de la taille royale et accessoire en 1748......... 44576ᶠ 0ˢ 4ᵈ »

Ce n'est pas tout, les collecteurs sont également chargés de faire rentrer les deniers accordés à la ville, c'est-à-dire les fonds de son budget; en sorte que ce chiffre, énorme déjà pour les contribuables, s'accroît encore de ceux que le rôle énumère à la suite de cette façon :

« Plus la somme de mille livres pour les octrois de la ville cy............................... 1000ᶠ »ˢ »ᵈ

Plus celle de deux mille quarante livres,

cinq sols, six deniers pour la rente due à l'hopital de ladite ville en conséquence de l'arret du conseil du 19 novembre 1730 cy — 2040ᶠ 5ˢ 6ᵈ

Plus celle de treize cents cinquante livres pour la rente due aux prêtres de la congrégation du S. Sacrement de lad. ville (chargés du collége) pendant lad. année en conséquence de l'arret du conseil du 14 octobre 1731 cy.............................. 1350 » »

Plus celle de cent dix livres pour le loyer des casernes de la maréchaussée de cette ville pendant lad. année cy............... 110 » »

Plus celle de trente livres pour le logement du brigadier de ladite maréchaussée de lad. année cy.............................. 30 » »

Plus celle de cent dix sept livres quatorze sols pour les huit deniers pour livre desd. quatre dernières sommes cy............. 117 14 »

Plus celle de seize livres pour droit de vérification du présent rolle cy............. 16 » »

Revenant toutes lesd. sommes jointes à une à celle de quarante neuf mille deux cent trente huit livres, dix neuf sols, dix deniers cy — 49238ᶠ 19ˢ 10ᵈ »

« A la répartition de laquelle a été procédé par tarif par nous Jean François Roussel de Merville, écuyer avocat au parlement chatelain juge de la ville baronnie et mandement de Thiers subdélégué de Mgr l'Intendant au département de Thiers en exécution de ses ordonnances. »

Reliure serrée

« **TARIF** suivant lequel la taille de la ville et paroisse de Thiers pour l'année 1748 a été répartie en exécution de l'ordonnance de Mgr l'Intendant.

DISTINCTIONS DES BIENS DES PROPRIÉTAIRES HABITANS DE CEUX DES ÉTRANGERS FERMIERS OU COLONS, Et de la quantité et qualité des uns et des autres.	PRODUIT de chaque NATURE DE BIENS.	TAXE FAITE sur chaque NATURE DE BIENS.
728 cottes d'industrie produisant....................	28650ᶠ ᵈˢ ᵈᵈ	2863ᶠ ᵒˢ ᵒᵈ
Taxes faites sur } provenants des rentes actives ou revenus quittes des biens af- les facultés, } fermés soit au dedans soit au dehors de la paroisse......	12559 » »	1255 18 »
629 maisons dans la ville } aux propriétaires habitans par eux occupées ou louées et paroisse de Thiers, } à des locataires...............	15886 » »	1588 12 »
31 moulins à papier, rouhets, martinets } aux propriétaires habitans... et moulins fariniers,	1510 » »	151 » »
19 bans à bouchers, — aux propriétaires habitans.............	397 » »	39 14 »
3 cottes — faites sur les fermiers des biens en baux judiciaires........	721 » »	9 2 »
40 septerées 2 quartonnées 3/4 de { 18 sept. 3/4 de coupe aux propres habitans.	448 7 6	89 13 6
coupé de jardin et chenevières. { 12 sept. 2 q. aux colons..........	196 » »	19 12 »
1636 sept. 3 quart. {436 sept. 3 quart. 7/12 de terre de 1ʳᵉ classe aux proprié- 1 coupé 3/4 1/12 {taires habitans............. de terre. {569 sept. de 1ʳᵉ classe aux colons.................... {446 sept. 2 q. 1 coupé 3/4 de la 2ᵉ cl. aux propres habitans. {567 sept. de 2ᵉ classe aux colons.................	5564 10 » 4419 » » 1358 18 » 1101 3 9	1112 18 » 441 18 » 267 15 6 110 2 6
692 œuvres 1/3 1/64 {458 œuvres 2/3 aux propriétaires habitans............	3772 13 4	1854 19 6
55 œ. de vigne à la moitié des fruits, — aux propriétaires habitans........	79 10 »	17 18 »
19 œ. de vigne au huitiesme des fruits, — aux propriétaires habitans.........	49 17 6	9 19 »
Droit d'emphytéose au quart des fruits, — sur 1109 1/2 1/3 d'œuvres de vigne perçu par les habitans..................	768 16 »	153 15 »
1 estang, — aux propriétaires habitans..................	15 » »	1 10 »
3 septerées 6 quartonnées {6 quart. aux propriétaires habitans.......... de bois taillis. {3 sept. aux colons............	7 10 » 30 » »	1 10 » 3 » »
128 bœufs...... {51 aux propriétaires habitans.............. {77 aux colons................	....	51 » » 38 10 »
619 vaches...... {400 aux propriétaires habitans............... {219 aux colons................	....	400 » » 109 10 »
1436 brebis...... {867 aux propriétaires habitans.............. {569 aux colons................	....	130 1 » 42 13 6
288 cochons..... {199 aux propriétaires habitans.............. {89 aux colons................	....	49 15 » 11 2 6
Charges foncières à déduire.............	102068ᶠ 7ˢ 11ᵈ 18601 5 »	44124ᶠ 14ˢ 3ᵈ 1860 2 3
Rejet pour remplir la Commission........	83467 2 11	12264 12 » 10578 3 »
TOTAL du revenu et de la taille..........	83467ᶠ 2ˢ 11ᵈ	22842ᶠ 15ˢ »ᵈ

« TARIF DES CLASSES.

MARCHANDS EN GROS.				MARCHANDS EN DÉTAIL.			
1re classe	25ᵗ	»s	»d	1re classe	25ᵗ	»s	»d
2e classe	15	»	»	2e classe	12	»	»
3e classe	10	»	»	3e classe	8	»	»
				4e classe	6	»	»
				5e classe	4	»	»
				6e classe	1	»	»

MAITRES COUTELIERS.				COUTELIERS OUVRIERS.			
1re classe	20ᵗ	»s	»d	1re classe	3ᵗ	»s	»d
2e classe	16	»	»	2e classe	1	»	»
3e classe	11	»	»	3e classe	»	10	»
4e classe	6	»	»	4e classe	»	5	»
5e classe	4	»	»	5e classe	»	»	»
6e classe	»	»	»				

ÉMOULEURS.				TAILLANDIERS.			
1re classe	3ᵗ	»s	»d	1re classe	5ᵗ	»s	»d
2e classe	1	»	»	2e classe	3	»	»
3e classe	»	10	»	....	»		
4e classe	»	»	»				

Arrêtons-nous ici. Dans un ouvrage qui concerne spécialement la coutellerie, il est inutile de faire figurer la taxe mise sur les autres états. Ces détails trouveront leur place ailleurs. Voyons maintenant comment on arrive à répartir la somme qu'il faut payer, en 1748, soit 49238 livres 19 s. 10 d. sur des contribuables dont les biens et industrie ne produisent aux termes du rôle lui-même qu'un revenu de 85467 livr. 2 s. 11 d., donnant suivant la taxe, y compris le rejet pour remplir la commission, 22842 livres 15 sols; et plus spécialement voyons ce que paie en définitive le coutelier thiernois, ouvrier et maître. Pour en donner une juste idée au lecteur, il suffit de relever dans le rôle du quartier du bourg les articles suivants :

« 264. — Jean Serendat, M° coutelier 1'° classe.

Pour son industrie dont le produit est de.	200ᵗ		20ᵗ	»ˢ	»ᵈ
Maison d'habitation	id.	50	5	»	»
Autre maison	id.	8	»	16	»
Autre rue de Piaure	id.	28	2	16	»
Autre rue du Chariol	id.	12	1	4	»
Rejet pour remplir la commission			23	18	»
Capitation			23	5	»
Crues			36	12	»
Total de son imposition			111	11	»
Plus pour le sol pour livre de la capitation			2	6	6
Soit en tout			113ᵗ	17ˢ	6ᵈ

215. — Etienne Mambrun, M° coutelier 2° classe.

Pour son industrie du produit de.	160ᵗ		16ᵗ	»ˢ	»ᵈ
Pour sa maison d'habitation du produit de.	25		2	»	10
Pour 4 œuvres de vigne en propre	id.	12	2	8	»
Rejet pour remplir la commission			17	11	»
Capitation			17	1	»
Crues			27	»	»
Sol pour livre de la capitation			1	14	»
Total			85ᵗ	14ˢ	»ᵈ

« 250. — Jean Armilhon, M⁰ coutelier 3ᵉ classe.

Pour son industrie du produit de......	110ᶠ	»ˢ ..	11ᶠ	»ˢ	»ᵈ
Maison d'habitation *id.*	25	» ..	2	10	0
Autre maison rue St-Marc *id.*	20	» ..	2	0	»
Autre *id.* *id.*	20	» ..	2	»	»
	175	» ..	17	10	»
Charges foncières à déduire......	7	10 ..	»	15	»
	167	10 ..	16	15	»
Rejet pour remplir la commission.............			14	8	9
Capitation.............			14	1	3
Crues.................			22	3	»
Sol pour livre de la capitation.....			1	8	3
Total................			67ᶠ	25ˢ	15ᵈ

212. — Jean Marchandon, M⁰ coutelier 4ᵉ classe.

Pour son industrie du produit de......	60ᶠ.....	6ᶠ	»ˢ	»ᵈ
Rejet pour remplir la commission.............		5	3	6
Capitation.............		5	1	6
Crues.................		7	18	»
Sol pour livre de la capitation.....		0	10	3
Total................		24ᶠ	12ˢ	15ᵈ

175. — Pierre Mouchard, M⁰ coutelier 5ᵉ classe.

Pour son industrie du produit de......	40ᶠ.....	4ᶠ	»ˢ	»ᵈ
Rejet pour remplir la commission.............		3	9	»
Capitation.............		3	7	»
Crues.................		5	6	»
Sol pour livre de la capitation.....		0	6	9
Total................		16ᶠ	8ˢ	9ᵈ

« 272. — Antoine Barge, ouvrier coutelier de 1re classe.

Pour son industrie du produit de.......	30ᵗ.....	3ᵗ	ᵛˢ	ᵈ
Rejet pour remplir la commission............		2	11	9
Capitation..............		2	10	3
Crues................		3	19	»
Sol pour livre de la capitation.....		0	5	0
Total....		12ᵗ	6ˢ	0ᵈ

268. — Denis Granetias, ouvrier coutelier de 2e classe.

Pour son industrie du produit de......	10ᵗ.....	1ᵗ	0ˢ	»ᵈ
Maison d'habitation id.	16	1	12	»
20ᵗ de rentes à lui dues............	20	2	»	»
Rejet pour remplir la commission............		3	19	»
Capitation..............		3	17	0
Crues................		6	1	»
Sol pour livre de la capitation.....		0	7	9
Total.................		18ᵗ	16ˢ	9ᵈ

234. — Joseph Maubert, dit Claudin, ouvrier coutelier de 3e classe, pauvre.

Industrie nulle.....................	0ᵗ.....	0ᵗ	»ˢ	»ᵈ
Maison d'habitation du produit de......	10	1	»	»
2 œuvres de vigne en propre..........	6	1	4	»
Rejet pour remplir la commission............		1	17	»
Capitation..............		1	16	»
Crues................		2	17	»
Sol pour livre de la capitation.....		0	3	6
Total..................		8ᵗ	17ˢ	6ᵈ

« 252. — Pierre Lacour, coutelier ouvrier 4ᵉ classe.

Pour son industrie du produit de......	2ᶠ 10ˢ..	0ᶠ	5ˢ	»ᵈ
Rejet pour remplir la commission............		0	4	3
Capitation............		0	4	3
Crues................		»	6	6
Sol pour livre de la capitation.....		0	0	6
Total................		1ᶠ	0ˢ	0ᵈ

251. — Jacques Crestien, ouvrier coutelier 5ᵉ classe.

Industrie..................	0ᶠ.....	0ᶠ	»ˢ	»ᵈ
Maison d'habitation du produit de......	10	1	»	»
Rejet.............................		0	17	3
Capitation............		0	17	»
Crues................		1	6	9
Sol pour livre de la capitation.....		0	1	9
Total................		4ᶠ	2ˢ	9ᵈ

292. — Michel et Georges Coherier, forgerons de 1ʳᵉ classe.

Pour leur industrie du produit de......	50ᶠ.....	5ᶠ	»ˢ	»ᵈ
Rejet.............................		2	11	9
Capitation............		2	10	3
Crues................		3	19	»
Sol pour livre de la capitation.....		0	5	»
Total................		12ᶠ	6ˢ	0ᵈ

. . . . »

Les émouleurs compris dans ce rôle sont estimés à la 5ᵉ classe, et comme ils n'ont pas de maison ils paient tous pour leur industrie, le rejet, capitation et crues,

2 livres 1 sol, à moins qu'ils ne soient mentionnés pauvres, auquel cas ils ne paient rien.

En résumé dans ce rôle des contribuables du quartier du bourg lequel comprend les rues du Bourg, du Pénail, du Chariol, Pourcharesse, de la Boucherie, du Château, des Écoles, de la Grenette, du Piroux, des Groslières, de St-Jean, de Piore, du Faubourg-St-Jean, on trouve 518 articles; sur lesquels 114 s'appliquent à des maîtres et ouvriers couteliers répartis dans les quatre dernières rues seulement; le quartier du Bourg proprement dit étant plus spécialement habité alors par le commerce en gros et en détail comme de nos jours. Sur ces 114 cottes faites sur nos couteliers dudit quartier, 28 ouvriers sont portés à néant comme étant complétement pauvres et dénués de travail et de revenus.

Ainsi dans la première moitié du xviii° siècle la taille s'est élevée à un chiffre exorbitant, comparativement au chiffre qu'elle atteignait dans les années précédentes; et nos maîtres couteliers ont grandement raison de se plaindre. Et cependant la taille monte! monte toujours! Aux guerres de Louis XIV ont succédé les guerres du règne de Louis XV; aux besoins de l'Etat s'ajoutent par la suite des besoins toujours plus impérieux. En 1748, dans la première moitié du xviii° siècle, la taille royale avec ses accessoires s'élevait à 44576 livres; dans la seconde moitié de ce même siècle, elle s'élève, en 1787, à 47026 livres, et en 1788 à 46235, non compris le montant des sommes allouées pour le budget de la ville; lesquelles montent en capital où frais de collecte à plus de 5 mille livres : non compris encore les dons gratuits payés au Roi à diverses époques, et les redevances seigneuriales, cens, corvée, droits de lots et ventes, etc., payées en tout temps jusqu'en 1789 au seigneur baron de Thiers. Toutes choses sur lesquelles nous aurons occasion d'insister ailleurs. Pour le moment, il nous suffit d'avoir démontré, comme nous pensons l'avoir fait, la désastreuse influence des guerres sur notre coutellerie thiernoise antérieurement à la Révolution, soit par la privation de nos débouchés accoutumés, soit par la misère engendrée par le surcroît des impôts, conséquence naturelle de ces guerres, triste effet destiné à survivre à une triste cause. Car chacun sait assez qu'un impôt une fois établi, subsiste et s'accroît même quand le prétexte a disparu. Ainsi la capitation qui semblait n'être née que pour les besoins du moment resta debout. Elle n'appauvrit pas seulement les maîtres couteliers, elle faillit tuer le compagnonnage à Thiers. Nous en trouvons la preuve dans le registre de nos Annales municipales de 1761. Les collecteurs des tailles exposent « qu'ayant reçu une commission concernant l'imposition de la capitation sur les domestiques et compagnons, ils se sont présentés dans les différentes maisons de fabrique de cette ville pour prendre le dénombrement des compagnons employés dans lesd. boutiques, ils ont été dans l'impossibilité de remplir leur commission à cet égard, attendu que la majeure partie desd. ouvriers est composée de garçons étrangers, que partie n'ont voulu dire leurs noms, et d'autres ont déclaré qu'ils n'étaient qu'en passant dans la boutique de leurs maîtres: qu'ils partaient le lendemain de cette ville; qu'ils ont été pénétrés de l'affliction qu'ils ont trouvée dans les maîtres de ces compagnons qui craignent que leurs compagnons ne les quittent, et qu'ils ne voient la cessation de leur fabrique. » — Le Conseil décide qu'on exposera à l'Intendant « le dérangement » que cause à la fabrique la capitation sur les ouvriers compagnons. La remontrance produisit-elle son effet ? L'Intendant répondit sans doute comme il répondit aux remontrances qui lui furent faites pour obtenir modération de la taxe faite pour le rachat des offices de *mouleurs de bois*, que c'était : *une affaire réglée en conseil, qu'il n'y pouvait rien changer*. Ce qui est certain, c'est que dans la commission des tailles de 1787 et 1788 on voit que les compagnons et garçons des maîtres formant corps de maîtrises sont taxés uniformément à ½ livre de capitation.

V.

INONDATIONS. — SÉCHERESSES ET GELÉES DE LA DUROLE.

Nous prenons la liberté de recommander d'une manière toute particulière à nos compatriotes la lecture de cette note. Si le passé fournit quelquefois au présent d'utiles enseignements, ils trouveront sans doute dans les lignes qui vont suivre une leçon féconde. Dieu veuille qu'ils sachent en profiter! Il ne faudrait point prendre en mauvaise part ces réflexions préliminaires et supposer chez l'auteur un secret dessein d'imposer orgueilleusement à nos maîtres d'aujourd'hui un projet qu'ils ont cru devoir ajourner, et qu'ils ont la prétention toute naturelle de discuter librement, ne voulant l'accepter qu'en toute connaissance de cause. La nécessité d'établir un barrage ou retenue des eaux de la Durole, permettant d'assurer à nos usines une eau constante, et les préservant en outre des dangers des inondations, est envisagée ici au point de vue historique. C'est l'histoire qui se permet d'éclairer nos maîtres couteliers, et non pas nous-même. Nous ne faisons autre chose que tenir la plume et écrire sous sa dictée ce que nous savons du passé relativement aux désastres causés par ces deux fléaux également nuisibles à notre fabrique, *inondations* et *sécheresses* de la Durole.

Assemblée du Conseil. — 18 janvier 1657. — « Sur les grandes inondations des eaux arrivées en cette ville les 3 et 4 de janvier qui nous ont causé la perte du plus prétieux de nos biens mollins à papier, à bled, rouhets martinets et tanneries qui sont tout le négosse de la ville et la cessation en conséquence des ouvriers dont elle est composée; délibère que pour faire voir desdites dégradations prierons les Eslus de cette ville de faire un estat sur lad. rivière. »

Id. du 22 janvier *id.* — « En exécution des délibérations du 18 de ce mois nous avons fait procéder à la veriffication du grand desgat et dommage qui est arrivé sur les mollins et eddifices qui sont sur notre rivière de Durolle par MM. les eslus de ceste ville qui ont dressé leur procès verbail lequel fut clos hier dimanche ainsi qu'appert dicelluy que nous exhibons et requérons les cy présents de délibérer ce qu'il convient faire pour tirer quelque utilité dud. verbail. »

R. — « Nous retirerons le proces verbail et l'envoyerons en dilligence au conseil de Sa Majesté pour avoir modération et diminution sur nos tailles tant de l'année présente que à l'advenir. A cet effet nous nous servirons des personnes les plus zellées qu'il se pourra estant à Paris pour dilligenter et accélérer lad. modération. »

Du 22 octobre 1664. — Alloué aux consuls les frais d'un voyage qu'ils ont fait à Riom « affin davoir diminution des tailles de l'année prochaine attendu que nous avons souffert trois fois la gresle qui a perdu tous nos fruits et l'inondation des eaux qui ont causé bien de la perte sur les moulins rouhets et martinets. »

Du 19 juin 1665. — « La muraille du pont du Moutier du coté du grand chemin allant au pont de Peschadoires a esté emportée despuis les grandes glaces et débordements de la Durolle laquelle il est nécessaire de rétablir pour la conservation dudit grand chemin. »
R. — Faire ces réparations.

Du 18 novembre 1705. — Les consuls iront demander modération des tailles en remontrant « les nécessités de la ville causées par la cessation du commerce par la gelée du mois de mai dernier et la sécheresse de l'été. »

Du 8 octobre 1707. — « Avons exposé qu'à cause du malheur et de l'accident qui est arrivé dans cette ville faulbourgs et mandement de Thiers par une inondation d'eau arrivée le dimanche 2 de mai et continuée le lundi et mardi ensuivant, laquelle inondation a démolli presque toutes les escluses et vanages des moullins à papier, moullins à bled, celles des rouhets et martinets, emporté partie des roues ensablé les autres, comme aussy a desmolli plusieurs bastiments, et l'eau étant entrée dans plusieurs desd. moullins à papier, a endommagé tout le papier qui s'y est trouvé comme aussy tous les autres ouvrages qui se préparaient pour faire du papier, entraîné partie diceux sablé le surplus et tous les matériaux. Il en est arrivé la mesme chose dans presque toutes les tanneries et dans lesd. rouhets et martinets et génerallement dans tous les bastiments qui se sont trouvés placés sur la rivière de Durolle de cette ville. Tout quoi a fait un tort si considérable qu'on ne sauroit estimer tant à cause desdites desmolitions, de la perte desd. papiers ouvrages matériaux ou autres que parce que le commerce qui se faisoit en cette ville soit en papiers quinquaille cuirs et autres sont entièrement cessés et sursoiront jusqu'au rétablissement desd. moullins, rouhets et martinets auxquelles réparations il est impossible de pouvoir travailler jusques à l'été prochain à cause de l'eau de lad. rivière qui est d'une grosseur assez considérable pendant l'automne l'hiver et le printemps en sorte que le public est presque tout réduit à la misère. Ce qui fait qu'il est nécessaire de faire voyage à Clermont pour remontrer ce que dessus à Mgr l'Intendant et supplier Sa Grandeur d'avoir la charité de se transporter en cette ville pour voir le déplorable état où elle est réduite par le moyen de lad. inondation et en faire dresser des procès-verbaux pour ensuitte y avoir tel égard que de raison. » — R. — Sont nommés pour faire ce voyage aux frais de la ville Antoine Riberolles, lieutenant de maire, et François Barge jeune.

Du 27 juin 1711. — « Le pont du Moutier de cette ville menace chute prochaine et par exprès du cotté du bourg dud. Moustier, lequel fut endommagé par les inondations arrivées en 1707 et 1710, en telle sorte que s'il n'est incessamment pourvu aux réparations qui sont à faire led. pont pourra être entraîné par la moindre crue d'eau qui arrivera. » R. — « Attendu qu'il est tres certain que led. pont menace chute et que les charretiers de Maringues et autres lieux circonvoisins qui conduisent des bleds en cette ville 5 fois la semaine s'en sont plaint fort souvent, les Echevins feront voyage en la ville de Clermont afin de présenter requête à Mgr l'Intendant pour qu'il ait la bonté de pourvoir à lad. réparation. »

Du 31 octobre 1724. — Nécessité d'envoyer députés à Riom à la répartition des tailles pour « remontrer la misère de la ville eu égard à la grande sécheresse de l'été et de l'automne qui a causé la cessation presque entière des manufactures pendant près de cinq mois ny ayant pas eu dans la rivière de l'eau pour faire tourner une roue la moitié de la journée, joint que despuis la derniere diminution des espèces les commissions pour l'achat des marchandises ont été révoquées. Ce qui va réduire les ouvriers dans une très grande nécessité et les mettre dans l'impossibilité de payer la taille accoutumée. »

Du 27 janvier 1766. — Le Maire expose au Conseil : « Qu'il est notoire que le bas peuple de cette ville qui est en grand nombre est réduit à la misère par la cessation des manufactures occasionnée par le froid excessif qui n'a pas discontinué depuis le 13 décembre dernier. Nous primes avec nos zélés pasteurs de cette ville des mesures pour les soulager. Ils étaient à portée de connaître les vrais pauvres, et ce ne fut d'abord qu'un petit nombre de malheureux qui se présentèrent et à qui l'on fit distribuer du pain et de la soupe aidés des libéralités des plus charitables citoyens. Mais le froid ayant continué sans relache le bled est augmenté de prix et devenu rare par la difficulté des chemins et des passages des rivières de Allier et Dore d'où nous viennent les denrées. Le nombre des misérables monte aujourdhuy à près de trois mille, et il est à craindre qu'il n'augmente considérablement puisque depuis quelques jours nous avons vus exposés aux places entre les mains des revendeuses publiques quantité de nippes et hardes dont cette partie d'ouvriers ne se départ qu'à la dernière extrémité. Il a fallu recourir de nouveau aux mêmes expédients. M. le Curé de S. Genès a rempli cette commission avec son zèle ordinaire et nous avons vu avec satisfaction que les citoyens en état d'y contribuer se sont portés à des libéralités au delà même de leurs facultés. Cette ressource épuisée nous avons eu recours à M. de Balainvilliers intendant de cette province qui nous a fait passer depuis le 20 du présent mois une somme de 1500 livres. Nous espérions qu'avec ce secours nous aurions pu soutenir la vie de cette partie du peuple jusqu'à ce que le dégel l'auroit mis en état de reprendre ses travaux ; mais cette somme est encore épuisée, le grand froid continue, nous ne pouvons même pas espérer que quand le dégel arriveroit bientot ces ouvriers puissent reprendre subitement leur travail par les dommages qu'auront souffert les moulins à papier martinets et émouloirs qui sont les premiers instruments de nos manufactures, et nous sommes dans le moment critique de tout craindre d'une populace réduite au désespoir par la faim, si nous cessons de lui fournir du pain. »

« — Sur quoy a été unanimement délibéré que MM. les maire et eschevins s'adresseront à Mgr le controleur général des finances pour luy représenter l'état déplorable de cette ville et luy demander des secours nécessaires, et jusques à ce ils sont autorisés à faire au nom de la ville les emprunts nécessaires au besoin pressant pour le soulagement des pauvres et continuer à leur fournir du pain. »

21 janvier 1770. — Procès-verbal constatant les dégâts causés aux moulins de l'abbaye du Moutier par l'inondation de ce jour. (Acte notarié).....

CHAPITRE VII.

LES ANNÉES MAUVAISES (*Suite*).

Le commerce de la coutellerie pendant la Révolution.

On parle chaque jour des principes de 89, pour les affirmer davantage. Aux archéologues, plus qu'à tous autres, ces principes immortels doivent être chers, car ils savent mieux que personne ce qu'il en a coûté à nos pères de sacrifices de toutes sortes pour nous assurer ce legs précieux. Si nos ouvriers Thiernois daignent lire cet ouvrage, puisse cette lecture leur apprendre à chérir de plus en plus la liberté que leur transmit notre Révolution française! mais qu'ils y puisent aussi l'horreur de certains autres principes, exagération funeste et malsaine pour tous, et pour eux-mêmes en première ligne, des principes de 89. Qu'ils les appellent socialisme ou principes de 93, le nom importe peu! si pour eux ces deux mots, bien différents pourtant, représentent la même chose.... les principes de 93?.... On dit que quelques-uns de nos ouvriers, se laissant prendre aux prédications haineuses de certaines personnes qui parlent à tort et à travers de choses qu'ils ignorent, en rêvent l'application. Insensés, qui tombent tête baissée et les yeux fermés dans

le piége que des rhéteurs ambitieux et éhontés tendent à
leur ignorance! Pour détromper la classe ouvrière que
l'on égare et que l'on abuse, si j'étais Gouvernement, je
me contenterais de faire imprimer à 500,000 exemplaires
les registres des délibérations municipales de toutes nos
villes industrielles pendant la Terreur, avec cette simple
épigraphe : *On connaît l'arbre à ses fruits.* C'est un
vœu patriotique facilement réalisable. En attendant,
rendons service à nos concitoyens, en ouvrant pour eux
le livre de notre histoire intime. Leur simple bon sens
les prémunira mieux, à cette lecture, contre les instincts
de désordre et de discorde qu'on voudrait éveiller dans
leur âme naïve, que tous les commentaires et toutes les
considérations auxquels nous pourrions nous livrer. En
consultant le tableau de notre industrie pendant *le gouvernement révolutionnaire*, ils apprendront facilement
que les commotions politiques, violentes, entraînent
pour eux la cessation du travail et par suite la misère;
qu'il faut laisser à l'action du temps le développement
des germes semés en 89; qu'enfin c'est par l'ordre, à
leur bénéfice, et non par l'anarchie, à leur détriment,
quele progrès doit s'accomplir désormais. Ecrivons donc
ici jour par jour l'histoire de la Révolution à Thiers,
signalant par une mention sommaire les faits qui n'in-
fluent pas directement sur notre commerce, laissant,
au contraire, tous leurs développements à ceux qui
peuvent intéresser notre industrie locale et surtout notre
coutellerie. Nos registres des délibérations offrent, par
une fatalité inouïe, une lacune de 1786 au 21 novembre 1790; nous nous trouvons ainsi transportés en

pleine Révolution, sans connaître les symptômes qui purent la faire pressentir parmi nous, et les faits qui marquèrent son avènement....

1790.

28 novembre. — Le procureur de la commune a dit : « Vous ne pouvez, messieurs, ignorer que nos commerces sont anéantis, que l'indigence est le partage de la majeure partie de nos concitoyens. Leur infortune est accrue par les événements malheureux produits par l'inondation arrivée dans la première quinzaine de ce mois. Epuisés par les efforts que nous avons faits pendant deux années, nous nous voyons privés de la douce consolation de pouvoir continuer, les moyens nous manquent. J'ai pensé que de vous proposer d'employer au soulagement des familles nécessiteuses le montant des impositions faites sur les cy-devant privilégiés de cette collecte pour les six derniers mois de 1789, c'était prévenir votre intention, ouvrir une consolation, mais bien faible, à la douleur dont sont pénétrés des citoyens qui voient souffrir leurs semblables sans pouvoir entièrement les tirer de leur misère. »

R. Proposition adoptée.

11 décembre. — Le procureur de la commune a dit : « que les marchands de grains se plaignent que l'ouverture du marché se fait trop tard, qu'il ne leur est pas possible de se rendre chez eux dans la même journée, ce qui leur occasionne une dépense qui absorbe au delà de leur bénéfice ; qu'ils seront forcés de

ne plus conduire de grains en cette ville; que dans ce moment où les subsistances sont rares, où les routes pour arriver en cette ville sont presque impraticables par les derniers débordements, il est intéressant d'attirer les vendeurs et de les faciliter, et de se prêter aux moyens de satisfaire à leur intérêt sans qu'il en résulte une augmentation du prix des grains. »

« Délibération prise, il est arrêté que l'ouverture des marchés au bled en cette ville est fixée à 11 heures du matin; que jusques à 1 heure après midi il est défendu à tous revendeurs de grains de s'y présenter, et passé cette heure il sera libre à tous particuliers même aux étrangers d'en acheter. »

1791.

15 mai. — L'assemblée générale des habitans a été tenue à la maison commune et présidée par M. Claude-Antoine Rudel, maire de lad. ville, qui a dit : « La rareté du numéraire, la difficulté d'échanger les assignats contre l'argent monnoyé et la perte que l'on éprouve à faire de tels échanges font craindre avec raison de voir les citoyens actifs de cette ville dans un tel état de détresse qu'ils ne puissent plus acheter les choses de première nécessité ny suivre leur commerce par l'impossibilité de pouvoir faire aucuns payements en détail. Il est non moins important qu'urgent de s'occuper des moyens de pourvoir au remplacement du numéraire. »

« Après différents avis ouverts et débattus, l'assemblée a arrêté qu'il serait établi une caisse composée de soixante mille billets de 20 sols chacun :

» Que pour la régie et administration de cette caisse, il sera nommé par l'assemblée un receveur aux gages cy-après déterminés ;

» Qu'il sera libre d'échanger contre les billets de la caisse des assignats de 300 livres et au-dessous ;

» Que les assignats de 300 livres et de 200 livres supporteront à l'échéance une perte de 3 pour cent ;

» Que les assignats de 100 livres supporteront une perte de 1 pour cent ;

» Que les assignats de 90 livres et au-dessous seront reçus sans perte ;

» Que ceux qui auront porté des assignats de 3 et de 200 livres pourront dans 6 mois à compter du jour où ils les auront remis les retirer en donnant en échange des assignats de 50 et 60 livres; seulement qu'alors il leur sera remboursé 2 pour cent sur les 3 qui leur auront été retenus ;

» Que l'on fera venir de Limoges pour 4000 livres de monnoie d'un sol, que les frais y relatifs seront pris sur les fonds de la maison commune ;

» Que s'il arrive des contrefaçons de billets de confiance la perte qui pourra en résulter sera supportée d'abord par la caisse, en cas d'insuffisance par les fonds de la maison commune ;

» Que dans le cas où les grains manqueraient sous la halle il en sera acheté des fonds de la caisse pour une somme de 5000 livres et lors de la vente le prix qui en proviendra sera versé dans la même caisse ;

» Que le receveur aura pour traitement la somme de 100 livres par mois à compter du jour qu'il entrera en exercice ;

» Que celui qui sera nommé receveur sera tenu avant son admission de donner un cautionnement en immeubles jusques à concurrence de la somme de 60,000 livres ;

» Que les billets de confiance seront un carré long ; qu'ils seront imprimés et sur chacun ces mots *Thiers, Billet de confiance, vingt sols*, et numérotés ;

» Qu'il sera nommé 8 commissaires pour avec le receveur signer les billets de confiance ; que chaque billet sera signé par 2 commissaires seulement et le receveur.

» Il a été procédé à la nomination du receveur : est nommé M. Bodiment, aîné ; sont élus commissaires MM. Dufour-Taragnat, Guillemot-Delotz, Henry-Malmenayde, Mauger cadet, Jean Coutaret, Chassaigne-Chambon, Buisson-Cartalier et Serendat fils. »

31 mai. — Assemblée générale. — « Il a été fait lecture de la délibération du 15 relative à l'émission des billets de confiance pour remplacer le numéraire effectif dont la rareté fait craindre les suites les plus fâcheuses. L'assemblée a arrêté que la municipalité de cette ville est autorisée à se procurer de suite pour une somme de 5 ou 6000 livres d'assignats de 50 livres pièce pour être remis à la caisse. L'assemblée prenant en considération la fortune immobilière personnelle du sieur Bodiment aîné nommé receveur de la caisse, réduit le cautionnement arrêté être fourni par la délibération du 15 à 20,000 livres, « sous le cautionnement de Guillaume

Bodiment son frère qu'elle accepte. » L'assemblée arrête que MM. les commissaires chargés de signer les billets de confiance seront dépositaires continuellement, sauf à prendre entre eux les arrangements qu'ils jugeront à propos pour la somme de 20,000 livres des fonds de la caisse soit en assignats, soit en billets de confiance à charge de verser et reprendre en échange dans la caisse pour ladite somme, suivant que les besoins l'exigeront. »

17 juin. — M. Rudel, maire, a présidé l'assemblée et a dit : « qu'il lui paraissait utile d'émettre des billets de confiance d'une somme moins forte que celle de 20 sols par billet ; que, pour accélérer cette opération, il conviendrait de nommer de nouveaux commissaires pour signer lesd. billets : qu'il n'est pas moins nécessaire de déterminer la forme desd. billets ; il a aussi proposé de faire des achats de grains pour tenir nos marchés fournis, attendu que les vendeurs étrangers s'obstinent à ne point vouloir prendre en paiement les billets de confiance, quoiqu'assurés de les échanger de suite au pair avec des assignats. »

« L'assemblée, discussion faite desd. propositions, a arrêté ce qui suit :

» Il sera émis pour la somme de 10,000 livres de billets de confiance de 5 sols chacun.

« Ceux qui les retireront de la caisse de confiance y remettront des assignats aux mêmes pertes et conditions arrêtées par la délibération du 13 mai dernier.

» Les billets seront un carré long avec une vignette autour couleur rouge. Sur chaque billet, il sera imprimé : *Thiers*, 5 *sols* ; ils seront numérotés depuis 1 jusques à 40,000.

» Il sera nommé pour les signer 5 commissaires ; l'un desquels signera tous les billets ; les autres 4 se diviseront pour en signer chacun un quart séparément.

» Ont été nommés commissaires pour lad. signature : MM. Roux fils, qui aposera sa signature auxd. 40,000 billets ; Brasset fils, qui l'apposera à 10,000 ; Cottebert à pareil nombre ; Faidy à pareil nombre, et Barberaud aussi à pareil nombre.

» L'assemblée arrête pareillement qu'aux dépens de la caisse de confiance, il sera acheté de 3 à 500 septiers de bled tant froment que seigle, pour prévenir les besoins et la disette des grains à la halle ; que lors de la vente, le prix sera versé dans la même caisse ; que cet achat sera renouvelé toutes les fois qu'il sera jugé nécessaire ; qu'il sera nommé des commissaires pour faire lesd. achats de grains qui seront chargés de surveiller la vente.

» L'assemblée a nommé commissaires à l'effet d'acheter les bleds : MM. Guillemot-Malmenayde, Coutaret, Dufaud, Blanchard, Bonnières et Brasset fils. »

2 juillet. — « Ouï le procureur de la commune, il est arrêté que par publication et affiches en la maniere ordinaire et dans les lieux accoutumés, tous les habitants de l'étendue de cette commune faisant un commerce ou une profession quelconque seront invités de se présenter à la maison commune à compter de demain pour faire leur déclaration conformément à la loi portant

établissement de patentes du 2 mars dernier sanctionnée le 17 du même, prendre le certificat de lad. déclaration se pourvoir ensuite de patentes et en payer le droit de la manière déterminée. »

5 juillet. — Le procureur de la commune a dit : « Qu'il convenait de faire un arrêté pour prévenir les citoyens qu'aucun d'eux ne peut refuser les billets de confiance de 20 sols et 5 sols mis en émission dans cette ville pour suppléer à la rareté du numéraire, et de fixer une amende contre les contrevenans. »

« Les citoyens des deux communes (Thiers et le Moutier) qui refuseront les billets de confiance seront, pour la première fois, condamnés en une amende de la somme de 3 livres et pour la seconde en celle de 6 livres ; sauf, en cas de nouvelle obstination, à prendre tel parti qu'il appartiendra, et prononcer telles autres peines que nécessitera la circonstance. »

13 juillet. — M. le maire a exposé : « Que la Caisse de confiance étant sur le point d'être engorgée par le fait du grand nombre d'assignats depuis 70 jusqu'à 90 livres qui s'y échangeaient au pair avec des billets de confiance, il serait difficile par là de maintenir la circulation desdits billets de confiance, ce qui serait funeste dans un moment de l'absence absolue du numéraire ; que pour parer à cet inconvénient, il est de la prudence de faire cesser l'échange au pair des assignats de 70 à 90 livres avec les billets de confiance et de les assujétir à dater de ce jour à une perte de 20 sols pour chacun desd. assignats desdites trois qualités de 70, 80 et 90 livres » : ce qui est adopté. « A été pareillement

arrêté que le receveur demeure autorisé à se procurer des assignats de 50 livres de la manière la plus avantageuse qu'il lui sera possible, et qu'il demeure chargé à cet effet de tenir une correspondance par chaque courrier avec des agents à Paris. »

16 juillet. — « Nous maire et officiers municipaux assemblés à la maison commune en présence de M. le procureur de la commune, sur les plaintes réitérées portées à la municipalité que nombre des citoyens de cette ville, de ceux même qui devraient être enflammés de patriotisme et de bien public, refusaient de recevoir en échange de leurs denrées, marchandises, fournitures ou débits particuliers, des billets de confiance, dont les circonstances et une nécessité impérieuse avaient décidé l'émission avec le vœu général des citoyens de toutes les classes dans une assemblée générale, au mépris d'une ordonnance de la municipalité portant injonction à tous les citoyens de les recevoir et de les admettre en circulation à peine de 3 livres d'amende, redoutant que ce refus et l'inexécution des règlements à ce sujet n'occasionnât un dérangement total au commerce et à la fabrication, n'en entraînât la cessation, et qu'il n'en résultât des maux incalculables par l'impuissance des citoyens de se procurer les choses de première nécessité qui ne peuvent provenir que de la fabriquation qui se trouverait interceptée : nous, ouï sur ce le procureur de la commune en ses conclusions, ordonnons et enjoignons à tous les citoyens et habitants de cette ville, de toutes les classes, d'admettre et recevoir les billets de confiance, de 20 et 5 sous, dont l'é-

mission a été faite, en circulation pour tous les objets généralement quelconques de vente ou achat, et de les recevoir au pair sans perte ni diminution, à peine de 6 livres d'amende pour le premier refus, et de plus forte peine en cas de récidive contre les contrevenans. Ordonnons au surplus que les sentences et condamnations seront rendues publiques par la voie d'affiches et publications aux lieux accoutumés, et que notre présente ordonnance pour le même fait sera exécutée selon sa forme et teneur nonobstant opposition et appellation. »

20 août. — Le procureur de la commune a dit : « MM. par votre délibératoire du 2 juillet dernier vous avez arrêté que par publication et affiches tous les habitans dans cette commune faisant un commerce ou exerçant une profession quelconque seraient invités à se présenter à la maison commune le 3 du même mois et jours suivants à l'effet de faire leur déclaration conformément à la loi portant établissement de patentes... Vous avez en conséquence fait faire publications et poser affiches en exécution de votre arrêté. Mais les citoyens tenus d'y obéir ont mis tant de lenteur à la chose que jusqu'à présent il n'y a qu'un très-petit nombre parmi eux qui se soient présentés ; ce qui ferait présumer une espèce de récalcitrance même un refus de la part des autres d'obéir à la loi qui les met dans le cas d'encourir les peines prononcées par icelle. Pourquoi je requiers qu'il soit arrêté que par de nouvelles publications et affiches, tous les citoyens de cette commune seront avertis pour la deuxième et dernière fois de venir

à la maison commune faire leur déclaration, prendre certificat et se pourvoir ensuite de patentes ; » ce qui est adopté.

8 décembre. — M. le maire a dit : « Que la rareté du numéraire et la difficulté de l'échange des assignats contre de l'argent monayé avait nécessité une émission de billets de confiance qui fut arrêtée à 60,000 billets de 20 sols dans une assemblée générale du 15 mai, que le 17 juin suivant, dans une nouvelle assemblée, il fut fait une émission de 40,000 billets de confiance de 5 sols, partie desquels billets ayant été mise en circulation, il en est résulté que par le crédit qu'ils ont pris les habitans de cette ville ont un avantage et un besoin de multiplier ces moyens de circulation. »

« .... Il a été arrêté que la somme totale des billets de confiance serait portée à cent mille livres, ce qui fait une augmentation de 30,000 livres ajoutées aux 70,000 livres dont l'émission avait été décidée les 15 mai et 17 juin derniers. En conséquence il sera imprimé pour 40,000 livres de billets de confiance de 20 sols, dont 30,000 seulement seront signés par les anciens commissaires, et à leur défaut, vu l'urgence, la municipalité les fera remplacer par de nouveaux commissaires. Provisoirement, et comme épreuve, le sieur Bodiment aîné a été autorisé à réduire l'échange des assignats de 2 et de 300 livres ; savoir à 4 livres pour les assignats de 200 livres et à 6 livres pour ceux de 300 livres à dater du jour que la proclamation en sera faite, le mode des autres assignats conservé sur l'ancien pied. »

30 décembre. — « Le procureur de la commune ayant présenté la pétition du sieur J.-B. Chassaigne nommé en 1789 receveur de la souscription qui fut faite pour le soulagement des citoyens indigens, tendante à obtenir la décharge de l'emploi des fonds provenus de cette souscription, la municipalité a examiné les comptes dudit sieur Chassagne, les a trouvés exacts et l'a déchargé de toute responsabilité à ce sujet ainsi que le sieur Martin, curé, autre commissaire chargé de la recette et emploi desd. fonds. » Comme il reste un excédant de 535 livres 15 s. 3 deniers sur le compte de Chassaigne et de 245 livres sur celui de Martin, on décide que ces 2 sommes seront versées dans la caisse « du bureau de charité dénué en ce moment de toute espèce de provisions alimentaires. »......

1792.

15 janvier. — La municipalité fait afficher l'arrêté qui suit :

« Citoyens. — Le corps municipal que vous avez chargé d'être la sentinelle qui veille sans cesse à la conservation de votre fortune et de votre bonheur, voit avec douleur que des particuliers, indignes du nom de citoyens français, indignes d'être vos compatriotes, se permettent d'établir dans leurs maisons des jeux de hasard tels que le *billard anglais*, le *pharaon*, le *trente et quarante* et le *vingt-un*. L'expérience n'a que trop appris aux victimes de ces jeux combien ils sont funestes puisqu'ils compromettent la fortune, les mœurs, la tranquillité publique et particulière. Un si grand intérêt appelle toute la sollicitude et la vigilance de vos magistrats. Ils seraient indignes de votre confiance s'ils ne se hâtaient de prendre toutes les mesures propres à arrêter les progrès de ces dangereux tripots. En conséquence, la municipalité fera les recherches les plus exactes dans les maisons soupçonnées de fournir et de se prêter à de pareils jeux. Elle fera subir, tant aux propriétaires desdites maisons qu'à ceux qui font état de procurer ces jeux de hasard, les peines décernées par les lois. »

Du même jour. — Dans la réunion du corps municipal, « il a été représenté que pour la sûreté des fonds de la Caisse de confiance et le soutien de son crédit, il conviendrait d'établir un dépôt qui contiendrait en assignats la représentation des billets de confiance qui sont en circulation, et que le trésor de l'hôpital général de cette ville paraissait le lieu le plus propre à cet effet, » — Délibération conforme à la proposition.

Du 19 janvier. — *Avertissement* de la municipalité :

« Le corps municipal prévient les citoyens qu'il sera fait demain vendredi, 20 du présent mois, dans la cour du collège, depuis 9 heures du matin jusqu'à midi, la distribution des 400 livres de gros sols que lui a envoyé le département en échange de pareille valeur de ses mandats de 5 sols. Chaque particulier porteur de deux mandats de 5 sols recevra en échange la somme de 10 sols en pièces de 1 sol. »

Du 22 janvier. — Avis de la part du corps municipal.

« Défenses sont faites à toutes personnes des deux sexe, de tous états et âges, de se masquer, de sortir de leurs maisons et parcourir les rues, places et carrefours de la ville et des fauxbourgs sous le masque, et d'entrer et s'insinuer dans les maisons des citoyens avec masques et autres déguisements, sous prétexte de danser ou autres amusements, à peine de 50 livres d'amende contre chaque contrevenant et d'arrestation. Il est enjoint à la garde nationale, aux troupes de ligne et à la gendarmerie nationale, d'arrêter et conduire en arrestation au corps de garde tous les citoyens qu'ils trouveront sous le masque, et d'en donner avis à la municipalité pour être par elle statué. »

Du 30 janvier. — Proclamation de la municipalité.

« Tous les citoyens de la ville, de quelque âge, état, profession et qualité qu'ils soient, sans exception, tous les ecclésiastiques, sermentés ou non sermentés, fonctionnaires et officiers publics ou non, ainsi que ceux sortis des cloîtres, sont invités, à l'exemple de l'Assemblée nationale, du Roi et des citoyens de l'empire français, de porter la cocarde nationale, à peine d'amende contre les contrevenans et de ne pouvoir avoir l'entrée de la maison commune, de n'être reçus dans aucuns lieux publics, de ne pouvoir assister ni à la fédération ni à aucune autre fête publique, et sera la présente ordonnance exécutée nonobstant opposition ou appellation quelconque. »

Du 31 janvier. — « Tous les citoyens de cette ville, depuis l'âge de 18 ans jusques au *dernier* âge, sont invités, pour la dernière fois, d'obéir à la loi de l'inscription militaire relative aux gardes nationales, en conséquence de se rendre à la commune pour ladite inscription, a peine de la déchéance des droits de citoyens actifs et autres peines portées par les décrets de l'Assemblée nationale. »

Du 5 février. — Proclamation nouvelle aux mêmes fins que la précédente.

Du 13 février. — « Avis aux citoyens. — Le corps municipal instruit qu'il circulait dans le département de la monnaie de cuivre fabriquée en contravention aux loix, il est de son devoir de s'opposer à cet abus, et de prévenir les citoyens de ne point se rendre coupables d'aucune fabrication de monnaie. La loi impose aux officiers municipaux la plus exacte vigilance sur cet objet. »

Du 14 février. — « Avis au public. — Le corps municipal invite pour la dernière fois les citoyens de toutes les classes d'enlever ou faire enlever les fumiers et bois déposés sur les rues et places de la ville et des fauxbours, d'étouper et détruire les *cloacs* qu'ils se sont permis d'établir tant dans l'enceinte de la ville qu'au dehors, et de cesser de faire courir dans les rues ni cochons ni autres animaux pouvant causer dommage. Il leur déclare qu'à défaut d'obéir à la présente invitation dans le cours de cette semaine pour tout délai, les fumiers et bois seront enlevés, les *cloucs* détruits et les cochons arrêtés en vertu d'ordres de la police, sans préjudice des amendes et peines de détention déterminées par la loi contre les propriétaires de ces objets. »

Du 17 février. — « Avis aux citoyens. — Le corps

municipal donne avis à tous les citoyens que dans la somme d'assignats de 5 livres en dépôt au district pour être échangés contre des assignats de plus forte somme, la commune y est comprise pour 8000 livres. Tous les citoyens seront admis aux échanges. On aura surtout égard aux demandes des cultivateurs, des fabricants et chefs d'ateliers en proportion de leurs ouvriers. Le certificat qui exposera la demande à la municipalité pour échange portera le nom, domicile, profession e le nombre d'ouvriers que l'on occupe. »

Du 25 février. — « Avis au public. — Le corps municipal constamment occupé de tout ce qui peut favoriser le commerce et l'agriculture, et regardant l'établissement des foires comme le moyen le plus efficace pour exciter l'industrie de la ville et de la campagne, donne avis aux citoyens qu'il a pris toutes les mesures qui sont à sa disposition pour établir dans la ville six foires de plus et les invite à concourir de tout leur zèle à leur formation. Les propriétaires des domaines ainsi que les colons voudront bien y faire conduire des bestiaux, les fabricants et marchands y exposer en vente les objets de leur fabrique ou de leur commerce. L'époque de ces six nouvelles foires sera le 1er jeudi des mois de janvier, février, mars, juillet, août et décembre. »

Du 25 février. — « Avertissement. — Le corps municipal donne avis aux citoyens qu'il a été prévenu par MM. les administrateurs du directoire du district de Thiers que le 1er bataillon des gardes nationaux volontaires du département du Puy-de-Dôme en garnison dans le Bugey n'est point au complet. Il invite en conséquence tous les gardes nationaux qui se sont présentés pour servir en qualité de volontaires dans ledit bataillon et tous autres qui désireront faire ce service, de venir à la maison commune pour se faire inscrire. »

Du 28 février. — Dans la réunion du corps municipal, « un membre a fait sentir la nécessité de poser deux sentinelles à la porte de la maison commune toutes les fois qu'on y lira les nouvelles, afin de ne laisser entrer que les citoyens qui seront décorés de la cocarde nationale. — Adopté. — Et de plus que dès ce jour le secrétaire de la commune est autorisé à refuser toutes expéditions de son ministère à ceux des citoyens de la commune et autres qui se présenteront à la maison commune non décorés de la cocarde nationale. »

12 mars. — « Vu la nécessité d'une nouvelle émission de billets de confiance, le conseil général de la commune décide que la somme totale de ces billets sera portée de 100 à 140,000 livres. »

18 mars. — Sur l'exposé fait par le Procureur de la commune que depuis quelques jours il circulait des assignats de 5 livres et même des billets de confiance faux, le corps municipal décide : « que les receveurs et percepteurs des impôts directs et indirects sont autorisés à arrêter les assignats et billets de confiance qui leur paraîtraient faux ou suspectés de faux, à engager autant que faire se pourra les porteurs des assignats et billets faux de se présenter à la municipalité pour les lui soumettre, sinon de prendre les noms de ces porteurs, de les transmettre à la municipalité avec les assignats

et billets retenus et de lui donner tous les renseignements qu'ils auront pu se procurer. »

13 mai. — « Insuffisance des billets de confiance. Il en sera fait une nouvelle émission pour la somme de 40,000 livres. »

Le Procureur de la commune a « annoncé qu'un particulier proposait à la municipalité 300 setiers de bled à prendre à Aigueperse. » — Il est décidé « qu'un officier municipal se rendra à Aigueperse pour traiter avec ce particulier, à condition que led. bled porté à Thiers ne s'élèverait pas au-dessus de 5 livres le quarton. » — Le Procureur ayant requis encore « que vu le prix du bled croissant chaque jour et sa cherté, pour venir au secours des ouvriers et autres citoyens peu aisés il fut procédé à la vente quarton par quarton des 400 setiers bled froment que la municipalité avait assemblé dans le grenier de prévoyance; le résultat de la délibération du conseil général a été que led. bled serait distribué le mercredi et vendredi de chaque semaine à tous les citoyens qni se présenteraient à quelques sous au-dessous du prix courant. »

8 juin. — Dans la réunion du conseil général de la commune, « sur les plaintes réitérées de divers citoyens de la rareté des billets de confiance de cette commune, et sur la demande qu'il fut établi un nouveau mode pour leur distribution, il a été arrêté que, à partir du 12 du courant, la distribution s'en ferait chez le sieur Bodiment, caissier, les mardi, jeudi et samedi de chaque semaine, depuis 8 heures du matin jusques à midi, et de 2 h. après midi jusqu'à 4 heures

du soir, en présence d'un membre du conseil général de cette commune, et que chacun des membres ferait ce service à tour de rôle. Il a été arrêté en outre que l'échange des billets de confiance se ferait au bénéfice de 10 sous pour les assignats de 50 et 60 livres, de 15 sous pour ceux de 70, 80 et 90 liv., et d'un pour 100 sur tous les autres assignats jusqu'à mille livres, et qu'enfin les assignats de 5 livres n'éprouveraient aucune perte. »

« Attendu le besoin de remplacer le numéraire, il a été décidé encore que l'on mettrait en émission des billets de 12 deniers pour la somme de 4000 livres, d'autres de 18 deniers pour la somme de 6000 livres, et d'autres de 10 sols pour 20,000 livres... Ceux de 12 deniers seront sur papier bleu carré, ceux de 18 deniers sur papier gris et les mandats de 10 sols sur papier blanc. »

10 juin. — « A l'ouverture de la séance du conseil général M. le maire a représenté que l'état de guerre où était la nation exigeait des dépenses extraordinaires, que c'était le moment de venir à son secours; que les villes devaient l'exemple aux campagnes et les corps administratifs aux citoyens; que comptant dans nos murs autant de patriotes que d'individus, ceux qui le pourraient porteraient leur offrande, et que tous approuveraient qu'il fut déterminé sur les revenus communs une somme pour être offerte à l'Assemblée nationale. Sur quoy, il a été décidé qu'il serait pris sur les profits communs de quoi compléter la somme de 3000 livres à quoi est fixé le don patriotique à offrir. »

16 juillet. — « A été mis sur le bureau du conseil général la loi du 11 juillet qui déclare que la patrie est en danger. Lecture en a été faite par le secrétaire et entendue avec le calme et le courage que donne l'amour de la liberté. Chacun des assistants a manifesté son attachement et son dévouement à la Constitution, et la patrie menacée a fixé sur elle tous les yeux et tous les cœurs. Aussitôt on s'est occupé de mettre à exécution les mesures commandées par la loi et les moyens qui pouvaient contribuer à la sûreté des personnes et des propriétés... Le conseil général s'est déclaré permanent et a mis en activité permanente la garde nationale de son territoire en lui recommandant la plus exacte surveillance tant sur les citoyens que sur les étrangers qui approcheraient de ses murs. »

6 août. — « Le Procureur de la commune a représenté au conseil général, que la cherté soutenue du bled, cherté excessive en ce moment, faisait craindre qu'il ne s'élevât à un prix plus haut pendant l'hiver et surtout au printemps; qu'il était du devoir d'une administration paternelle de veiller non-seulement à la sûreté des citoyens, mais encore à leur subsistance; que l'année précédente la commune avait eu la sage et utile prévoyance de faire un approvisionnement de bled; que les mêmes besoins appelaient la même précaution pour l'année prochaine. En conséquence il a requis que la commune voulut bien délibérer 1°. sur la nécessité d'un approvisionnement de bled; 2°. sur celle de faire choix d'un certain nombre de commissaires pour faire l'achat des bleds en les chargeant de

s'approvisionner dans les lieux qui ne sont point dans l'usage de vendre leurs grains dans notre ville. »

« Il a été arrêté qu'il serait acheté une quantité suffisante de bled pour pourvoir aux besoins du peuple dans le cas où les bleds deviendraient plus chers et plus rares; MM. Etienne Blanchard, Pierre Vialle, Jean Tixier, Joseph Beauno, Vincelet père et Riberon père, ont été priés de vouloir bien se charger de cet approvisionnement et de faire faire cent sacs pour le transport desdits bleds. »

13 août. — « A été mis sur le bureau 1°. l'acte du Corps législatif du 10 août 1790, l'an 4° de la liberté, par lequel, au nom de la Nation, de la liberté et de l'égalité, l'Assemblée nationale invite tous les citoyens à respecter les droits sacrés de l'homme et les propriétés ; 2°. l'acte du Corps législatif par lequel l'Assemblée nationale déclare que le Roi est suspendu, et que lui et sa famille restent en ôtage; que le ministère actuel n'a pas la confiance de la Nation et que l'Assemblée va procéder à le remplacer; que la liste civile cesse d'avoir lieu ; 3°. la loi relative à la suspension du pouvoir exécutif sur le décret de l'Assemblée nationale du 10 août 1792; 4°. l'adresse de l'Assemblée nationale aux Français imprimée par son ordre, envoyée aux 83 départements et à l'armée. La lecture en a été faite par le secrétaire et entendue par tous les assistants avec le calme et le courage que donne l'amour de la liberté. Chacun des assistants a de nouveau manifesté son attachement et son dévouement à la Constitution. De suite on s'est occupé des moyens de publier solennellement la loi et

les actes du Corps législatif, ainsi que cela est recommandé. Sur l'invitation faite à cet effet par une députation, deux des membres de l'administration de district réunis à ceux du conseil général sont sortis de la maison commune, ont parcouru tous les quartiers de la ville et y ont proclamé les actes du Corps législatif. »

28 août, l'an 1er de l'égalité. — « M. le maire a déposé sur le bureau 1°. les exemplaires de l'arrêté pris par le conseil général du département du Puy-de-Dôme réuni en surveillance permanente dans sa séance du 24 de ce mois, en tête duquel est copie de la lettre écrite au département par M. Biron, général de l'armée du Rhin, datée du quartier général de Wissembourg, le 12 août présent mois, contenant demande de faire partir pour Strasbourg un bataillon de 800 hommes composé de grenadiers et de chasseurs, habillés, équipés et armés, pris dans ce département; 2°. les exemplaires d'un autre arrêté du département du Puy-de-Dôme, pris par le conseil général dans sa première séance du 24, présent mois, en tête duquel est copie de la lettre écrite par M. Biron, général de l'armée du Rhin, au département, datée du quartier général de Wissembourg, le 13 du présent, par laquelle ce général annonce le manque dans son armée d'environ 3000 hommes et 3000 chevaux. »

« La lecture a été faite par le secrétaire et entendue avec intérêt par tous les membres de l'assemblée. Il a été arrêté que les gardes nationales de cette commune seraient de suite convoquées par tous les moyens possibles à se rassembler demain, 29 du présent, heure de

2 après midi, sur la place de la Liberté, pour entendre la lecture des deux lettres de M. Biron et des deux arrêtés du département, en exécution desquels il sera ouvert deux listes par le conseil général de la commune, sur l'une desquelles seront inscrits les citoyens qui désireront faire partie des 800 hommes demandés par M. Biron, et sur l'autre ceux des citoyens qui offriront leurs chevaux en se faisant inscrire pour le service des troupes à cheval. »

12 septembre. — « Un membre a représenté qu'il était instruit que l'Assemblée législative avait accordé des fonds au ministre de l'intérieur pour l'approvisionnement en bled de plusieurs départements, notamment de celui d'Allier; qu'il était étonné, vu la mauvaise récolte en grains du département, que le corps administratif n'eût point présenté ses besoins au ministre; qu'il était urgent de s'occuper de suite des besoins de notre ville et de prévenir la disette dont nous étions menacés; qu'il pensait qu'il serait utile de présenter à cet effet une adresse à l'Assemblée nationale, d'écrire à M. Rolland et de présenter une adresse au département. Lesquelles propositions ont été approuvées par l'assemblée. »

25 septembre. — « Un paquet adressé à cette commune par MM. du directoire du district a été ouvert; il renfermait l'extrait du procès-verbal de la Convention nationale, séance du 21 de ce mois, contenant le décret qui abolit la Royauté en France, et la lettre d'envoi du district. Le procureur de la commune a fait lecture des deux pièces et requis que, conformément à la

loi, ce décret fut solennellement proclamé dans la journée. Ce qui a été arrêté. En conséquence, on s'est occupé de suite des moyens de donner de l'authenticité à cette proclamation. Une députation a été faite auprès de MM. du directoire pour les inviter à se réunir au Conseil général pour cette proclamation; d'un autre côté, un détachement de grenadiers a été demandé et tous les tambours de la garde nationale ont été requis. MM. Tachard, administrateur, et Grangeon, Procureur syndic du district, sont venus à la maison commune se réunir aux officiers municipaux et notables composant le conseil général. Le détachement de grenadiers rangé sur deux haies, et les tambours à la tête commandés par le tambour major, MM. les administrateurs et Procureur syndic du district et les membres du conseil général, assistés du secrétaire, sont partis de la maison commune, ont parcouru les rues et places publiques de la ville et y ont proclamé avec solennité le décret qui abolit la royauté en France. De retour à la maison commune, MM. Tachard et Grangeon se sont retirés, la garde nationale et les tambours ont demeuré libres, et les membres du conseil général ont pris séance dans la salle, les portes ouvertes, pour délibérer sur les objets suivants :

» Alors le Procureur de la commune a représenté : qu'à la crise actuelle qu'éprouvait le Corps politique, se joignait, en beaucoup d'endroits, la cherté des comestibles, notamment dans notre ville; que le salaire des ouvriers n'était point en proportion avec leurs besoins, et qu'il était devenu impossible à la plupart de se pourvoir des choses de première nécessité par le produit de leur travail qui était cependant leur unique ressource ; que dans ces moments calamiteux il était du devoir de l'administration d'employer tous les moyens qui seraient à leur disposition pour en prévenir les suites funestes ; que le repos public, le soulagement de cette classe active de citoyens, dépendaient des mesures qui seraient prises, et que de si grands intérêts autorisaient la commune à prendre toutes celles que le besoin nécessiterait ; qu'il était urgent de prévenir le cri du pauvre ; que les facultés de la municipalité ne lui permettaient point d'employer le seul remède à la détresse actuelle, qui serait un approvisionnement de grains suffisant jusqu'à la récolte prochaine ; qu'il était cependant de la prudence de continuer à s'en pourvoir pour les jours où il n'en arriverait point assez au marché ; qu'en attendant de plus grandes mesures, il proposait pour premier moyen la prompte reddition des comptes de la municipalité, afin que, d'après la connaissance de son bilan, il pût être déterminé quelle somme serait employée à soulager le peuple, pour second moyen, qu'il fût fait une quête générale.

» Ces deux moyens préliminaires ont été adoptés à l'unanimité, et il a été résolu que la quête serait précédée d'une proclamation qui serait lue au prône, affichée aux portes des églises paroissiales et à celles de la maison commune ; qu'elle serait faite par un des membres du conseil général et un autre citoyen de chaque division de quartiers. A l'instant, les divisions ont été fixées et les commissaires percepteurs nommés par le conseil général. Les mêmes commissaires ont été chargés de produire à la municipalité un état de tous les citoyens qui réclameraient les secours publics. Le mode d'application de cette contribution volontaire, ainsi que les autres mesures définitives pour parer aux besoins que les circonstances font redouter, ont été ajournés jusqu'au moment où les ressources de la commune et le nombre des citoyens indigens seront mieux connus. »

27 septembre. — « Le conseil général de la commune a pris l'arrêté suivant : « A dater de ce jour, le marché au bled de cette ville sera surveillé par deux commissaires membres du conseil général qui seront pris à tour de rôle suivant l'ordre de la liste et tenus de se rendre au marché à l'heure de midi pour y rester jusqu'à 2 heures sonnées.

» Il est fait défense aux revendeurs de grains de cette ville et aux étrangers de se présenter sous la halle et d'y acheter aucune espèce de grains avant 2 heures sonnées. Et afin que nul n'en prétende cause d'ignorance, la présente délibération sera publiée et affichée.

» Il a été arrêté de plus, que chaque jour de marché, les membres du conseil général de la commune, pris à tour de rôle, surveilleront l'entrée des grains qui arriveront en cette ville pour y être vendus de telle manière que tous les grains soient portés et vendus au marché public et non ailleurs. »

25 novembre. — Séance publique du corps munici-

pal où le titre de *citoyen* est appliqué pour la première fois.

« Les pancartes du prix des grains vendus aux marchés de cette ville ont été mises sur le bureau et la taxe du prix du pain a été consultée. Il a été vérifié qu'il y avait nécessité de prendre un parti pour le soulagement du peuple qui, sans de nouvelles précautions et mesures, était hors d'état de se procurer du pain. Cette question importante a été agitée ; les représentants de la commune ont été appelés et consultés ; et, après différents avis ouverts et débattus, le corps municipal, empressé de remplir l'objet le plus important de son ministère et de faire usage des mesures qui lui sont commandées par les circonstances, a pris l'arrêté suivant :

« Le corps municipal a arrêté que, dès lundi 26 du courant, il ne serait fait par les boulangers qu'une seule et même qualité de pain, jusqu'au moment où les bleds que le Gouvernement a fait entrer en France seront parvenus dans notre département. Ce pain sera composé de farine de froment non blutée et telle qu'elle sort du moulin, il n'en sera extrait que le son.

» En conséquence, il est défendu aux boulangers et à tous autres citoyens vendans du pain d'y mêler des farines provenant d'autres grains que de celui du froment et d'en extraire de la farine fine sous aucun prétexte. Le pain blanc et le pain dit de fantaisie sont défendus.

» Le corps municipal employera la plus active surveillance pour qu'il ne s'exerce aucune fraude en ce genre de la part de ceux qui boulangeront ce pain ainsi que sur sa qualité : il prévient que ceux qui seront pris en contravention subiront l'amende portée par la loi.

» Ce pain de famille est fixé quant à présent au prix de 5 sols la livre. Les variations du prix seront exactement annoncées au public par publications et affiches.

» Défenses sont faites au boulanger de faire moudre au moulin blanc sous peine d'amende pour le meunier et le boulanger.

» Le corps municipal attend du civisme des citoyens qu'ils ne prendront que de ce pain de famille. »

29 novembre. — « Le citoyen Henry a dit que: quelques diligences qu'aient pu faire les membres du corps municipal et commissaires chargés de la confection de la matrice de la contribution mobilière de cette commune pour l'année 1791, ils n'ont pu encore la parachever ni la déposer au directoire du district; que néanmoins les opérations déjà faites leur ont fait apercevoir que sur la somme de 29,870 livres à imposer pour ce genre de contributions d'après le mandement adressé à cette commune par le directoire du département, ils ne pourront placer au plus que celle de 9,000 livres; et que, pour remplir ledit mandement, le surplus sera un rejet forcé qui deviendra onéreux pour tous les contribuables, principalement pour ceux de la classe indigente, et conséquemment dans le cas d'être passé en non valeur. Que dans cette circonstance il est instant que la commune soit admise à se pourvoir pour obtenir la décharge d'un rejet si exorbitant avant l'expiration du délai déterminé. Sa réclamation pour cet objet est d'autant mieux fondée que, quoique la ma-

trice de la contribution mobilière dont on s'occupe sans relâche ne soit point encore parachevée, elle a donné des preuves de son désir d'acquitter la partie de cette contribution qui pourra être placée, par le payement d'à-compte qu'elle a fait aujourd'huy, entre les mains du receveur de ce district d'une somme de 6,009 livres dont ce receveur lui a fourni quittance. » — Proposition adoptée.

5 décembre. — En séance du conseil général, un membre a dit : « La loi de 1791 a mis à la disposition du département une somme fixe pour être remise aux municipalités à titre de prêt. Le district de Thiers est compris pour une somme de 20,000 livres. Aucune municipalité n'a réclamé. Je propose que vu l'état de détresse dans lequel se trouve cette commune sans ressources pour faire des achats de grains, vous demandiez au département cette somme de 20,000 livres, ou ce qui se trouvera disponible pour la rendre et remettre aux termes fixés par la loi. » — Adopté.

« L'ordre du jour a appelé encore un objet d'utilité publique et de la plus grande importance. Les officiers municipaux ont mis sur le bureau : une pétition des citoyens habitans du Moutier et autres riverains qui demandent que l'on pourvoye de suite aux réparations du chemin de Thiers à Maringues totalement dégradé par l'inondation de la rivière de Durolle. Ils disent que l'on ne peut plus y passer et que sans leur secours beaucoup de personnes seraient péries. Ils exposent encore que cette route est de nécessité absolue pour l'arrivée des subsistances, et qu'il devient indispensable d'y faire les réparations qui conviennent, d'abord pour la rendre praticable, ensuite pour lui donner une direction qui la mette à l'abri de ces événements pour l'avenir : La réponse de la municipalité au bas de cette pétition qui charge les citoyens Gourbine-Mathevon et Gilbert Riberolles d'inspecter les lieux et d'en faire leur rapport; le rapport desd. commissaires par lequel ils attestent la vérité des faits.

» Le conseil arrête que tant la pétition des citoyens du Moutier que le rapport des commissaires seront adressés dans le plus court délai au département qui sera invité de prendre en considération l'objet de cette pétition comme étant d'une nécessité absolue, que le moindre retard pourrait être préjudiciable et exposerait les habitants de cette ville à être privés de grains et autres objets de première nécessité. » . . . . .

1793.

2 janvier. — La somme disponible accordée par le département à la ville à titre de prêt pour achat de grain est de 8,000 livres seulement.

« Il a été fait lecture au conseil général d'une lettre adressée à la municipalité par les administrateurs composant le directoire du district le 31 décembre, qui l'invite d'adresser sous trois jours 15 mandats de chacune des espèces de ceux qui ont été émis, de les certifier sincères et véritables, et de suite remettre le quart des fonds qui doivent être en caisse pour représenter les billets émis. Cette lecture a singulièrement fatigué les membres présents ; ils ont regardé que si cet arrêté pouvait s'accorder avec quelques villes, il ne pouvait être d'aucune utilité pour les villes de commerce et en exprès pour celle de Thiers. Ils ont dit que, sans prendre par la commune aucun parti direct, puisqu'il ne lui a encore été rendu aucun compte par les ex-municipaux sur lesquels la comptabilité existe, il convenait cependant d'examiner le bien général. En conséquence, une adresse au département a été présentée par un membre. Lecture en ayant été faite, elle a été adoptée. Suit cette adresse :

« Aux citoyens administrateurs du département du Puy-de-Dôme.

« Citoyens,

» Nous nous voyons avec peine forcés de vous faire part des allarmes que nous cause l'article 6 de votre arrêté du 25 décembre dernier. Il porte que, sous trois jours, les municipalités verseront dans leur district le quart des fonds qu'elles ont en caisse représentant les billets émis. En nous conformant à cet article de votre arrêté, nous violons un dépôt resté intact jusqu'à ce jour, et qui a dû l'être malgré les besoins urgents et l'état de calamité où s'est trouvée notre ville.

» Ce dépôt est le gage des billets de confiance que nous avons mis en circulation, et du moment de leur création une caisse d'échange a été formée pour être ouverte trois fois par semaine, tous les jours de marché, pour la commodité des porteurs non domiciliés, et depuis longtemps elle échange à bureau ouvert.

» Ce gage de nos billets doit être sacré ; il a été confié à notre vigilance et à notre probité, et le porteur du dernier billet doit avoir la certitude d'en trouver la représentation dans notre caisse lorsqu'il se présentera. Si l'on nous soustrayait un quart de ce dépôt, quels inconvénients n'en pourrait-il pas résulter ! Et si l'on porte à notre caisse un plus grand nombre de billets que la valeur des fonds assignats qui s'y trouvent, il faudra donc en suspendre le remboursement, et dès ce moment nous voilà en faillite ouverte ! Cette possibilité nous fait frissonner !

» Ce n'est pas une hypothèse imaginaire : car nos billets de confiance ne sont un peu répandus que dans notre district, et la plus grande commodité pour les porteurs de ceux-là est de venir à la caisse. Les autres sont également clairsemés et dans le département et dans les départements voisins, et relativement au commerce de notre ville la très-grande majorité y sera renvoyée directement.

« Nous pouvons vous citer des vérités sur les échanges qui se font journellement de nos billets de confiance ; Clermont, par exemple, ville de commerce, qui a des relations avec la nôtre, fait ce revirement avec facilité. On pourrait citer le citoyen Domergue qui, par ses relations commerciales, prend et échange tous les billets de confiance qui lui sont présentés et les renvoie directement en la ville de Thiers à ses commettans. Depuis deux mois il a fait un versement de ce genre très-conséquent et il le continue. Il est à croire que la ville de Clermont n'en échangera aucuns. Dans les autres villes du district, il y a peu de nos billets, et le même revirement s'effectue. Hors du département, la ville de Lyon est à peu près la seule, et cet échange s'y fait aussi ; c'est une facilité de paiement entre les négociants.

» Nous vous demandons avec instance, citoyens administrateurs, de rapporter cet article de votre arrêté et de pourvoir d'une autre manière au remboursement des billets de confiance dans les lieux étrangers à leur émission. Mais une soustraction à notre caisse ne peut s'accorder avec les principes de probité et de délicatesse que doit avoir tout individu et spécialement une municipalité de ville de commerce.

» Il se présente encore un inconvénient en établissant des caisses d'échange pour les billets hors des lieux de leur émission. Une administration ou une municipalité étrangère ne peut s'en charger sans s'exposer à la perte qui résulterait pour elle d'avoir payé des billets faux ; car il n'est pas raisonnable de penser que cette perte occasionnée par des erreurs auxquelles la municipalité qui a émis n'a point eu de part pût retomber sur elle ; et il est vraisemblable que ces erreurs seront fréquentes lorsque les signataires de ces billets n'en feront pas eux-mêmes l'examen. La véracité d'un billet ne peut être reconnue que par eux ; les caractères d'impression et les vignettes étant toujours d'une ressemblance à tromper les plus experts. »

« *P. S.* Les ex-municipaux nous informent, que,

dans la première huitaine, il s'est fait un échange de nos billets pour 40,000 livres.

» Les billets de confiance des municipalités du département ont un discrédit si haut que les marchands de grains et autres refusent de prendre en paiement les billets de leur commune ! »

30 janvier. — « Il a été mis sur le bureau du conseil général une lettre des administrateurs composant le directoire du district de Thiers, du 25 de ce mois, pour exécuter l'arrêté du département du Puy-de-Dôme du 25 décembre et adresser audit district le quart en assignat de la somme représentative des billets de confiance de la caisse actuellement existante. Le conseil général, considérant que dans la pétition qu'il a faite au département, il n'a eu en vue que de maintenir dans sa caisse des fonds disponibles pour faire et continuer son échange à bureau ouvert; qu'il lui paraissait dangereux de les en faire sortir; mais que l'avis du district avait été qu'il n'y avait lieu à délibérer ; arrête : que pour exécuter l'arrêté pris par le département, et par respect pour les autorités constituées, le quart des assignats de la caisse des billets de confiance existant actuellement sera remis entre les mains des administrateurs du directoire du district; que, pour y parvenir, il sera fait choix de 4 commissaires chargés de faire le recensement de la caisse de confiance. »

2 février. — Sur le vu du procès-verbal dressé par lesdits commissaires, le conseil général vote des remerciements à l'ancienne municipalité pour sa gestion de la caisse. « Aussitôt un membre a dit, qu'il convient de

procéder sans délai à la brûlure des divers billets de confiance rentrés en caisse et payés pour éviter l'embarras d'un dépôt certain pour ces mêmes billets et les mettre à l'abri du vol et des autres cas de force majeure, et cela avec d'autant plus de raison, que, d'après le décret récent de la Convention nationale, ils ne doivent plus être mis en circulation. Il est décidé que ces billets seront brûlés publiquement le lendemain dimanche 3 février, dans l'un des fours des bâtiments ci-devant dits les fours banaux des Groslières, en présence du conseil et d'un piquet de garde nationale. »

10 février. — Les curés Favier et Martin sont chargés de se rendre à Prégoulin auprès du citoyen Depons pour y acheter 600 cartons de froment qu'il a à vendre.

24 février. — La municipalité de Thiers écrit à celle d'Aigueperse pour la prier de « protéger les grains que la commune a achetés du citoyen Reynaud. »

1er mars. — A propos de la loi sur le recrutement du 24 février, un membre du conseil général a dit : « L'égalité est la base de la république : la distribution d'hommes comme celle des subsistances doit être repartie proportionnellement. La commune de Thiers a fourni plus que toute autre ; il ne serait pas juste que le poids fut toujours sur les mêmes. D'ailleurs Thiers est un pays de fabrique d'armes et de couteaux ; le grand nombre qui en est parti a dégarni les ateliers, tous veulent partir et il faut en combiner le bien qui peut en résulter. Je propose donc que dans la distribution à faire par le district, on donne un état des hommes qui sont partis volontairement et de ceux qui ont fait un engagement; et qu'on joigne à cet état une pétition au département pour obtenir, dans la répartition à faire, la déduction du nombre des hommes que la commune a déjà fournis, et par là mettre cette commune dans la proportion des autres. » — Cette mention est adoptée.

5 mars. — « Grande fête à l'occasion de l'installation de la municipalité dans l'ancien couvent des Ursulines, devenu et resté notre hôtel-de-ville. Discours du Maire et discours du procureur de la commune.....

» A la suite de ces discours, de grandes vérités se sont faites entendre! Dans un jour de joie, a-t-on dit, le bonheur n'est pas réel, s'il est de nos frères malheureux! Eh! citoyens, il en existe dans cette commune. Une ville de fabrique très-peuplée contient de ces hommes qui, attachés à leur atelier, ne le quittent que lorsque leurs forces sont épuisées, et qui, malgré ce travail assidu, ne retirent à peine que pour avoir du pain. Il en est d'autres qui, chargés d'une nombreuse famille, ne peuvent suffire à ce premier besoin; et enfin une troisième classe manquant de tout. Vous avez fait une première souscription pour venir au secours de ces malheureux, et les fonds sont épuisés; venons de nouveau au secours de nos frères, de cette classe d'hommes si utile à la société.

» Aussitôt on a proposé une souscription volontaire de tous les citoyens aisés; et il a été arrêté qu'elle serait rendue publique par les précautions les plus sages et les plus fructueuses. Ce vœu s'est produit spontanément, et aussitôt le citoyen Maire a donné le premier l'exemple en s'inscrivant sur la liste préparée à cet effet sur le bureau. De suite tous les autres membres du conseil général se sont empressés de s'inscrire à tour de rôle sur la même liste et aux mêmes fins, et en moins d'un quart-d'heure, les assistans ont eu la satisfaction de voir que la souscription volontaire des membres du conseil général de la commune a produit une somme de.......... »

Le chiffre reste en blanc dans le registre, mais nous avons retrouvé cette liste, et nous sommes heureux de pouvoir la publier ici. Elle porte ce qui suit :

« Le 3 mars de l'an II de la République.

2e Souscription pour les Pauvres.

Chassaigne, maire	100 litres.	Malmenayde Cognord	50 litres.
B. Favier	50 —	Chassaigne-Bonnefoy	30 —
Mignot-Genesty	80 —	Chervel	10 —
Dufour	100 —	Blanchard	10 —
Dufour-Martin	6 sep-	Soanen	10 —
tiers de fageolles.		Cusson	15 —
De Ronat	100 litres.	Brasset-Sereudat	20 —
Torrent	80 —	Baillard-Mellun	12 —
Buisson	30 —	Carrez-Vacherias	25 —
Fedit-Caburol	20 —	Courby-Joubert	50 —
Gourbine-Matheyon	80 —	Grangeon	50 —
Thinet	30 —	Vialle	10 —
Armilhion	50 —	Cognord	25 —
Brasset, fils aîné	20 —	Delachenal	100 —
Chassaigne-Chambon	50 —	Bonnefoy, procureur de la	
Gilbert Riberolles	100 —	commune	100 —
Le curé Favier	50 —	Goninfaure	10 —
Le curé Martin	50 —	Malmenayde-Chassaigne	50 —

Fabry	50 livres.	Constant	20 livres.
Guillemot-Dufraisse	15 —	Tachard	50 —
Cottebert	25 —	Tourraud	10 —
Cotte	30 —	*Illisible*	10 —
Bouchet	30 —	Gourbine	35 —
Grégoire Chassaigne	40 —	Suchet	15 —
Dufour-Chabrol	20 —	Cognord père	75 —
Bodiment-Pignat	50 —	Magnin	25 —
Roux-Vachias	20 —	Chassaigne	125 —
Madieu	50 —	Dufraisse	5 — »

ce qui donne une somme totale de 2247 livres, ainsi recueillie dans cette séance du conseil général, plus six septiers de fageolles.

4 mars. — Le bureau municipal fait afficher la proclamation suivante, relative à la souscription votée dans la séance du conseil général de la veille.

« Citoyens. — La cause des malheureux est la cause de tous. Elle intéresse l'humanité et la société entière. Le conseil général porte continuellement sa sollicitude sur un objet de cette importance, mais il ne peut seconder ses vues que par le concours de ses concitoyens. Une première souscription volontaire avait été faite, elle se portait à 9,000 livres. Ces secours ont été distribués avec toute économie, et ils sont épuisés. Le conseil général en commençant ses séances à la nouvelle maison commune, en a ouvert une seconde que le besoin exigeait ; il est de justice et de principe que le citoyen aisé secoure son semblable. La cherté des denrées ne permet plus à la majorité des ouvriers de vivre sans secours. Eh bien, citoyens, venez concourir à cet acte de bienfaisance. La municipalité ne met pas de bornes à vos dons; l'urgence, la nécessité et votre bienfaisance les détermineront. Elle vous invite à l'imitation du conseil général de vous rendre à la maison commune, de vous inscrire sur le registre actuellement ouvert ou d'envoyer les sommes que vous voudrez sacrifier pour cet acte de bienfaisance. La municipalité convaincue du civisme de ses compatriotes, de leur humanité et générosité, a cru qu'une invitation pure et simple était un titre plus puissant pour réclamer qu'un répartiment fait par elle sur tous les citoyens. »

12, 13 et 14 mars. — Assemblée dans l'église du collége pour le tirage au sort, par suite du recrutement ordonné par la loi du 24 février pour la levée de 300,000 hommes. Le contingent de la commune de Thiers est de 174 hommes, mais comme il y a eu 18 enrôlements volontaires, le nombre d'hommes à fournir reste réduit à 156. Dans ce chiffre des conscrits désignés soldats de la patrie « par la voie du sort » figurent 48 couteliers.

24 mars. — « Un membre du conseil général a dit : Les subsides sont l'âme de la République et le nerf de la guerre. Tout Français doit s'empresser de payer sa part contributive des impôts sans retard. En conséquence, il a proposé de n'accorder aucun certificat de civisme ni passeport sans que le particulier réclamant ne rapporte sa quittance des contributions et sa patente. » — Ce qui est adopté.

« Un membre a proposé que dans la circonstance où les ennemis du bien public font leurs derniers efforts pour troubler l'ordre et la tranquillité, la commune de Thiers fasse fabriquer 50 piques. Il a fondé cette fabrication sur l'urgence, sur l'exemple frappant que 500 hommes de cette commune se sont rendus à Vollore pour y remettre l'ordre et la tranquillité, et faire rentrer les factieux dans le devoir, qu'ils avaient avec eux toutes les armes de la commune; et que si pareille circonstance pouvait encore se présenter, la ville de Thiers aurait dans son sein des armes pour suppléer à celles qui manqueraient. » — Ce qui est adopté.

» Un autre membre a dit : Les communes au midi de la nôtre sont fanatisées. Ennemies du bien public, elles le sont de la tranquillité. La garde nationale de cette ville a marché contre Vollore, elle les a contraint et fait rentrer dans le devoir. Ne serait-il pas à craindre que ces communes par suite de leur égarement ne se liguassent contre nous? Les habitants de ces communes sont en grand nombre, ils ont des armes, et en les désarmant ils n'ont plus de forces. — Il a été arrêté qu'il serait fait une pétition au département pour l'inviter de prendre en considération le désarmement des communes au midi de la nôtre qui *lui* paraissent suspectes. »

30 mars. — « Nomination de deux commissaires pour aller à Saint-Etienne faire achat de 200 fusils pour la garde nationale. »

1ᵉʳ avril. — « Fixation du prix du pain, savoir: le pain bis à 4 sols 9 deniers la livre, poids de marc, le pain blanc à 7 sols 6 deniers la livre même poids. »

15 avril. — « L'augmentation dans le prix des grains

a de nouveau attiré l'attention du conseil général pour fixer le prix du pain, sur le rapport des pancartes à la forme ordinaire le prix du pain a été fixé à 5 sols 6 deniers la livre, à condition qu'il sera de meilleure qualité que le pain bis ordinaire. »

17 avril. — « Envoi de commissaires à Clermont pour y retirer les grains accordés par le département. »

21 avril. — « Envoi de commissaires à Vialle pour acheter 200 septiers de bled. »

— « Une lettre du conseil général de la commune de Clermont adressée au conseil général de cette commune a été lue. Elle contient invitation expresse de décacheter les lettres qui arrivent expressément de l'étranger ou des autres parties de l'empire pour déjouer les projets des malveillants et tous autres, si déjà cette précaution n'a été prise. Le conseil général ferme dans les principes qui tendront au bien de la République, ne recevant d'autre impulsion que celle de la vérité et de la justice, considérant que le danger de la patrie occasionné par la trahison du traitre Dumouriez exige de grandes précautions, qu'il est urgent de les prendre par toutes les voies qui sont au pouvoir des autorités constituées, que déjà la commune de Clermont nous a prévenus que par l'ouverture des lettres adressées aux gens reconnus suspects, on est parvenu à découvrir des trames singulièrement nuisibles; arrête : que les lettres qui arriveront en cette ville seront examinées par les commissaires qui seront nommés à cet effet, que celles qui leur paraîtront suspectes seront ouvertes, et que dans le cas où elles seraient reconnues avoir pour objet de troubler l'ordre, elles seront envoyées au département; au cas contraire, recachetées sous le cachet de la commune. Arrête de plus que le bureau de la revue des lettres sera composé de 9 membres dont trois pris dans la municipalité et six dans l'ordre du tableau des membres du conseil général. »

— « Un membre a exposé que le citoyen Pierre Courbi-Joubert, négociant de cette commune sous la raison de commerce de veuve Joubert et Courbi, a fait l'entreprise d'une fourniture considérable de sabres pour la République, qu'il est saisi d'un marché signé Beurnonville, ministre de la guerre, adopté par la commission des armes, qui donne la certitude la plus positive que led. citoyen Courbi ne peut être suspecté d'une mauvaise intention quelconque; qu'il est vrai qu'à la poignée des sabres est adaptée une fleur de lys, réputée les armes du tyran de la France; qu'il en est résulté des soupçons d'une intention contraire au bien public; que les citoyens commissaires de la Convention nationale à Lyon, informés que led. Courbi était occupé à la fabrication de sabres dont la poignée était revêtue d'une fleur de lys, avaient chargé la municipalité de cette commune de faire arrêter le citoyen Courbi et conduire dans la maison d'arrêt de la ville de Lyon; que les ordres des citoyens commissaires ont été exécutés avec autant de promptitude que de *sûreté ;* que le citoyen Courbi ayant convaincu les commissaires de la convention de son innocence, il a obtenu sa liberté en donnant caution et certificat de caution à quoi il a satisfait; que son frère s'étant rendu à Paris, en est revenu avec des pièces de conviction que le citoyen Courbi-Joubert faisait fabriquer des sabres pour le compte de la République, que le modèle de la poignée desd. sabres était une fleur de lys, et qu'il lui avait été expressément recommandé de se conformer à ce modèle; que toutes ces pièces ont été remises aux citoyens commissaires de la Convention qui ont donné de nouveaux ordres à la municipalité pour faire traduire le citoyen Courbi au Comité de sûreté générale à Paris; que ces ordres ont été mis à exécution; que malgré les précautions prises et le plus grand secret, il n'a pas été possible de s'assurer de la personne du citoyen Courbi; et a demandé (ledit membre) que le conseil général eut à délibérer.

» R. — Le conseil général rappelle l'attestation satisfaisante et fondée sur la vérité par lui adressée aux citoyens commissaires de la Convention à Lyon, lors de la détention du citoyen Courbi dans la maison d'arrêt à Lyon. Il appelle sur la tête des coupables le glaive de la loi; mais il invoque aussi cette justice si nécessaire pour l'ordre et la paix et qui ne se refuse jamais à l'innocence. Le conduite du citoyen Courbi nous est connue. Tous ses concitoyens en rendront témoignage. Son civisme ne s'est jamais démenti. Zélé républicain, il a plus d'une fois élevé la voix pour démasquer l'hypocrisie. Plus de six cents ouvriers sont occupés à la fabrication des sabres. C'est au vu et au su du public qu'il a présidé à cette fabrication; il l'a communiquée à qui a voulu l'entendre. Une multitude d'ouvriers tant à Paris qu'à Lyon sont occupés à fondre les poignées pour les sabres. Nulles précautions n'ont été prises pour en faire un mystère. Les ouvriers fondeurs ont des marchés écrits et signés. Des commissionnaires tant à Paris qu'à Lyon sont chargés de recevoir des ouvriers et d'envoyer directement au citoyen Courbi. Est-ce ainsi que se conduit celui qui entre dans une conspiration, et qui partage les projets d'asservir sa patrie et de fournir des armes contre elle? Non! ses juges réuniront toutes les circonstances qui constituent la loyauté et la bonne foi pour décider de son sort. La présomption vient toujours *écheoir* contre des preuves certaines. Des précautions toujours nécessaires dans des moments de crises ne forment pas le corps du délit; l'innocent n'en est pas moins innocent. Nous devons veiller, oui, sans cesse! rien ne doit échapper à l'examen le plus scrupuleux des autorités constituées. Elles se hâteront de punir les prévarications, elles se hâteront aussi de rendre à la société le citoyen qui en est digne. Le citoyen Courbi a fui! où est-il? nous ne pouvons le dire, nous l'ignorons. Mais faut-il en conclure qu'il est coupable! non! qu'il est pusillanime, oui! La crainte est si naturelle à l'homme, même le plus innocent, qu'il ne faut pas s'étonner si d'abord il cherche à s'échapper, dans cette intime conviction que pleinement justifié par des pièces non équivoques, il peut être également entendu. Le citoyen Courbi a abandonné son commerce. Une plus longue absence assure la ruine de sa maison. Sa femme et ses enfants réclament qu'il soit rendu à ses affaires. L'intérêt même de la République le commande, puisque la fabrication des sabres est interrompue et que les

Français ne demandent que des armes pour aller au-devant des ennemis. S'il est coupable, qu'il soit jugé avec toute la rigueur que commande le crime! S'il est sans reproches, et nous le croyons, puisse notre aveu accélérer le jour de sa liberté et la satisfaction qu'éprouvent les âmes justes et sensibles à voir finir les peines de l'innocent!

» Le patriotisme de cette ville est connu. Qui croira que dans son sein il existât un seul citoyen qui, dans le doute seulement, voulut laver son ami ou son parent, s'il pouvait le croire coupable d'un complot, d'une trame contre la liberté? Armée continuellement pour arrêter les progrès du fanatisme, se prêterait-elle à favoriser les malveillants? Est-il une arme dans la République où ne se trouvent des enfants de nos concitoyens, des pères même! Pouvons-nous faire tout ce qui est en notre pouvoir pour faire triompher la cause de la liberté, et craindre de voir sans succès les témoignages que nous rendons à la vérité! En qui auront donc confiance nos représentants, s'ils rejettent les éclaircissements donnés par ceux qui ont juré de vivre libres ou de mourir, et qui tous les jours courent où s'exécute un serment si sacré! »

« Le conseil général arrête: que des expéditions de la présente délibération en nombre nécessaire seront envoyées et remises ainsi que besoin sera, pour donner une idée exacte de la conduite du citoyen Courbi-Joubert, et accélérer la décision définitive que sa position douloureuse sollicite vivement »....

Nous retrouvons le nom de Courbi-Joubert parmi les

membres du conseil général présents à la séance du 6 juin suivant. Ce qui nous démontre que le chaleureux plaidoyer de la commune en sa faveur finit par écarter la terrible mais incroyable accusation qui pesait sur lui.

23 avril. — « Un membre du conseil général ayant demandé la parole, a dit : Votre ville a des besoins si pressants, sa disette est si grande, vous avez si peu de ressources, qu'il ne vous reste qu'un seul moyen, celui de recourir à la Convention nationale, de lui peindre l'état indigent qui règne dans nos murs, le peu de ressources pour nos subsistances, et de demander un secours en bled ou en argent de 150,000 livres. » — Proposition adoptée.

28 avril. — Formation d'un comité des subsistances composé de 4 membres, chargé « de régir et administrer les grains de la commune, de les vendre et débiter suivant les instructions qui lui seront données, de faire les achats nécessaires sauf à donner connaissance des marchés qu'il aura conclus, et de tenir registre d'achats et de vente. »

1ᵉʳ mai. — « Nomination de 2 commissaires par chaque quartier pour faire le recensement des indigents, et pour fournir le tableau du nombre de familles de chaque quartier par maris, femmes et enfants, dont l'industrie et le travail sont insuffisants pour fournir aux premiers besoins et pour déterminer cette insuffisance par chaque jour.

« Un membre a observé que pour subvenir à fournir ce secours, la commune n'a rien de disponible, que ses ressources sont entièrement épuisées, qu'il est important en politique comme en morale de former un rolle qui frappera sur tous les citoyens ayant de l'aisance ; que déjà la Commune a fait différentes proclamations et que peu ou point de citoyens ont fait de souscription volontaire. Que dès-lors la totalité de cette charge retombe entièrement sur les membres de la Commune ; qu'il convient de demander au Département que le rolle qui sera fait pour subvenir aux besoins des indigens soit rendu exécutoire et mis en recouvrement ; qu'il n'y a que ce seul moyen pour ramener la tranquillité.

» Le conseil général a adopté cette mesure comme étant la seule qui convienne dans le moment. Il est arrêté que par une proclamation qui sera faite demain, on préviendra les citoyens de la disette qui règne dans nos murs, des causes de cette disette par la cessation du commerce et le haut prix des denrées, qu'ils seront invités de se rendre à la Commune dans la huitaine pour y faire une souscription volontaire, et que, faute par eux d'y venir, le conseil général déterminera leur contingent à la majorité absolue des suffrages en proportion de leurs facultés, toujours et de manière que le maximum de la cotisation ne puisse excéder 800 livres. »

Un membre a dit : « Le travail à exécuter pour les secours accordés aux familles des volontaires qui sont au service de la République mérite d'être pris en considération. Le seul moyen d'encourager les braves défenseurs de la patrie est de procurer ce secours à leurs familles. » En conséquence, le conseil nomme 2 commissaires pour dresser la liste de ces familles.

5 mai. — Le nombre des membres du comité des subsistances est augmenté de 2. Le pain blanc taxé à 8 sous la livre, poids de marc, et le pain bis à 5 sols 6 deniers la livre, même poids.

14 mai. — Promulgation de la loi enjoignant aux particuliers de faire la déclaration de leurs grains.

20 mai. — « Ont comparu au conseil général les citoyens Jean Lhéraud, Jean Granetias et Benoît Marchadier qui ont dit que leurs camarades d'armes étant partis ce matin pour aller combattre les rebelles de la Vendée, ils croyaient de leur devoir de se réunir à eux pour repousser et détruire un attroupement qui semble menacer la République, que tout bon citoyen se doit à sa patrie et ne saurait voir menacer sa liberté sans un mouvement d'indignation. Ils demandent que la municipalité leur permette de se rendre à l'instant près de leurs camarades en la ville de Clermont. » — Permission qui leur est accordée avec acclamations.

29 mai. — « Séance extraordinaire et publique du conseil général tenue à 1 heure après minuit. — En présence du citoyen Besse, administrateur du département, des administrateurs du district « et d'un très-grand nombre de citoyens patriotes. »

« Le citoyen Besse a fait part des troubles qui se sont manifestés dans le département de la Lozère et qui sembleraient menacer notre liberté s'il n'était apporté un prompt remède. Il a fait part des différentes réquisitions qui ont été faites au département, et a remis sur le bureau l'arrêté qui a été pris le 28 de ce mois, portant qu'il sera envoyé au secours des patriotes du Cantal et de la Corrèze mille hommes, lesquels seront pris parmi les gardes nationaux armés et équipés des districts de Clermont, Riom, Issoire, Billom et Thiers, qu'il serait nommé des commissaires pris dans le sein du département pour aller requérir le plus grand nome gardes nationaux et user de la voie de l'inscription volontaire après avoir fait assembler sous les armes les gardes nationales.

» Les autorités constituées réunies, vivement affectées des troubles qui se sont manifestés dans le département de la Lozère, considérant que l'arrêté pris par le département du Puy-de-Dôme étant le vœu unanime, il ne saurait éprouver la plus légère difficulté; qu'il convient de le mettre de suite à exécution ; l'assemblée arrête : Qu'à l'instant la garde nationale sera requise et réunie sur la place de la Liberté, pour user d'abord de la voie de l'inscription volontaire pour le nombre des citoyens que cette commune devra fournir, eu égard à celui qu'elle a déjà fourni et à sa situation qui ne lui permet pas de se dégarnir entièrement d'hommes.

» Aussitôt les tambours de la garde nationale ont été mandés; il leur a été donné des ordres de battre la générale dans les différents quartiers de la ville; ce qui a été exécuté de suite, et les différents chefs de la garde nationale présents ont été invités d'employer leur zèle ordinaire pour sa réunion.

» Un membre ayant demandé la parole, a dit : La République a dans son sein des hommes ennemis de la Révolution ; partout ils se montrent dès qu'ils en trouvent l'occasion. Le soulèvement de la Lozère nous en donne l'exemple. En ce cas il est aussi urgent que prudent de mettre les personnes suspectes en état d'arrestation. L'assemblée, délibérant, arrête : 1°. Que les personnes suspectes seront mises en état d'arrestation ; 2°. que pour connaître ces personnes suspectes, il y aura un comité secret composé de 7 membres qui présentera à l'assemblée la liste des citoyens qu'il croira suspects ; 3°. que les membres de ce comité seront pris indistinctement parmi tous les citoyens de cette commune, que le choix en sera fait par la voie du scrutin à la pluralité relative. » Cette nomination a lieu immédiatement.

» On s'est occupé de suite de la délibération première. L'assemblée a choisi 8 citoyens pour accompagner le commissaire du département à la place de la Liberté où la garde nationale est actuellement sous les armes.

» Le commissaire, membre du département, et ceux de la commune se sont rendus au lieu indiqué. De retour le citoyen Madieu a dit : Que les 3 bataillons de la garde nationale, dont le civisme est pur, brûlent d'aller combattre les rebelles de la Lozère ; que les trois compagnies de grenadiers ont émis leur vœu pour partir sans se séparer ; que dès-lors, il convient seulement de prendre une mesure qui puisse s'accorder avec les intérêts généraux de la République et ceux des particuliers en calculant le nombre de forces en proportion de celles qui seront jugées nécessaires dans cette commune, et de fixer le nombre d'hommes qui devront partir, afin de se conserver une force suffisante et importante dans cette cité.

» La motion mise aux voix, l'assemblée considérant : que, si elle doit des éloges à la garde nationale sur son zèle et son civisme, il lui convient aussi de connaître absolument son vœu ; de *leur* représenter s'il ne conviendrait pas pour la sûreté de tous de prendre des hommes moitié dans les grenadiers, moitié dans les chasseurs, et de désigner ce nombre avec les égards dus aux pères chargés de famille dont le travail est absolument nécessaire à leurs enfants ; arrête : que les trois compagnies de grenadiers seront invitées de se rendre sur la place des Barres à l'heure présente ; que les mêmes commissaires se rendront de suite près des compagnies pour, d'abord, leur voter des remerciements sur leur zèle, leur civisme et leur empressement à voler au secours de leurs frères de la Lozère, et en même temps leur représenter s'il ne conviendrait pas mieux pour le bien de tous de ne prendre qu'un nombre de ces compagnies dans ceux des citoyens aisés dont le travail n'est pas de nécessité absolue pour leur famille, et de laisser les autres dans *leurs* foyers pour faire tout le service qui est nécessité : que s'ils voulaient adopter ce parti, l'assemblée, eu égard aux circonstances de localité dans lesquelles la commune se trouve, fixerait le nombre à 100 hommes, dont 50 seraient pris dans les grenadiers, et pareil nombre dans les compagnies de chasseurs, et que les compagnies seraient encore maîtresses de désigner.

« Les commissaires sont sortis pour porter ce vœu à ces compagnies.

» Un membre a fait la motion expresse que, par défaut d'armes et par la difficulté et même l'impossibilité de s'en procurer, il soit fait de suite une fabrication de 100 piques pour armer ceux des citoyens qui ne le sont pas. » — Ce qui est adopté.

» Les commissaires de retour ont dit : Que le même empressement de voler à la *défense de nos ennemis* règne toujours dans la garde nationale, mais que la majorité ou presque totalité des grenadiers et chasseurs étant pères de nombreuses familles, avec ateliers, manufactures ou commerces, tous vivifiants la classe nombreuse d'ouvriers, il convenait de prendre des précautions pour qu'il en restât un certain nombre, et que les forces fussent divisées de manière à en laisser de suffisantes dans nos murs pour faire respecter les ordres de nos autorités constituées et pour contenir au-dehors les factieux qui pourraient nous menacer. Les compagnies ont demandé d'être introduites dans le lieu des séances, et le conseil général y a adhéré. Différentes motions ont été faites ; elles ont entraîné beaucoup d'amendements toujours pour le bien et avantage de tous, et la matinée s'est passée à trouver un mode qui put être utile à la République sans nuire trop fort aux intérêts de la cité.

» Sur ces différentes propositions, avant de les résoudre, on a voulu connaître le nombre des garçons. Les listes bien exactes ont été rapportées par les capitaines des compagnies, et recensement fait d'icelles, le nombre total des garçons s'est élevé à 52. Il a été reconnu que dans ce nombre une moitié était incapable de servir, et que l'autre moitié n'avait que la bonne volonté sans aucune tactique militaire et était hors d'état dans le moment présent de faire le service. Quoique la commune eût acquis la certitude qu'il restait peu d'hommes dans ses murs, elle ne croyait pas à une si grande pénurie. Mais la grande quantité d'hommes partis, soit pour les troupes de ligne, soit pour les bataillons de volontaires, soit pour marcher contre les rebelles de la Vendée, soit enfin par le fait des remplacements pour les communes environnantes lui ont fait connaître son petit nombre d'hommes et sa pénurie occasionnée par un excès de patriotisme.

« De ce travail devait résulter la décision du parti à prendre pour les forces à fournir pour la Lozère. Mais l'insuffisance ayant été reconnue pour le nombre d'hommes à donner, tous les amendements ont été écartés par là. Les membres étant écrasés de fatigue, et attendu qu'il est 10 heures du soir, l'impossibilité de pouvoir rien décider sans avoir le vœu général ; la séance a été levée et remise au lendemain à cinq heures du matin. »

31 mai, 5 heures du matin. — « Il a été fait lecture du procès-verbal de la séance d'hier, et on a repris le travail pour le nombre d'hommes à fournir pour le département de la Lozère. Un membre a dit : Le nombre de 100 hommes à fournir pour votre contingent dépasse vos forces, mais vous les avez votés, vous les avez promis, et il faut tenir votre parole. Quoique vous soyez

dans une ville à la chûte de toutes les montagnes, que sa population immense exige pour sa tranquillité la résidence et le non départ de ce qui vous reste en hommes, et que le dehors exige de même une force imposante, il faut aller au plus pressé pour empêcher de propager le mal; vous armerez vos vétérans, vous les engagerez à faire le service, et, avec ce secours, vous vous maintiendrez encore. — Cette motion étant le vœu général a été adoptée à l'unanimité dans la circonstance.

« Ensuite un membre a dit : Je suis porteur du vœu des 3 compagnies de grenadiers : ils sentent comme vous les inconvénients qu'il y a de faire partir les pères de famille, les chefs d'ateliers, les hommes sans facultés; mais les compagnies ne veulent point se diviser; elles se connaissent, elles ont l'assurance de leur activité et de la précision de leur service, tandis que s'il était procédé par désignation, la force armée serait incomplette et incapable de manœuvrer. — Le même membre a proposé qu'il fût pris la moitié des grenadiers en commençant d'abord par une compagnie entière, ensuite la moitié d'une autre compagnie, et, pour établir l'égalité, que les 3 capitaines tirassent au sort laquelle des trois partirait en totalité et celle qui serait divisée par moitié; que celle qui serait divisée se partageât ensuite par un nombre égal par la voie du sort, que le tirage par le sort des compagnies fixât celle des bataillons; que cette opération faite et le nombre connu, on prît dans les compagnies de chacun des bataillons qui partiront en même proportion le nombre des chasseurs qui manquera pour compléter le nombre de 100 hommes ; que ceux qui partiront étant presque tous chefs d'ateliers ou pères de famille, dont la présence et les secours sont journellement nécessaires à leurs familles, leur campagne ne fût que d'un mois, mais qu'à l'expiration de ce terme, l'autre moitié des grenadiers restant par le sort et le complément des chasseurs pris dans l'autre moitié des bataillons se rendissent dans la Lozère pour remplacer les partants et les renvoyer dans leurs foyers.

» Les officiers des grenadiers et l'état-major se sont présentés et ont dit : Qu'ils avaient obtenu le vœu de leurs camarades pour les commander, mais que leur service étant extérieur, ils voulaient rentrer dans la classe des grenadiers. La motion a reçu l'assentiment général et a été adoptée à l'unanimité ; et il a été voté des éloges aux commandants et officiers de la garde nationale sur leur désintéressement et sur les principes d'égalité qu'ils établissent si ostensiblement.

» Aussitôt les citoyens Tourraud, capitaine des grenadiers du bataillon de la Porte-Neuve, Tissot, capitaine des grenadiers du bataillon du Bourg, et Dufaud, capitaine des grenadiers du bataillon de la Mallorie, se sont présentés au bureau pour déterminer le sort. Ils ont fixé également l'ordre du tirage entr'eux ; et, ayant roulé trois billets, sur l'un desquels était écrit ce mot : *partant*, sur l'autre ce mot : *restant*, et sur l'autre ces mots : *se divisant*, ces trois billets ainsi roulés et mis dans un chapeau en ont été retirés par les trois citoyens capitaines dans l'ordre qu'ils avaient déterminé pour le tirage. Le citoyen Tourraud a obtenu le billet *par-*

tant, le citoyen Dufaud celui *se divisant*, et le citoyen Tissot celui *restant* : ce qui a terminé l'opération.

» Le citoyen Tourraud s'est retiré pour en prévenir sa compagnie et prendre la liste du nombre de grenadiers qui la composent. Le citoyen Dufaud s'est retiré pour semblable opération, c'est-à-dire, pour prévenir sa compagnie, la faire diviser en deux parties égales et en rapporter pareillement la liste ; et le citoyen Tissot s'est pareillement retiré pour aller annoncer à sa compagnie que son départ était renvoyé par le sort à un mois de délai pour relever ceux qui partaient dans ce moment-ci.

» En attendant l'apport des listes pour connaître le nombre des grenadiers, on a fait la liste des chasseurs en état de porter les armes dans les bataillons des compagnies de grenadiers partantes, et cette liste a été faite scrupuleusement.

» Le citoyen Tourraud étant revenu a remis à l'assemblée la liste des hommes partants de sa compagnie dont le nombre s'élève à 52 ; le citoyen Dufaud a remis la liste des hommes partants de sa compagnie dont le nombre s'élève à 25, ce qui forme un total de 77 hommes. Pour complętter le nombre de 100 hommes promis, il a été arrêté qu'il serait désigné 25 chasseurs, ce qui fera 2 hommes en sus de ce nombre pour servir en remplacement dans le cas où il se trouverait dans les 2 corps partants quelque citoyen malade ; on s'est occupé de suite de la désignation, et les 25 citoyens (dont les noms sont enrégistrés) ont obtenu la majorité des suffrages. Il a été arrêté que ces citoyens seraient prévenus à l'instant de se tenir prêts à partir samedi prochain à 4 heures du matin ; et de suite le bureau municipal s'est occupé des avertissements à donner aux hommes désignés. »

31 mai. — « Les autorités constituées réunies, considérant que les femmes et enfants des citoyens partants qui sont sans facultés doivent trouver une rétribution même supérieure au gain journalier de ces citoyens, arrêtent : Qu'il sera nommé à l'instant 4 commissaires pour se rendre chez les citoyens partants pour la Lozère, afin de prendre les noms des femmes et des enfants dans le cas de recevoir une indemnité en raison de la perte de la journée du mari, et de faire toutes les observations qui seront jugées nécessaires et utiles pour la distribution de ces secours ; 2°. qu'il sera payé à une femme avec un seul enfant en bas âge 25 sols par jour, avec 2 enfants, 35 sols, avec 3, 42 sols, avec 4, 47 sols, avec 5, 50 sols, avec 6, 57 sols, et au-dessus de ce nombre 5 sols par chaque enfant.

» Sur une réclamation de grenadiers partants pour la Lozère, que quelques-uns n'ont pas paru à la parade, il est arrêté qu'ordre sera donné à tous de se tenir prêts à partir demain matin à 4 heures sous peine contre les absents ou retardataires d'être conduits de brigade en brigade. »

2 juin. — Le conseil décide qu'on écrira sur-le-champ au département pour lui représenter la disette dont la ville est menacée, vu que Maringues n'envoie plus de grains à nos marchés, et que Lezoux refuse qu'on s'ap-

provisionne chez lui; « et lui dire que la famine est prête à éclater s'il ne prend un parti. »

4 juin. — Séance extraordinaire du district et du conseil général réunis.

La séance ouverte, le citoyen Maire a dit : « Citoyens, instruit que peu de grains arrivent au marché, instruit que les acheteurs y sont en grand nombre, craignant dès lors qu'il pourrait en résulter des inconvénients, présumant que vous avez des mesures très-importantes à prendre, j'ai cru devoir convoquer et le directoire du district et le conseil général de la commune. »

Un membre a dit : « Avant de nous occuper d'aucunes mesures, je propose que nous allions au marché, et notre présence y sera assurément nécessaire pour contenir les esprits. Beaucoup de citoyens, privés de grains depuis plusieurs marchés, sont en alarmes et murmurent hautement. En même temps vous constaterez les grains qui vous sont apportés. »

« L'assemblée s'est en conséquence rendue au marché au bled; elle a été frappée de la grande quantité de citoyens qui l'assiégeaient et du peu de grains qui s'y trouvaient. Il ne s'est trouvé en effet au marché que 26 septiers de tous grains, dont 6 septiers conduits par le citoyen Brifaud, et 20 septiers par le citoyen Courcon, l'un et l'autre bladiers de cette ville, et il a été vérifié par aperçu que l'on pouvait porter au moins à 700 le nombre des personnes réclamant du bled.

» Considérant qu'il est de toute impossibilité de renvoyer tous les réclamants sans grains, que cependant si l'on ouvrait le grenier de la ville, il serait épuisé dans un seul jour; l'assemblée arrête : qu'il sera porté des grains du grenier de la commune au marché, mais qu'il n'en sera délivré qu'un seul quarton à chaque individu.

» Cette mesure a été exécutée; et on a inscrit chacun de ceux qui ont reçu des grains pour éviter une double distribution.

» Le marché fini, l'assemblée est revenue à la maison commune, et le citoyen Maire a proposé de prendre des mesures pour les marchés prochains.

» Un membre a dit : « Vous n'avez pas un instant à perdre. Depuis la loi sur la taxe des grains, vous avez vu vos marchés décroître de la manière la plus affligeante. En voici trois où les bladiers n'ont apporté que très-peu de grains. Si vous avez arrêté et les clameurs et les mouvements, ce n'a été que par des promesses et par l'ouverture de votre grenier. Ces ressources vous échappent, vos promesses ne se réalisent pas, votre grenier sera bientôt épuisé. Vous n'avez pas seulement à pourvoir votre cité : toute la montagne, toute la varenne viennent également à votre marché; vous l'avez vu aujourd'hui d'une manière très-positive; encore si les prochains marchés étaient mieux fournis, auriez-vous quelque espérance! mais il est de fait que les citoyens des alentours sont repoussés. Je demande que vous recouriez à l'administration supérieure et que vous l'appeliez à votre secours. »

« L'assemblée, considérant que depuis un mois les marchés de cette ville ne sont approvisionnés que par les bleds du grenier de la commune, qu'il ne reste plus dans ce grenier, y compris les achats de la ville, qu'une quantité de 500 septiers de bled, que cependant la population immense de la commune de Thiers et des communes environnantes exige une grande quantité de grains, que toutes les communes de la montagne et de la varenne viennent également s'approvisionner à notre marché, que l'expérience prouve que 200 septiers de grains suffiront à peine pour chaque marché; charge les citoyens Madieu et Goninfaure de se rendre sur le champ près de l'administration du département, de lui représenter l'état de détresse où se trouvent la commune de Thiers et celles qui l'environnent, d'en solliciter les secours les plus prompts, et de lui exposer que si cette disette continue tout fait craindre un mouvement, d'autant plus difficile à réprimer qu'il est impossible de répondre à des hommes qui demandent du pain. »

5 juin. — Séance du corps municipal. — « Est entré le citoyen Petit, administrateur au département du Puy-de-Dôme et commissaire pour le recensement des grains. Il a mis sur le bureau sa commission qui a été vérifiée et de suite il a requis le recensement des grains dans cette ville. Le citoyen Maire a dit : « La ville de Thiers n'étant qu'une ville de fabrique n'a absolument aucuns grains. Il a été fait une visite exacte et elle n'a produit qu'une pénurie à un degré incroyable. » En conséquence de la requisition du commissaire du département, des commissaires ont été nommés sur le champ pour le recensement requis par le citoyen Petit.

« — La pénurie des grains exige l'économie la plus sévère. Le corps municipal arrête : qu'il ne sera fait qu'une seule qualité de pain de toute farine, sous peine de l'amende. »

6 juin. — Id. — « Un membre a dit : « Les comestibles haussent chaque jour. Cette hausse provient des accaparements. Vous avez prêché, vous avez proclamé et affiché, et aucune de ces mesures n'a rien produit, il convient de faire une dernière proclamation. » — Le corps municipal considérant qu'au mépris des lois et des ordonnances un grand nombre de citoyens se permettent d'accaparer les œufs, le beurre et le fromage pour en faire commerce, interdit à tous les citoyens de la commune la revente de ces comestibles de première nécessité à peine de confiscation et d'amende. Liberté entière du commerce du fromage de Roche, forme du Cantal, Gruyère et autres fromages étrangers. Sont exceptés de la prohibition les marchands forains et les propriétaires. »

Dans la séance du conseil général du même jour, la question des subsistances qui est constamment à l'ordre du jour, occupe les membres. On nomme les citoyens Bodiment, Pignat cadet et Courcon, commissaires à l'effet d'aller dans le département « et même hors de son enceinte, » acheter le plus de bleds possible. De plus, afin d'attirer les bleds aux marchés, il est arrêté « qu'il sera accordé, à titre d'indemnité, une prime à tous les bladiers qui conduiront des grains en cette ville, à la charge toutefois que lesd. grains ne pourront être vendus qu'au taux fixé par le département. »

8 juin. — « Le conseil général en persistant dans son arrêté portant qu'il ne sera fait qu'une seule qualité de pain connu sous le nom de pain bis, en fixe le prix à 5 sols 3 deniers la livre. »

10 juin. — Séance des autorités constituées. — Un membre a dit : « Depuis hier soir seulement l'entrepreneur des étapes de cette commune a été prévenu du passage par cette ville avec séjour du 7e bataillon de Saône-et-Loire, venant de Charolles pour se rendre à Niort. L'état de pénurie dans lequel nous nous trouvons à l'égard des subsistances présente la cruelle certitude que ces citoyens défenseurs de la patrie ne trouveront ny le pain ny la viande qui leur seront nécessaires ; qu'autant pour ces soldats de la République, que pour ne pas augmenter le désespoir de nos malheureux citoyens, qui verraient de plus près s'approcher une famine qu'ils redoutent avec trop de certitude, il est indispensable de prendre des mesures pour éviter aux suites fâcheuses que présente la position où nous nous trouvons.

» Les autorités constituées arrêtent : qu'à l'arrivée du bataillon, il lui sera envoyé sur la Place d'armes des commissaires pris dans le sein de la commune, qui s'adjoindront les administrateurs du district, pour lui représenter la disette des subsistances dans laquelle nous nous trouvons et l'impossibilité de fournir au bataillon pour le jour de demain.

» Les commissaires nommés, le conseil général a été prévenu de l'arrivée du bataillon. Les commissaires se sont rendus à la Place d'armes. De retour, ils ont rapporté que, de concert avec les citoyens administrateurs du district, ils ont fait au bataillon le tableau de notre pénurie. Il a senti la trop cruelle vérité de nos besoins et de notre impossibilité de lui fournir des vivres pour demain. Il a seulement demandé le plus grand nombre possible de voitures et de chevaux, attendu qu'il est très-fatigué et a réellement besoin de repos. Il a pris l'engagement de partir demain matin, bien convaincu que le séjour lui sera accordé à Clermont-Ferrand.

» Les autorités constituées, pénétrées de reconnaissance du bon procédé du bataillon, arrêtent de le consigner dans le registre, qu'en outre il sera fourni toutes les voitures et chevaux de selle qui se trouveront dans la commune de Thiers et dans les communes voisines. Les commissaires ont aussi rapporté que les citoyens administrateurs avaient députés de leurs collègues à ezoux et à Courpière pour ordonner aux voitures et aux chevaux qui s'y trouveront de se rendre de suite en cette ville pour être prêts à partir demain. »

12 juin. — Un membre du conseil général a dit : « La rareté des subsistances est au comble; nos habitants manquent de pain. Nous avons envoyé de toutes parts pour chercher des grains, et aucune ressource ne s'est présentée. Il convient de prendre de nouvelles précautions, de se rendre dans les départements de Rhône et Loire pour y faire rechercher des grains et faire des emplettes en ce genre. » Cette mission est donnée aux citoyens Coutaret et Guillemot-Malmenayde.

15 juin. — Le conseil général prend l'arrêté suivant :

« Art. 1er. — Le pain de froment a été fixé à 5 s. 6 d. la livre, le pain de seigle a été fixé à 5 sols. Quant à cette dernière qualité de pain, lorsqu'il en sera distribué par tourte aux gens de la campagne pour suppléer au bled qu'ils n'auront pu se procurer à la halle, ou qu'ils en auront reçu en quantité insuffisante, il sera payé par eux au prix coûtant.

Art. 2. — La maison dite de charité est, dès ce jour, le lieu fixé pour la distribution du pain.

Art. 3. — C'est aussi en ce seul et même local qu'a été fixée provisoirement la manipulation du pain.

Art. 4. — La mouture du bled est suspendue pour quelques jours.

Art. 5. — Il ne sera pas donné du bled aux personnes qui sont seules dans un ménage, ni à celles qui ne sont pas dans le cas ni dans l'usage de cuire, sauf les exceptions qui sont laissées à la sagesse des commissaires.

Art. 6. — Il sera fait de suite, dans le grenier de la commune, un mélange de seigle et de la brechère avec le froment.

Art. 7. — Un quarton de bled étant estimé devoir produire au moins 50 livres de pain, la distribution en sera fixée à raison d'une livre de pain par tête, les enfants au-dessous de 2 ans comptant pour une tête.

Art. 8. — Les commissaires se transporteront chez les personnes douteuses le lendemain de la distribution du bled, pour voir s'il en existe chez elles en pain ou farine, et ils feront de suite à la municipalité rapport des prévarications dont ils auront connaissance. »

17 juin. — « Il sera écrit au citoyen Bonnefoy, négociant à Lyon, pour le prier d'acheter des grains pour la commune. De plus, Farge aîné se rendra aux mêmes fins à Boën et à Feurs. »

18 juin. — « Il a été fait lecture, en conseil général, d'un arrêté pris par le département du Puy-de-Dôme, le 14 de ce mois, qui suspend l'exécution de son arrêté du 16 mai dernier pour la taxe des grains. En conséquence, il a été fait une proclamation aux citoyens pour les prévenir que la commune a fait de grands sacrifices en observant régulièrement la taxe, que ses finances sont dans le plus mauvais état, que la médiocrité du prix quoique très-haut n'est pas au niveau de celui des autres communes, ce qui nécessairement en force la sortie et ne remplit pas les vues qu'on s'était proposé. Et attendu qu'il n'y a aucun marchand de grains venant à notre marché dans ce moment-ci, le conseil général arrête : que la délivrance du bled de la commune est provisoirement fixée à raison de 60 livres le septier, que le prix du pain de froment est fixé à 6 sols la livre et le pain de seigle à 5 sols. »

22 juin. — Séance du conseil général en présence des commissaires « chargés de la distribution des cartes aux citoyens pour recevoir le bled et le pain. »

Il est arrêté « 1°. que tous les particuliers désignés dans les listes des commissaires auraient le droit de continuer à prendre du bled au grenier de la commune comme par le passé, sous les conditions suivantes, savoir : que dès ce jour, 22 juin, le prix du bled du grenier est fixé à 8 livres le quarton pour les indigents et à 12 livres pour les citoyens en état d'acheter au prix courant qui sera fixé chaque jour par le corps municipal pour l'intérêt public; 2°. que le prix du pain sera dès ce jour aussi à 6 sols la livre pour les indigents et à 7 sols pour les gens aisés. »

25 juin. — « Décidé qu'il sera fait achat de 1200 septiers de grains pour le compte de la commune. »

27 juin. — 29 juin. — 50 juin. — Séances du conseil général remplies encore par la discussion des mesures nécessitées par la pénurie des grains et la nomination de commissaires chargés d'aller faire des achats dans les départements voisins. Les mêmes préoccupations remplissent les séances du mois de juillet. On a beau acheter, la famine est toujours là, menaçante. Le 4 août, on décide qu'on fera un appel à la Convention nationale.

6 août. — Lecture au conseil général : « 1°. d'un arrêté pris par les commissaires Dubois-Crancé et Ablitte, députés par la Convention nationale, en date du 25 juillet dernier, portant réquisition à différents départements et en exprès à celui du Puy-de-Dôme, de fournir 2000 hommes pour marcher contre les rebelles de la ville de Lyon; 2°. de l'arrêté du département du 50 de ce mois fixant le contingent du district de Thiers à 500 hommes. »

« Transmis au commandant de la garde nationale pour les faire mettre à exécution. »

7 août. — « Séance extraordinaire des autorités constituées.

» Un membre a dit : qu'il s'agissait d'entendre des citoyens de la commune de Boën, district de Montbrison, département de Rhône-et-Loire, arrivés dans cette ville, qui ont à communiquer des mouvements révolutionnaires qui se sont fait sentir dans le district de Montbrison; que ces citoyens sont logés chez le citoyen Dufaud, à l'Aigle d'Or.

» L'assemblée a décidé de les inviter de se rendre. Deux membres leur ont été envoyés. Revenus avec lesd. citoyens de la commune de Boën, ils ont été introduits dans l'assemblée, et accueillis comme des frères, avec les expressions les plus fortes de les défendre contre l'oppression et les attaques des ennemis de la République une et indivisible. Le silence a succédé.

» Le Procureur syndic a demandé et obtenu la parole. Il a dit : qu'il y avait des mouvements dans le district de Montbrison, que des citoyens armés se portaient les uns contre les autres; qu'il pouvait s'y former un foyer de contre-révolution ; que nous devions nous occuper des moyens d'étouffer ce volcan qui paraissait tenir de la grande conspiration contre la liberté, l'égalité et la République.

» Un membre ensuite a demandé que les citoyens de Boën voulussent donner leurs noms et raconter les faits à leur connaissance. Ils ont déclaré être au nombre de 5, se nommer Raymond, Billon, Murat, Jacquemont et Michaud; être fugitifs de la ville de Boën pour se soustraire à la fureur des hommes armés qui se portaient sur cette ville, n'avoir aucune mission des autorités constituées, mais connaissant le civisme des habitants de Thiers, qu'ils y sont venus chercher retraite et protection.

» Raymond, un d'eux, a demandé et obtenu particulièrement la parole et a dit : « Un foyer de contre-révolution existe à Montbrison, il est soutenu par la ville de Lyon. Il existe dans la ville de Lyon une force armée étrangère; elle a affecté les bons citoyens de la commune de Boën et ceux des communes qui l'entourent. A Boën, le tocsin a sonné; il a sonné aussi dans plus de 60 communes environnantes. Un rassemblement s'est fait au moins de 4 à 5,000 citoyens, qui, dans le plus grand ordre, se sont présentés au devant de la ville de Montbrison, non pour y violer les propriétés et la sûreté des personnes, mais afin de demander les causes et les motifs de la force armée dont disposaient les habitants de Montbrison. A l'approche des citoyens de Boën et des communes circonvoisines, des coups de fusils ont été tirés, même un coup de canon, et un cheval a été tué. Tous ces citoyens se sont de suite dispersés et retirés chacun dans leur foyer. Il est positif, quoiqu'ils ne puissent pas l'attester pour l'avoir vu, que la ville de Lyon a envoyé à celle de Montbrison 600 hommes armés, avec du canon, qui, réunis à ceux qui sont déjà dans cette dernière ville, ont marché sur Boën, y ont pillé plusieurs maisons, les ont incendiées. Dans Boën, il ne reste que les enfants, les femmes et les vieillards. Il ne faut pas douter que les contre-révolutionnaires de ce pays ne soient d'accord avec ceux de la Vendée et des autres départements. »

« Des mouvements d'indignation se sont fait spontanément sentir. Un membre de la commune, après avoir obtenu la parole, a dit : « Nous avons juré de maintenir la République une et indivisible, ou de mourir en combattant pour elle. Nos voisins sont exposés aux fureurs des ennemis de la Constitution républicaine que nous avons acceptée ; nous ne pouvons, sans manquer à nos serments, souffrir qu'ils soient attaqués sans les défendre. Ou la France ne substentera que des hommes libres ou des esclaves. Les uns et les autres ne peuvent plus respirer le même air ; et les hommes libres, sans doute, auront trop d'énergie pour ne pas vaincre les tyrans et leurs satellites. Cependant, citoyens, nous nous devons à l'action ; mais soyons prudents sans insouciance, soyons prêts et inébranlables sans témérité, nous sommes comptables à la République comme à la Convention et à toutes les autorités constituées de nos démarches et de leurs résultats. Je demande que les citoyens de Boën écrivent et signent leur rapport ; qu'ils demeurent parmi nous, et qu'ils y soient traités en frères, sans pouvoir sortir de nos murs ; qu'ils en donnent seulement leur parole jusques à ce que nous ayons des renseignements positifs sur les causes des mouvements qui agitent les citoyens du district de Montbrison ; qu'il soit envoyé 2 commissaires sur les lieux pour y prendre les connaissances qu'ils seront à portée de se procurer ; que nous donnions connaissance à l'administration du département du rapport qui nous est fait, et que nos gardes nationales, en nombre déterminé, soient requises de se porter en avant de la ville de Boën à une distance suffisante pour ne prendre part aux mouvements qu'après des ordres ultérieurs, et agir conformément à ce qui sera arrêté par l'administration du département. Ces mesures me paraissent devoir être adoptées, a dit le membre qui avait la parole. Il faut que les faits avancés soient signés de ceux qui les attestent pour vrais; il faut que leurs personnes, puisqu'ils n'ont pas de mission, nous répondent de la franchise et de la loyauté de notre confiance. Nous en devons compte à la Convention. Il faut que nos démarches provisoires soient connues de l'administration du département : nous ne devons rien faire sans lui en référer. Il faut que nous soyons prêts à nous battre pour la bonne cause; être prêts pour agir, et n'agir que lorsque l'on est régulièrement requis, est tout à la fois obéir à la loi et suivre un zèle qui est inséparable du vrai républicanisme. »

» Un autre membre a demandé que l'on se restreignît aux seules mesures d'envoyer 2 commissaires dans le district de Montbrison, et de faire part du tout à l'administration du département, en y envoyant deux commissaires avec deux des citoyens de Boën.

» Il a été arrêté qu'il serait envoyé 2 commissaires dans le district de Montbrison pour recueillir le plus de renseignements possibles et en faire le rapport au conseil général de la commune; qu'il sera donné avis au département de tout ce qui se passe; que les citoyens de Boën donneront par écrit et signeront leur rapport.

» Lesd. citoyens de Boën en ont pris l'engagement et ont demandé jusqu'à demain pour y satisfaire, attendu qu'il est plus de onze heures du soir et qu'ils ont besoin de repos. L'assemblée a accédé à leur demande. La séance (commencée à 9 h. du s.) a été levée à minuit. »

12 août. — Les administrateurs du district écrivent au conseil général pour lui recommander d'activer le départ pour Lyon des hommes que la commune doit fournir, vu l'urgence. Cette lettre est transmise aux commandants de la garde nationale pour qu'ils fassent droit à sa réquisition. Au 15 août, pas de décision prise encore. Les gardes nationaux ne pouvant s'accorder sur le mode de formation du contingent à fournir, il est décidé qu'une réunion de la garde nationale sans armes aura lieu le dimanche, 18, afin de donner satisfaction à la lettre des représentants et à celle du district.

Dans cette même séance du 15 août, les commissaires chargés du recensement de la population de la ville indiquent que le nombre des habitants de la commune est de 12070 personnes, et le nombre des votants de 2455, chiffres qui sont adoptés par le conseil général.

18 août. — 28 août. — Dans cette période, outre certaines mesures pour l'approvisionnement des grains, les événements de Lyon et surtout la fixation du contingent réclamé à diverses reprises à la commune, occupent le conseil général. On voit que la garde nationale fait un peu la sourde oreille ; et certes tous ces sa-

crifices d'hommes demandés à la ville, ces départs forcés des chefs de famille et d'ateliers, doivent finir par fatiguer nos concitoyens en les épuisant. Il faut cependant bien obéir! Enfin, à la suite d'une réunion de la garde nationale dans l'église du collége, le 27 août, nous trouvons dans la séance du conseil général du 28, une solution à cette question restée ainsi plusieurs jours en suspens.....

« La délibération sur le contingent ayant été ajournée à aujourd'hui, la matière a été mise en délibération; et la discussion a été à peine ouverte, qu'un commissaire du 3e bataillon de la section du Bourg s'est présenté et a dit: « Les grenadiers du 1er bataillon et moitié de ceux du 2e, ont eu la gloire de défendre la patrie lors de l'insurrection de la Lozère; je viens, au nom de ma compagnie, réclamer le avantage. C'est à notre tour de combattre les Voilà notre vœu consigné dans le procès-v nous déposons su le bureau. »

« Sur la lecture qui en a été faite, le comm... du 2e bataillon en a demandé copie pour la communiquer à la division de ce bataillon qui n'avait pas pris part au service de la Lozère. Quelque temps après est entré le citoyen Mazaye, sous-lieutenant de la compagnie qui a également dit que la moitié de sa compagnie ayant eu la gloire de défendre la patrie lors de l'insurrection de la Lozère, il venait au nom de sa compagnie réclamer le même avantage pour la moitié qui n'avait pas marché.

» L'assemblée a applaudi au zèle et au civisme des

grenadiers des 2 compagnies. De concert entre tous les bataillons, il a été arrêté : que dans le cas où le détachement demeurerait plus d'un mois après le départ, il serait relevé par un autre détachement de pareil nombre. Il a été également arrêté par les grenadiers qui forment le contingent qu'ils ne formeront qu'un seul détachement auxiliaire pour marcher contre Lyon, qu'on ne pourra pas les incorporer et qu'ils ne s'incorporeront pas dans un bataillon, et que quand l'expédition de Lyon, la seule pour laquelle ils marchent sera finie, ils se retireront chacun dans leurs foyers, attendu qu'ils sont pères de famille et chefs de fabriques et d'ateliers. »

5 septembre. — Séance extraordinaire des autorités constituées. — 5 heures du matin.

Le style du procès-verbal de cette séance et des [sui]vantes se ressent du trouble et de l'agitation qu'ont [dû je]ter dans les esprits les événements qu'il relate. [Ga]rdons nous garde de dissimuler ses incorrections ! Le style c'est l'homme ; et l'homme de cette époque a bien le temps d'émailler de fleurs de rhétorique les délibérations qu'il lui faut prendre d'urgence ! Nous signalons seulement le fait, afin que le lecteur voyant des phrases saccadées, mal cousues, incomplètes, ne pense point que nous avons mal lu ou mal copié. Ici, comme toujours, nous sommes d'une exactitude scrupuleuse....

« Le Procureur syndic a fait lecture de l'arrêté des représentants du peuple envoyés dans le département de la Haute-Loire et autres, daté du présent mois, qu'il a remis à l'instant sur le bureau, la proclamation des mêmes députés au peuple français. Il a annoncé que l'objet était pressant, qu'il convenait de prendre les mesures les plus actives pour réduire les villes qui s'étaient montrées rebelles à la République et qui avaient osé lever l'étendard de la rébellion.

« S'est aussi présenté à la même séance le citoyen Grégoire Dulac qui nous a dit avoir été chargé par les représentans du peuple avec le citoyen Limet pour faire exécuter l'arrêté des représentants. Il a fait à ce sujet un discours plein d'énergie et de patriotisme qui a obtenu l'applaudissement général, il a représenté ses pouvoirs qui ont été trouvés légaux et qu'il a repris ensuite, il a remis sa réquisition en 14 articles.

» Un membre a obtenu la parole et a dit : Je demande qu'en adoptant toutes les mesures qui vous sont commandées, les autorités constituées se réunissent à l'instant pendant le temps qui sera jugé nécessaire et prescrit par le même arrêté : cette mesure me paraît entièrement sage, nous nous concerterons tous, et l'ouvrage sera bien meilleur. Ce qui est adopté.

» On s'est occupé de mettre l'arrêté à exécution sur le champ. Il a été expédié des commissaires dans la commune de St-Genès, St-Jean et le Moutier pour y faire sonner le tocsin jusqu'à ce que des ordres auront été donnés pour faire cesser la sonnerie.

» De suite on s'est occupé de faire faire la proclamation de l'arrêté des représentans du peuple, quatre commissaires ont été chargés de cette opération, et de suite ils sont sortis avec les tambours de la commune.

» Cette opération finie, on a arrêté que la générale

sera battue dans tous les lieux de la ville, et un ordre a été expédié en conséquence au tambour major pour le faire avec le plus d'appareil possible et pour annoncer que le rassemblement se fera en armes à la place de la Liberté comme le lieu le plus commode.

» Il n'y a que peu ou point de poudre à tirer à la commune. Elle a fait réclamer sans cesse au département et ses promesses ne sont point réalisées ; il est pourtant de la dernière urgence de s'en procurer. Les marchands de notre ville doivent en avoir un peu parce que des défenses leur avaient été intimées. Arrête aussi que de suite il sera fait une vérification chez tous les marchands de cette commune, que les poudres qui y seront seront arrêtées, que la pesée en sera faite, et de suite transférées à la maison commune, sauf le paiement d'icelles, que les balles et plombs seront de même mis en réquisition permanente pour les prendre et retirer aussitôt que les besoins l'exigeront.

» La rareté des subsistances, le manque absolu d'eaux est un empêchement bien grand aux approvisionnements qui sont jugés nécessaires et nécessités par la circonstance. Il faut cependant recourir à des moyens prompts pour nourrir les gardes nationales qui passeront sur notre territoire, pour approvisionner ceux qui partiront de notre cité. Il convient à cet effet de faire une vérification exacte des farines et grains qui se trouveront tant chez les boulangers que chez tous les citoyens de la ville. Il a été arrêté qu'il sera fait un recensement général d'abord des farines des boulangers pour manipuler le pain sur le champ, et ensuite des grains et farines qui pourront se trouver chez les citoyens. 2 commissaires ont été nommés.

» Le citoyen Thinet a été invité de donner les ordres les plus rigoureux pour que les bouchers tuent des viandes en quantité suffisante pour le passage des troupes et pour celles de cette commune à leur départ.

» Une précaution encore moins essentielle était un avertissement individuel aux habitants de la campagne pour qu'ils ne puissent prétexter aucun retard. L'arrêté suivant a été pris : Les commissaires chargés de se rendre dans les différents quartiers de la commune voudront bien opérer uniformément sur le travail qui leur est commandé. Article 1er. Les commissaires prendront l'état de tous les chevaux de trait et de selle qu'ils trouveront dans le quartier qu'ils parcourront, ils les mettront en réquisition pour être prêts à partir à première sommation ; ils leur diront qu'ils ne peuvent être vendus qu'avec un ordre exprès de la commune. Art. 2. Ils retireront les armes qui sont chez les citoyens des campagnes avec la précaution d'en tenir état. Art. 3. Ils verront dans chaque maison le nombre d'hommes aptes au service, ils les mettront en réquisition : ils auront soin de combiner le nombre à fournir dans la population de gens à même de porter les armes et de l'aisance de chacune des maisons laissant tant que faire se pourra le journalier à son atelier d'agriculture. Art. 4. Le nombre d'hommes du quartier de la Rivière est fixé à 15. Art. 5. Les citoyens qui seront requis se rendront demain 4 du présent, 5 heures du matin, à la place de la Liberté, tous armés d'une fourche de fer et autres instruments tranchants. Art. 6. Ils porteront avec eux des vivres pour 4 jours. Art. 7. Chaque maison fournira 3 liasses de paille pour chaque paire de bœufs et de vaches labourans, et les commissaires auront la précaution de requérir un ou plusieurs chards pour les conduire à la maison commune.

» Il a été nommé 2 commissaires par chaque quartier pour suivre cette opération, et ils s'en sont sur le champ occupés.

» La réquisition des chevaux a paru de la plus grande importance. Soit que les citoyens ne fussent point prévenus, soit que quelques-uns eussent voulu méconnaître, il en résulterait des pertes considérables pour le départ des volontaires, a arrêté qu'à l'instant il sera nommé des commissaires pour faire le relevé exact d'abord des chevaux de selle ; 2°. des chevaux de traits; 3°. des charrettes et voitures. Que tous ces objets seront mis en réquisition avec défense aux particuliers de pouvoir les sortir sans un ordre exprès de la commune.

» Les commissaires nous ont rapporté qu'après avoir passé chez tous les citoyens et ensuite chez les marchands, ils n'ont trouvé aucunes toiles peintes ou cirées et que les voitures n'en ont aucunes, que la majorité de ces voitures ont besoin d'être couvertes pour garantir les vivres et autres objets. Le commissaire des représentans du peuple a dit : Que ces couvertures sont indispensables, et que dans la circonstance il faut faire achat de toiles en quantité suffisante pour ces objets. Il a été arrêté qu'on fera cet achat au compte de la République, que d'abord après l'achat on mandera le charron et le sellier pour faire couvrir lesd. voitures. 2 commissaires sont nommés pour cet achat.

» La réquisition individuelle aux habitants de la campagne a été faite pour prendre les armes qui se trouveront chez eux, et il a été arrêté une proclamation pour la ville qui a été exécutée sur le champ. Pour cet effet, il sera tenu un régistre de la quantité des armes qui seront déposées avec désignation de ceux à qui elles appartiennent.

» Il a été arrêté que de suite la commune traitera avec les ouvriers en fer pour la quantité de piques et armes nécessaires pour armer les défenseurs de la patrie, mettre lesd. armes en état, et que la commune fera les marchés, leur étant donné à cet égard tous pouvoirs, et que ce qu'il en coûtera sera payé sur les fonds qui sont déposés dans la caisse du receveur du district de cette ville.

» Plusieurs des citoyens dont les voitures ont été arrêtées se sont présentés, et ont dit : Que n'ayant d'autres ressources pour vivre que la journée de leurs chevaux et un travail journalier, ils veulent bien offrir leurs bras, mais qu'ils réclament un salaire pour faire vivre leur famille et faire manger leurs chevaux, et qu'en attendant au moins leur salaire, il leur soit accordé une étape. Les autorités constituées réunies, considérant : Que tout citoyen doit trouver dans la République les mêmes mesures même plus certaines que celles qu'il trouvait chez les particuliers, qu'il y aurait de l'injustice qu'ils ne fussent pas payés, arrête : que l'étape d'hommes et de chevaux *seront* fournis à ceux qui seront jugés *n'avoir pas une aisance suffisante*, et qu'il leur sera délivré un certificat ou bon d'étape pour la recevoir jour par jour et de payer également les salaires dans le cas où ils seraient demandés et que le besoin l'exigerait. L'assemblée déclarée permanente.

4 septembre. — « Sur la motion d'un membre, il a été arrêté qu'il serait fait une pétition aux représentants du peuple, actuellement à Clermont, pour demander qu'il y ait dans cette ville l'établissement d'une manufacture d'armes à feu.

» Les citoyens Grégoire Dulac et Limet, commissaires des Représentants du peuple, sont entrés. Le citoyen Dulac a dit : « Citoyens, le tocsin a sonné, la générale a été battue, les braves gardes nationales de cette ville sont ou doivent être assemblées à la Place d'armes ; je demande que nous nous y rendions pour leur expliquer l'objet de notre mission et leur faire sentir la nécessité de se lever tous en masse pour repousser les rebelles et brigands de Montbrison et Lyon qui ont osé souiller notre territoire. » Cette proposition ayant été adoptée à l'unanimité, l'assemblée s'est rendue avec les commissaires à la Place d'armes. Toutes les gardes nationales étaient assemblées ; les commissaires leur ont fait connaître l'objet de leur mission. Le citoyen Maire leur a fait lecture de l'arrêté des commissaires des représentants du 2 de ce mois ; le Procureur de la commune a requis que cet arrêté fût à l'instant mis à réquisition ; ce qui a été arrêté à l'unanimité. En conséquence, d'après les ordres donnés par les 3 commandants de bataillon, les capitaines ont remis à l'assemblée les titres des compagnies qui composent la garde nationale : le contrôle en a été fait à l'instant, et les listes ont été remises aux commissaires et aux administrateurs du district. L'assemblée s'est retirée à la maison commune et a été déclarée en permanence.

» A 3 heures après midi, les commissaires susdits sont entrés avec le Procureur syndic du district. Les 3 compagnies de grenadiers et plusieurs autres gardes nationales sont également entrés. L'un d'eux a demandé, si après l'expédition de Montbrison et Lyon ils seraient libres de se retirer. Il a ajouté que tous les citoyens se levant en masse pour combattre et repousser les rebelles de ces deux villes, il était de toute justice qu'après ces expéditions chacun d'eux retournât dans ses foyers, attendu qu'ils sont chefs et pères de famille et chefs de fabrique et d'atelier. Les commissaires ont répondu que les citoyens pouvaient être tranquilles, que les Représentants du peuple les avaient assurés qu'après l'expédition de Montbrison et de Lyon, les pères et chefs de famille se retireraient dans leurs foyers. La garde nationale a paru très satisfaite de cette réponse.

» Un membre a observé que plusieurs mères de famille seraient dans le cas de souffrir du départ de leurs maris ou enfants qui se disposaient à partir. En conséquence, il a fait la motion que tous les citoyens en même fussent tenus à une contribution. Cette motion a été adoptée à l'unanimité. De suite le citoyen Madieu, Procureur syndic, a promis faire don de 400 livres, le citoyen Dufaud 600 livres et le citoyen Champendard aussi 600 livres. Ces offres ont été acceptées avec enthousiasme et applaudissements. »

5 septembre. — « Une lettre du district reçue à l'heure présente a été mise sur le bureau. Elle contient beaucoup d'objets. Le premier est relatif aux ordres à donner à tous les cordonniers de la commune de travailler nuit et jour à des souliers depuis 10 jusqu'à 12 pouces pour les troupes de la République. Les cordonniers ont été mandés à l'heure et il leur a été intimé les ordres les plus sacrés dans la circonstance, pour exécuter l'arrêté du district, et tous ont été mis en réquisition.

» On est averti qu'il arrive beaucoup de monde. Comme il est urgent de prendre des mesures pour les loger, le conseil nomme 2 commissaires pour examiner le tout et y faire les préparatifs qui conviendront.

» Il manque des pierres de fusil. Il faut en faire la revue chez les marchands. Un commissaire a été nommé pour la faire sur-le-champ.

» On demande des pelles et des pioches pour le service des canons qui doivent arriver. Un commissaire a été chargé d'acheter 24 pelles et autant de pioches, de requérir en conséquence les taillandiers pour cette fabrication subite.

» Il a été donné des ordres à des citoyennes de couper des toiles et faire des sacs sans désemparer. Un commissaire a été chargé de surveiller cette opération. »

7 septembre. — 12 septembre. — La révolte de Lyon et de Montbrison occupe toujours les séances. Les

membres du directoire du district de cette dernière ville sont même venus chercher un refuge à Thiers et assistent à nos séances. Les commissaires des Représentants du peuple ordonnent de nouvelles réquisitions pour l'approvisionnement ou le service des troupes envoyées contre les rebelles. Ainsi sont mises en réquisition les marmites et casseroles, les couvertures, tant celles qui se trouvent chez les marchands que celles dont les particuliers pourront disposer; les malles qui peuvent se trouver dans la commune, tout le plomb et tout l'étain ouvrés ou non ouvrés, jusqu'à concurrence de 2000 livres pesant qui se trouveront chez les marchands ou chez les particuliers; les chandelles des marchands.

12 septembre. — Le départ en masse de la garde nationale a réduit à 6 seulement le nombre des membres du conseil général. Pour remplacer les absents et pourvoir aux besoins pressants du moment, on nomme immédiatement 21 membres provisoires du conseil qui entrent aussitôt en fonction.

On s'est occupé des subsistances à fournir aux mères et enfants des citoyens qui sont allés à la défense de la République et contre ses ennemis; le conseil général considérant qu'il importe de connaître les besoins des femmes et des enfants de cette commune, que plus que toute autre elle est dans un embarras de subsistances qui ne fournit pas d'exemple, que cette commune ne vivant en presque majorité que de son industrie, que cette industrie cessant par la levée en masse qui en a éloigné les négociants et manufacturiers, il en résulte que la classe d'ouvriers sans pain est énorme, mais qu'il convient de voler à leur secours, et pour le faire avec plus de sûreté, nomme 16 commissaires chargés de faire le recensement des citoyens qui ont besoin de secours.

Un membre a obtenu la parole et a dit : que la levée en masse des citoyens offre un spectacle d'une telle importance que les Rois coalisés éprouveront cet étonnement qui n'a jamais eu d'exemple. Il est des villes dont l'universalité n'a pas *correspondu l'attente*. Il est des villes où la levée en masse n'offre point ce degré de misère que va ressentir cette commune. En conséquence, il propose la rédaction d'une adresse aux représentants du peuple, laquelle est rédigée et adoptée en la forme suivante :

« Citoyens, le vrai patriotisme n'hésite jamais lorsque la chose publique est en danger. Nul sacrifice ne lui coûte, il ne voit que le danger et ne calcule pas les suites inévitables de l'abandon d'une ville manufacturière. Nos concitoyens n'ont suivi que l'impulsion de leur zèle : tous se sont levés en masse. Ils ont fait leur devoir, et nous n'avons eu garde d'attiédir leur civisme par des réflexions sur l'état de dénuement où ils laissaient leur cité, et la misère où leur absence allait plonger leurs familles. Les voilà sous les drapeaux de la Nation; mais voilà une ville manufacturière paralysée, toute espèce de travail suspendu, même celui des armes si nécessaire dans le moment présent. Tous les ateliers sont de reste. Un silence déchirant, puisque c'est celui du besoin, règne dans nos murs. Le cultivateur, l'homme de la campagne, en partant, laisse des légumes, des grains à sa famille; l'ouvrier ne lui laisse que des besoins; vivant du jour la journée, tout manque dès que son travail cesse; et par contre-coup, comme tout se tient dans les manufactures, l'entrepreneur souffre également de cette cessation. Telle est, citoyens, notre pénible situation. Nos manufactures sont suspendues de toutes parts, nous entendons les cris pénétrants des mères qui manquent de pain dès aujourd'hui et qui nous en demandent pour elles et leurs enfants. Notre sûreté est compromise. Nous sommes environnés de cantons contre-révolutionnaires que notre soin a contenus et intimidés jusqu'à ce moment; les hommes suspects nous voyant sans défense ne tarderaient pas à se mettre en insurrection et à se porter contre nous. Notre devoir est de satisfaire le besoin par des secours, et de pourvoir à la sûreté de notre commune en réclamant ceux de nos concitoyens qui ne seront pas absolument nécessaires à la défense de la République. »

13 septembre. — Le conseil général arrête ce qui suit: « Les secours qui seront accordés aux familles pauvres dont les pères et fils sont partis comme volontaires, sont divisés en 5 classes.

» La 1re classe comprendra les perso   ou avec un enfant au-dessous d'un an   ecevront 15 sols par jour;

» La 2e classe, les familles de 2 individus, soit père, mère ou enfants au-dessus d'un an qui recevront 25 sols;

» La 3°, 3 individus qui recevront 50 sols ;

» La 4°, 4 et 5 individus qui recevront 40 sols ;

» La 5°, les familles de 6 personnes et au-dessus qui recevront 45 sols.

» Il sera versé par le receveur de la commune, sur le mandat du trésorier du comité de distribution, les sommes, et attendu que la commune n'a pas de fonds, que cette dépense est nationale et qu'il est urgent d'accélérer, le receveur est autorisé à emprunter toutes les sommes nécessaires à cette distribution. »

16 septembre. — « Il a été arrêté une proclamation à tous les citoyens de la commune qui peuvent avoir des selles de chevaux, manteaux, bottes, fusils, pistolets, fourches en fer et autres instruments tranchants, de les porter de suite à la commune pour armer tous les volontaires qui vont combattre les rebelles. »

22 septembre. — Un membre du conseil général a dit : « Il existait dans cette commune deux tables, l'une en plomb et l'autre en argent, qui servaient à l'empreinte des marques ou signes distinctifs appartenant à chaque maître de la cité. Ce signe, fruit des labeurs et de l'industrie de chaque fabricant, est une propriété réelle; elle lui a été conservée par les décrets des Représentants du peuple, et il paraît juste que cette authenticité subsiste. Mais, citoyens, il est un fait bien connu, que la table d'argent était encore une aristocratie et un luxe de l'ancien régime; que son utilité est nulle, parce qu'il est bien facile d'y remédier. La table d'argent n'est que la répétition de celle de plomb. Eh bien! que cette dernière soit la seule matrice, et

que celle d'argent serve à être échangée contre du pain pour donner à nos familles indigentes. Jamais circonstance n'a été aussi impérieuse. La levée en masse nous laisse par l'aperçu que j'en ai fait près de 2400 personnes, *quelles* sont sans ressources. Quels fonds avez-vous? La Nation généreuse vous en a donné, mais ils n'équivalent pas au tarif que vous avez fait et au mode que vous avez adopté pour donner une simple nourriture en pain. Cette table d'argent ne recevra-t-elle pas une plus grande utilité en pain distribué aux indigents qu'en matière enfouie dans un greffe où elle est déposée? Mais, citoyens, il faut le concours du tribunal de district pour retirer cette matrice du greffe national. Ils y applaudiront, ils *élogeront* votre intention. En conséquence, je requiers que ma motion soit mise aux voix. »

« Le conseil général, considérant : que sa sollicitude est au comble, que la levée en masse de ses habitans dans une ville manufacturière laisse un nombre considérable de familles dans l'indigence la plus austère, qu'aucune ville du département, pas même de la République, n'offre un tableau aussi frappant de misère; que le vrai civisme consiste à secourir ses semblables, que l'échange de la table d'argent contre du pain réunira deux avantages, de faire disparaître le luxe et d'établir l'égalité ; considérant aussi qu'il convient de conserver les propriétés, que la table d'argent n'est que la répétition de celle de plomb, dès-lors qu'elle est inutile; arrête: que la table d'argent sera retirée du greffe, que la pesée en sera faite, et que par procès-verbal, elle sera vendue, et le prix en provenant converti en distribution aux femmes et enfants dont les maris et pères sont allés combattre les rebelles ; mais attendu que cette table est en dépôt au greffe du tribunal, que préalablement on adressera la présente pétition au Président du tribunal du district pour obtenir son agrément, en l'invitant d'y mettre la célérité qui convient aux circonstances. »

Un membre a dit : « Un grand nombre de familles pressées par la faim se sont présentées à votre comité de secours, et il a été reconnu jusqu'à ce jour que 615 familles étaient dans la plus grande indigence, qu'il restait beaucoup de secours à accorder. Vous avez obtenu 20,000 livres, et la moitié est dépensée ; l'autre peut à peine suffire au paiement de la semaine. Je demande qu'on s'occupe d'une pétition, » au comité de salut public, laquelle est rédigée et adoptée en ces termes :

« Une ville manufacturière levée en masse offre le spectacle d'une indigence qui peut-être n'a pas d'exemple dans aucune ville de la République. Déjà la cherté des denrées de première nécessité qui s'est prorogée pendant trois ans avait nécessité des secours, la commune y avait pourvu par trois souscriptions volontaires de ses citoyens ; elle s'était approvisionnée de grains achetés à haut prix et revendus à ses citoyens indigents à un prix bien inférieur, ce qui a produit une perte de 60 à 70,000 livres.

» Aujourd'hui que le négociant est parti, que le manufacturier n'est plus à son atelier, les travaux ont entièrement cessé et la fabrique est paralysée. L'ouvrier qui n'a pu suivre l'impulsion de son patriotisme à cause de ses infirmités ou de sa vieillesse est encore sans travail parce que le chaînon commercial a disparu. Si donc les ouvriers avaient peine à vivre étant à leur atelier avec les secours qu'ils recevaient, quel est l'état de leurs femmes et de leurs enfants à l'instant où ils sont partis en masse? 602 familles, produisant une population de 1,920 personnes, sont déjà reconnues pour être entièrement indigentes. Le secours journalier leur a été accordé, et la moitié des 20,000 livres a été versée en leurs mains. Il vous serait facile de combiner la dépense journalière s'ils étaient les seuls, mais dans ce moment un très-grand nombre de familles sont inscrites et il n'a pas été possible de vérifier leurs besoins, mais il est à croire que ce nombre sera à peu près moitié de celui connu. Il est encore d'autres familles qui ont été rejetées, et qui par le contre-coup de la levée en masse et de la paralysation du commerce sont sans travail : ce sont les veuves et les enfants qui travaillaient en sous ordre dans les différents ateliers, qui gagnaient moitié ou deux tiers de la journée, et qui ne font plus rien aujourd'hui. Cette classe est nombreuse et donne une population de 3 à 400 personnes. Pouvons-nous les laisser sans secours? Nous abandonnons à votre sagesse et à votre générosité ces victimes, et nous supplions pour elles de leur accorder un secours qui puisse leur donner une médiocre nourriture dans le moment présent.

» Ne croyez pas, citoyens, à l'exagération. La commune vous trace la vérité, rien que la vérité. Prenez la peine d'examiner l'état de ceux qui ont reçu et vous aurez cette certitude que Thiers est dans une misère qui n'offre pas d'exemple. Nous avons calculé les dépenses que les circonstances momentanées nécessitent, elles se portent rigoureusement à 2,000 livres par jour. La Nation généreuse a offert une indemnité, et pourrait-elle abandonner une ville qui, dès le moment de la Révolution, a donné des preuves d'un patriotisme soutenu avec un zèle infatigable! Dans ces circonstances, malheureuses pour notre cité et glorieuses pour la République, nous venons près de vous solliciter des secours pour nos familles indigentes; prenez-les en grande considération, elles le méritent : donnez-leur au moins une ration de pain ; elles seront contentes : la faim pourrait les conduire au désespoir. »

25 septembre. — Fixation du prix du pain bis à 7 sous la livre.

30 septembre. — « L'impôt à verser en nature pour 1792 et 2/3 de 1793 a consterné le conseil général. Il s'est imposé le plus sévère de ses devoirs d'obéir à la loi. Mais quelle est la situation de ce versement! Il voit avec effroi que la masse des grains de sa commune suffisent à peine pour cette contribution. L'insuffisance est bien facile à saisir. Le terrain de cette commune est en partie en vignes ; les terres labourables n'offrent pas un huitième de son produit; la stérilité de son terrain propre à ensemencer n'offre que peu ou point de ressources ; par conséquent le versement en grains va épuiser tout ce qui est dans cette commune. Déjà la

partie de la commune possédant des terres ne récoltait pas le quart de ses grains. L'excédant arrivait de la Limagne, en exprès des districts de Riom et Billom. La ville de Thiers, peuplée de 10 à 12,000 âmes, ne récolte absolument rien. Elle tire ces mêmes subsistances des mêmes districts, et le marché depuis longtemps a suffi à peine. Aujourd'huy que le versement général du propriétaire va s'effectuer, qu'il va de même s'opérer dans les communes qui nous avoisinent, on doit s'attendre à un *concours* immense de citoyens, parce que notre commune sera entièrement dégarnie. Par cette voie *vous allez* jeter l'alarme, et peut-être les suites pourront être fâcheuses. Le législateur vous donne la liberté de présenter vos doléances. Eh bien! le bien général vous y appelle : présentez-les au comité de salut public : il connaîtra votre position, et de concert faisant parvenir cette vérité à nos Représentants, il parviendra à faire connaître qu'aussitôt que vous aurez effectué votre payement la disette de grains sera complète ; et il est à croire que les Représentants ne voulant que le bien, nous dispenseront de ce paiement pour cause de non-possibilité. » En conséquence une adresse sera envoyée au comité de salut public.

10 octobre. — « Le citoyen Louis-Amable Pradier s'est présenté au conseil général et a dit : qu'il était nommé commissaire par les membres du comité de salut public pour une fabrication d'armes en cette ville. Il a présenté sa commission conçue en ces termes:

« Du 10 septembre, l'an 2 de la République. — Pour le citoyen Jean-Louis-Amable Pradier, commissaire du comité de salut public à la confection des armes.

« Le comité de salut public ayant arrêté que les mesures les plus promptes et les plus efficaces seraient incessamment prises pour la fabrication des sabres nécessaires à l'armement de la cavalerie de la République, et qu'à cet effet il serait envoyé dans les différentes villes renommées pour la coutellerie des commissaires chargés d'y monter des fabriques de sabres, d'engager tous les couteliers à suspendre pour un certain temps leurs travaux ordinaires, pour s'adonner à cette nouvelle fabrication si nécessaire à la défense de notre liberté, et de former les ouvriers à ce genre de travail en les guidant par leurs conseils et les éclairant de leurs expériences; et s'étant fait rendre compte des talents, du zèle et du patriotisme du citoyen Jean-Louis-Amable Pradier, l'a nommé son commissaire à la fabrication des sabres dans la ville de Thiers et environs.

» En conséquence, le citoyen se transportera aussi promptement qu'il lui sera possible dans la ville de Thiers muni d'un certain nombre de sabres, bien faits, de bonne qualité, propres à servir de modèles.

» Arrivé sur les lieux, il se présentera aux autorités constituées, auxquelles il fera part de la présente instruction; il se concertera avec elles pour prendre les moyens les plus prompts, les plus efficaces et les plus conformes aux circonstances locales, à l'effet de profiter du zèle des couteliers de la ville de Thiers et des environs, d'employer leur industrie à procurer de bonnes armes aux défenseurs de la liberté. Il fera tous ses efforts pour se rendre utiles à cet objet les taillandiers, serruriers et autres artistes industrieux qui, ayant déjà l'habitude de tailler le fer et l'acier, n'ont pas besoin d'un long apprentissage.

» Le citoyen Pradier aura toujours présent à la mémoire que chaque jour de retard dans sa mission prive la liberté de l'espèce la plus rare de ses défenseurs et favorise les projets de ses ennemis. Il correspondra our cet objet avec l'administration centrale, quai Voltaire, n° 4. Il exécutera avec la plus grande ponctualité les ordres qu'il recevra d'elle sur cet objet. Il l'informera aussi de la possibilité qu'il y aurait d'établir dans la ville de Thiers une fabrique de bayonnettes ou de baguettes de fusil, et il tiendra le comité public au courant de ses opérations par une correspondance sommaire.

» Le comité invite les autorités constituées de la ville de Thiers à favoriser, par tous les moyens qui sont en leur pouvoir, la mission du citoyen Pradier ; à lui indiquer les ressources que les différentes localités pourront lui procurer ; il les invite aussi à suspendre toute fabrication de piques, parce qu'il est plus important d'employer l'industrie des braves républicains et les matières premières à la confection de bonnes armes; et, au surplus, il s'en rapporte à leur zèle pour suppléer à ce qui pourrait avoir été omis dans la présente instruction. — *Les membres du comité de salut public :* Carnot, Prieur et Robespierre. »

« Le citoyen Pradier a demandé l'enrégistrement de sa commission et l'exécution de l'arrêté du comité de salut public pris le 8 de ce mois en 10 articles. Aussitôt on s'en est occupé. L'enrégistrement en a été fait et les précautions prises pour son exécution. Il a été arrêté qu'il sera nommé 2 commissaires pour les charbons, qu'ils tiendront un état divisé en 2 classes : charbons propres à la fabrique et charbons de 2e classe. Les citoyens Vialle et Croizet sont nommés commissaires pour cette question. Le citoyen Baillard nommé commissaire pour connaître les cuivres de bonne et de mauvaise qualité et les mettre en réquisition. Pour les fers et aciers, et les mettre en réquisition, les citoyens Guillemot-Lavarenne, Guillemot-Dufraisse, Androdias et Feydit-Caburol sont nommés commissaires. Boudal et Chervet pour les limes ; Brasset-Lhéraud pour les martinets ; pour les meules, Mary de chez Boulay, Glometon et Armillhon ; pour les cuirs, Lhéraud aîné et Pierre Fournier ; pour recenser les ouvrier Déloche fils et Serindat-Maugey. »

12 octobre. — « Il a été fait lecture au conseil général de la délibération de la société populaire de cette ville, prise le jour d'hier, tendante à une invitation à nous : 1°. de former une pétition au directoire du district pour obtenir un versement du bled du grenier national pour alimenter notre marché. » En exécution de ce vœu et attendu l'urgence, cette pétition est immédiatement rédigée en ces termes :

« Citoyens administrateurs, les citoyens de cette commune et des environs sont menacés de la famine depuis la loi du 11 septembre ; notre marché a cessé d'être approvisionné. L'impossibilité où sont les bladiers d'acheter du bled nous annonce une disette absolue pour le marché d'aujourd'hui : les moyens nous manquent pour fournir aux besoins de tous les acheteurs. Cependant le peuple souffre depuis longtemps; la faim le presse, il demande du pain. Notre provision qui est celle de deux hôpitaux et qui renferme le pain des pauvres est insuffisante. A peine avons-nous de quoi nourrir quatre jours les citoyens de cette commune, et la prudence exige que nous ayons du bled renfermé pour le temps d'inondation, surtout dans un moment où les particuliers sont sans provision et où il n'y a aucuns grains dans toute l'étendue de ce territoire. Dans une crise aussi alarmante, nous ne voyons qu'un moyen, celui de distribuer du bled à ceux que nous savons en avoir un vrai besoin. A cet effet, nous vous prions de verser dans notre marché partie de celui que renferme le grenier national. Le besoin est urgent, le département a pris cette mesure pour la section de Clermont; nous vous prions de tenir la main aux réquisitions que la loi et l'arrêté du département autorisent à faire. Il est juste, il est du devoir de tout citoyen de donner du pain à ceux de ses frères qui en manquent. Cette obligation est une loi que la nature a gravée dans tous les cœurs. Nous n'avons pas besoin de détailler les causes de la disette de notre marché, elles sont connues; nous n'avons pas besoin d'exciter votre vigilance dans ces pénibles circonstances. Nous connaissons votre zèle et votre dévouement au soulagement du peuple, et nous avons la confiance que vous seconderez nos efforts pour lui éviter les horreurs de la famine. »

» Et attendu l'urgence, les citoyens Favier, curé, et Guillemot-Lavarenne, ont été chargés de porter la pétition au directoire.

» De retour, ils ont dit que le directoire avait accueilli la pétition, qu'à la vérité il n'avait pas eu le temps de répondre, mais qu'il nous délivrerait le grain qui serait nécessaire pour les familles pauvres qui se présenteront au marché où qui seront reconnues n'avoir aucun grain.

» En exécution du rapport de nos commissaires, on s'est occupé de désigner des citoyens pour se rendre au marché. Les citoyens Chassaigne, maire, Guillemot, Bonnefoy, Gourbine et Armilhon en ont été expressément chargés.

» Un membre a dit : Il convient de mettre la plus sévère économie dans la délivrance des grains. La délivrance au hasard serait un danger dans la circonstance. Je propose qu'il soit dressé une liste exacte des personnes réclamantes, que ces listes soient examinées, et qu'il n'en soit délivré qu'à ceux qui seront reconnus avoir des besoins. Je demande encore qu'il y ait un cahier alphabétique où seront inscrits les noms des recevans, afin de prévenir toute espèce de double emploi. » — Ce qui est adopté.

Conformément au second vœu exprimé dans la délibération de la société populaire, on décide encore qu'il y a lieu d'adresser deux pétitions, l'une aux Représentants du peuple qui se trouvent à Lyon, l'autre au département. Pétitions qui sont rédigées aussitôt en la forme suivante :

« Aux Représentants séants à Lyon,

» Citoyens, nous fîmes part au citoyen Couthon, à son passage à Thiers, de nos alarmes sur l'effet de la loi du 11 septembre dernier. Il nous rassura en nous donnant sa parole d'honneur que le bled ne nous manquerait pas. Nos allarmes ne se sont que trop réalisées; notre disette de grains a suivi la promulgation de la loi, et la famine se fait déjà sentir dans nos murs. Point de bled sur nos marchés pendant trois jours : point d'espérance d'en voir arriver de longtemps. Dans une crise aussi allarmante, nous avons eu recours au comité de surveillance (du district) pour allimenter le peuple jusqu'au moment où la circulation des bleds sera rétablie; car nous ne pouvons rémédier par nous-mêmes à cette disette, puisqu'il n'existe point de bleds dans cette commune, et que nous sommes privés de la ressource de la réquisition qui est le moyen que la loi donne aux administrations pour fournir les marchés. Nous vous conjurons au nom de toutes les familles de notre canton dont les chefs sont sous vos drapeaux, de donner des ordres pour que notre marché soit approvisionné par le département ou par le comité de salut public. Le peu de grains que nous récoltons a été épuisé tant par le passage des troupes que par la réquisition pour l'armée. Le besoin est urgent, nous attendons de votre justice, de votre humanité, un prompt secours; et nous avons la confiance que votre sollicitude paternelle voudra bien donner connaissance à la Convention de la disette où nous nous trouvons. »

« Au département du Puy-de-Dôme,

» Citoyens, notre commune et les cantons qui l'avoisinent, vont être livrés aux horreurs de la famine, si nous ne recevons bientôt des secours. La même disette qui a eu lieu au mois de mai, qui nous a donné tant de sollicitude, et qui nous força à des dépenses énormes, se reproduit d'une manière encore plus alarmante. Alors, avec de l'argent nous trouvions du bled dans les départements voisins; aujourd'hui ils éprouvent les mêmes besoins que nous; alors, on pouvait faire des marchés avec les particuliers; maintenant le bladier ne peut se pourvoir que dans les marchés publics, et les marchés étant insuffisants pour les consommateurs, il devient impossible à tout autre d'y acheter. Si nous avions la ressource des réquisitions, comme les autres communes, nous aurions le temps de rémédier à notre disette; mais, placés sur un sol stérile, nous ne pouvons requérir des bleds où il n'en existe pas. Le peu de bled qui s'y est récolté a été consommé par le passage des troupes, ou requis par les armées. De tout temps nos marchés n'étaient fournis que de l'excédant des autres districts; le nôtre ne récoltant que le tiers de ce qui lui est nécessaire. Dès lors que l'on cesse de verser chez nous cet excédant, il ne nous reste de choix qu'entre la mort et l'expatriation.

» Nous avions l'espérance de trouver quelques subsistances dans notre district. Les bleds de Lezoux ont été requis pour Clermont ainsi qu'une partie de ceux que nous fournissait Maringues, les seuls endroits de ce district un peu abondants en grains. Nous voilà donc privés de toutes ressources. Dans ces circonstances impérieuses, la loi elle-même sollicite en notre faveur la restitution de ces grains; ils ne seront qu'un secours insuffisant.

» Notre détresse appelle toute votre sollicitude sur cette partie du peuple absolument dépourvu de subsistances. Depuis la loi du 11 septembre, il ne paraît plus de bled sur le marché de Thiers. C'est cependant à ce marché que s'approvisionne une grande partie de ce district. Les horreurs de la famine commencent à se faire sentir; elle ne tardera pas à être générale si notre marché ne présente bientôt des subsistances. L'espérance des secours particuliers ont soutenu les citoyens pendant la première semaine, si la seconde ne réalise pas cette espérance, la famine et le désespoir vont se faire sentir.

» Telle est, citoyens, notre pénible situation; telle est la crise alarmante où nous nous trouvons, que le secours que nous sollicitons doit être aussi prompt que le besoin est urgent. Veuillez ordonner que le comité de surveillance fournisse le marché de Thiers de suite, jusqu'au moment où vous aurez pourvu aux moyens d'alimenter un marché aussi important par le nombre des citoyens qui s'y fournissent. Nous vous prévenons que si vous ne venez pas à notre secours, il nous est impossible d'assurer l'existence de cette partie du département. »

Quatre commissaires sont nommés pour porter immédiatement ces pétitions à leur adresse.

« Une pétition des citoyens Favier et Lafond, commissaires nommés pour la fabrication des armes, a été mise sur le bureau, tendante à avoir le local du collége, partie détachée de la maison de réclusion, pour la manufacture d'armes et magasins, et il a été accordé l'autorisation suivante: « Avons autorisé les citoyens Favier et Laffont, commissaires, en vertu de leur réquisition, de prendre l'église du collége, sacristie, classes et la cour qui est au-dessous pour la manufacture d'armes, en faisant les réparations nécessaires pour intercepter la communication à la maison de réclusion. »

« Les commissaires chargés de la délivrance du bled au marché se sont rendus et ont dit : qu'en arrivant à leur poste ils ont fait le recensement des grains déposés sous la halle, et qu'il s'en trouvait, en froment 11 septiers 1 quarton, en seigle 8 septiers 2 quartons, en fèves 1 septier, et en brechère 1 septier 4 quartons, que de suite ils ont formé une liste de ceux qui ont pu se trouver au marché et ayant des besoins, mais que le nombre leur a paru si conséquent qu'ils ont arrêté de ne leur délivrer qu'un quarton, et que successivement il leur est arrivé du grenier national 14 septiers froment et 9 septiers seigle ; qu'une foule se présentait encore, mais que l'heure de 8 sonnée leur a fait lever la séance. »

13 octobre. — Défense aux boulangers de faire autre pain que le pain blanc taxé à 6 sols la livre, poids de 16 onces, et le pain bis de toute farine à 4 sols.

16 octobre. — Le prix de la farine est taxé à 19 livres le quintal, poids de marc.

18 octobre. — « A la séance du bureau municipal

ont comparu les citoyens Dufour frères, négociants résidents ci-devant en la ville de Lyon, lesquels ont dit qu'aussitôt qu'il a été en leur pouvoir de fuir la ville de Lyon, ils l'ont exécuté et se sont réunis au bataillon de Thiers, et qu'ils ont fait route avec lui jusqu'en cette ville où leur intention est de se domicilier, déclarant n'avoir jamais porté les armes, pris aucune part à tous les troubles qui y sont arrivés, qu'ils ont toujours reconnu la République une et indivisible, et qu'ils réitèrent présentement être dans les mêmes sentiments.

« Ont aussi comparu Barthélemy Guillemot et Pierre Dospeux, lesquels ont dit : que pour leur instruction, ils ont été placés par leurs pères dans la maison d'André et Jacques Thuel, négociants à Lyon; que s'étant aperçus que Lyon renfermait des traitres qui se masquaient des apparences du républicanisme, ils voulurent en sortir pour se joindre à leurs frères républicains; ils ne le purent sans courir les plus grands dangers pour leur vie ; que Lyon rendu, ils se sont empressés d'en sortir pour se rendre ici auprès de leurs pères. De retour, ils s'empressent de se rendre à la maison commune pour y demander acte de leur conduite, de la manière dont ils sont sortis de Lyon et de leur déclaration qu'ils veulent fortifier par leur zèle que leurs principes sont pour la République une et indivisible. »

L'histoire générale nous apprend quelles furent après la prise de Lyon les terribles représailles exercées sur les personnes et sur les biens des citoyens de cette ville rebelle. Elles devaient rejaillir sur notre commerce et sur plusieurs de nos compatriotes qui, ainsi que nous l'avons dit plus haut, géraient des comptoirs dans cette ville. Le lien commercial qui, de tout temps, avait uni notre ville à celle de Lyon se trouvait donc ainsi brusquement rompu. Nous en trouverons de nouvelles preuves dans la suite de ce récit.

20 octobre. — Formation d'un comité des subsistances composé de 16 membres, chargé de l'achat, manutention et distribution du bled. « Les familles de 4 personnes et au-dessus recevront un quarton de bled; le bled leur sera compté à raison de 2 livres par personne, les enfants au-dessous d'un an ne comptent point; les familles de 3 personnes et au-dessous auront 2 livres de pain par jour pour chaque individu. « Les citoyens des communes voisines ne pourront recevoir du bled qu'après l'approvisionnement de ceux de Thiers. »

Ici le calendrier républicain se substitue dans nos registres à l'ancien, et la délibération qui suit celle du 20 octobre 1793 est datée du :

2ᵉ jour de la 1ʳᵉ décade de brumaire, 2ᵉ mois de l'an II de la République. — « La loi qui est relative au séquestre des biens des Lyonnais mérite la plus grande vigilance. Sans doute qu'une ville comme la nôtre peut avoir quelques liaisons d'intérêt et peut devoir aux Lyonnais, sans doute qu'il en est aussi qui peuvent avoir des biens. Camel père avait une maison en cette ville, elle a été vendue, mais le prix en a-t-il été payé? Lamorlière, gendre du citoyen Boutron, a un bien dans cette commune; Audembron fils a une maison; Marry cadet a aussi des immeubles. Je ne sais si ou non ils sont coupables, mais le séquestre provisoire ne saurait être mis de côté ; ils montreront leurs titres et en obtiendront la main levée s'ils sont innocents. En conséquence un membre a proposé : 1°. de séquestrer les biens des citoyens ci-dessus ; 2°. de faire une proclamation à tous les citoyens qui peuvent avoir des affaires d'intérêts et devoir aux Lyonnais de venir le déclarer sur-le-champ ; 3°. nonobstant cette précaution, de nommer des commissaires chargés spécialement de vérifier sur les régistres des négociants-marchands ce qu'ils peuvent devoir, et prendre encore d'autres précautions. » — Ce qui est adopté.

5 brumaire an II. — « Le prix du pain délivré par la commune est fixé à 3 sols 6 deniers la livre. Les femmes ayant des enfants au-dessous d'un an ont besoin de farine. Elles n'en peuvent avoir s'il n'est pas pris de précautions ; le conseil général arrête que, par le comité de subsistances, il leur sera délivré une livre de farine par chaque mois. »

7 brumaire. — « Publication du premier maximum. — « On s'est occupé de la proclamation de la taxe. Le procès-verbal en avait été remis dans la séance d'hier soir. On s'est occupé la nuit des affiches, et les officiers municipaux au nombre de 5, accompagnés d'égal nombre de membres du conseil général, se sont rendus dans les différents quartiers de la ville, ils ont publié la taxe et fait un discours aux citoyens pour l'ordre à observer et sur les obligations qu'ils doivent à la Convention, aux vrais Montagnards. Le peuple a crié par des ap-

plaudissements : Vive la Montagne ! vive les Sans-Culottes. »

La révolution économique occasionnée par la loi du maximum est trop considérable pour que nous ne nous y arrêtions pas un instant. Ouvrons donc ici une parenthèse, c'est-à-dire un chapitre spécial, composé à l'aide des documents que pourront nous fournir soit nos registres des délibérations de la commune, soit toutes autres pièces également authentiques. Il est temps d'ailleurs, peut-être, pour ne pas fatiguer l'attention de nos lecteurs et pour imprimer à notre récit une allure plus vive, de donner à notre narration une forme nouvelle. Certes c'était un spectacle instructif de prendre ainsi sur le fait, jour par jour, heure par heure, la vie de nos couteliers pendant la Révolution ; mais pour lire jusqu'au bout ce long journal, il faut être doué d'une patience archéologique qui peut ne pas être donnée à tout le monde. Désormais donc, quoi qu'il nous en coûte, au lieu d'enregistrer ainsi chaque fait à sa date, sauf à y revenir quand il vient à se reproduire, au lieu de diviser, nous grouperons ; et, dans ces tableaux d'ensemble nous continuerons à apporter la même exactitude que dans les détails qui précèdent.

CHAPITRE VIII.

LES ANNÉES MAUVAISES (Suite).

De l'influence de la loi du maximum sur le commerce de la coutellerie à Thiers.

Octobre 1793. — Janvier 1795.

Au 7 brumaire an II, quand les autorités publièrent à Thiers la loi du Maximum, nous savons quel fut l'accueil fait par le peuple à cette publication. Il cria avec des applaudissements : « Vive la Montagne ! vive les Sans-Culottes ! » Cet enthousiasme devait être de courte durée. La correspondance du Directoire de district avec la municipalité, le registre des jugements de police municipale, les proclamations de l'autorité, tout atteste que la commune dut, à diverses reprises, user de sévérité même ; pour ramener à l'exécution de la loi les citoyens trop enclins à l'enfreindre. Aussi bien ce décret du Maximum destiné à ramener l'abondance et à prévenir les accaparements et la disette atteignit difficilement son but. Appliquée dans le principe aux grains, la taxe, en ce qui nous concerne, avait produit des effets déplorés par la commune elle-même dans les documents ci-dessus transcrits ; étendue à tous les objets de première nécessité, voyons quels furent ses résultats.

Aux termes de l'article 1ᵉʳ du décret du 29 septembre 1793, les objets que la Convention nationale a jugés de première nécessité et dont elle a cru devoir fixer le *maximum* ou le plus haut prix, sont :

« La viande fraîche,
La viande salée et le lard,
Le beurre,
L'huile douce,
Le bétail,
Le poisson salé,
Le vin,
La chandelle,
L'huile à brûler,
Le sel,
La soude,
Le sucre,
Le miel,
Le papier blanc,
Les cuirs,
Les fers,
La fonte,
Le plomb,
L'acier,
Le cuivre,
L'eau de vie,
Le vinaigre,
Le cidre,
La bière,
Le bois à brûler,
Le charbon de bois,
Le charbon de terre,
Le chanvre,
Le lin,
Les laines,
Les étoffes,
Les toiles,
Les matières premières servant aux fabriques,
Les sabots,
Les souliers,
Les colza et rabette,
Le savon,
La potasse,
Le tabac. »

Parmi ces objets, le décret fixait le maximum du prix du bois à brûler de première qualité, celui du charbon de bois et du charbon de terre au même taux qu'en

1790, augmenté d'un vingtième. Pour toutes les autres denrées ou marchandises, ce prix devait être fixé par les administrations de districts en prenant pour base, d'après les mercuriales, le taux qu'elles avaient en 1790 et l'augmentant d'un tiers. Aux municipalités, d'après l'article VIII, appartenait le droit de fixer le maximum ou le plus haut prix respectif des salaires, gages, mains d'œuvre et journées de travail au même taux qu'en 1790, augmenté de moitié de ce prix en sus.

Conformément aux prescriptions de cet article, le conseil général de notre commune de Thiers procède de la sorte à la taxe qui lui était réservée :

« Séance du 2e jour de la 1re décade de brumaire, an II. — On a passé à la taxe des salaires, gages, mains d'œuvre et journées de travail dans l'étendue de la commune ainsi qu'il suit :

» Maximum. Article 1er. — Tous les citoyens travaillant la terre ou servant de manœuvres aux entrepreneurs, ou employés à la journée de toutes espèces de travaux, sans nourriture ni vin, sont taxés à 25 sols par jour.

» Art. 2. Les maçons et citoyens s'occupant de travaux y relatifs en chef, et sans nourriture ni vin, sont taxés à 34 sols par jour.

» Art. 3. Les charpentiers en chef, à gros ouvrage, sans nourriture ni vin, sont taxés à 40 sols par jour.

» Art. 4. Les menuisiers en chef à 45 sols par jour.

» Art. 5. Les compagnons pour les fabricants tanneurs, sans nourriture ni vin, sont taxés par jour à 40 sols.

« *Salaires des ouvriers papetiers.*

Gouverneurs à 50 livres par mois.
Ouvriers et salarans à 50 livres par mois.
Coucheurs à 42 liv. par mois.
Laveurs à 40 liv. par mois.
Apprentis à 21 livres par mois, avec la soupe et les sabots. »

« *Salaires des femmes papetières.*

Les femmes travaillant à la salle 12 sols par jour.
Soins de colle et lavage des porses à 17 sols par jours.
Les délisseuses à 6 sols par quintal de drapeaux. »

« *Salaires des domestiques.*

Gages des domestiques mâles, le maximum par an est fixé à 100 livres.
Ceux des premières domestiques femelles par an 60 livres.
Ceux des domestiques femelles en second par an 40 livres. »

« — Cuisson d'une tourte de pain, 2 sols la tourte.
» — Habit complet d'hommes 9 livres ; savoir : pour l'habit seul 5 livres, les cuiotes 50 sols, et la veste ou gilet 30 sols.
» — Compagnons mâles filletiers et teinturiers par jour 30 sols.

» Femelles filletières et teinturières par jour 18 sols.

» — Couturières en linge, 24 sols par jour sans nourriture.

» — Tailleuses pour hommes et pour femmes 28 sols par jour sans nourriture.

» — Lessiveuses et laveuses par jour, sans nourriture, 25 sols. »

Malgré toutes nos recherches, nous n'avons pu découvrir la taxe faite pour les objets énoncés en l'article 1ᵉʳ du décret par l'administration du district. Mais nous pouvons, à défaut d'un tableau complet, fournir quelques indications, grâces au registre des jugements de police municipale, et à nos registres des délibérations municipales. La loi frappait d'une amende du double de la valeur de l'objet vendu quiconque ne se conformait pas à la taxe. Voyons donc, d'après le chiffre de l'amende prononcée dans certaines contraventions la valeur de certains objets de première nécessité.

..... — Le 1ᵉʳ pluviôse, un boucher est condamné à 55 sols d'amende, double du prix de 3 livres 1/2 de viande de veau par lui vendues au-dessus de la taxe : ce qui porte à 27 sols 1/2 la valeur réelle suivant le maximum desdites 3 livres 1/2 de veau.

...... Une paysanne arrêtée pour avoir demandé 25 sols de sa livre de beurre, tandis que la taxe n'est que de 16 sols, est relaxée parce qu'elle prétexte de son ignorance de la taxe et que d'ailleurs elle n'a point consommé la vente.

..... Une autre qui demande 30 sols d'une douzaine d'œufs, voit sa marchandise confisquée, mais il n'est point prononcé d'amende. Ce qui ne nous permet pas d'établir la taxe de cet objet.

..... Un peigneur de chanvre qui a vendu 2 livres de chanvre à 35 sols la livre, est condamné à une amende de 30 sols, ce qui porte à 15 sols d'après la taxe, la valeur des deux livres de chanvre.

..... Une femme qui a vendu une paire de dindons 14 livres, est condamnée à une amende de 5 liv., ce qui porte à 25 sols pièce la taxe des dindons.

....: Dans la séance du conseil général du 21 brumaire an 2, on s'occupe « d'une pétition individuelle faite par les marchands et débitans de la ville. Ils exposent que le sel et le savon sont au taux fixé par la loi, mais que la Convention n'a entendu parler que du prix de fabrique; qu'il y a un prix de vente et une diminution souvent dans les subdivisions; qu'il est de toute impossibilité qu'un marchand puisse s'approvisionner de sel et de savon et qu'aucun marchand puisse tenir; que déjà Clermont a fait une taxe additionnelle pour tous ces objets, que Lezoux en a fait autant, et ils réclament, afin que les approvisionnements aient lieu, une addition de prix pour le sel et le savon et pour tout ce qui se vend au détail.

» Tous les citoyens qui étaient à même de donner des instructions ont été appelés; des conférences et des discussions ont été ouvertes. Le conseil général considérant que la taxe du sel et du savon n'est pas en son pouvoir; qu'il ne saurait interpréter le décret de la Convention nationale; que soumis aux lois de la République, il les observera rigoureusement; considérant néanmoins que la majorité des sels qui nous approvisionnent parviennent par la voie de Clermont de même que le savon; que le prix de ces deux objets étant plus élevé dans les communes où ils se vendent que dans la nôtre, il ne serait pas possible de s'approvisionner; que le marchand ne trouvant que de la perte abandonnera cette branche de commerce; que par suite les approvisionnements disparaîtront entièrement de la commune; arrête: qu'il sera fait une pétition aux autorités constituées pour leur demander une addition à la taxe du sel à cause des voitures et des voyages nécessités aux marchands pour faire l'achat hors de leur commune. Il désirerait que provisoirement le prix du sel fût de 5 sols la livre, le savon à 30 sols; seul moyen d'amener l'abondance.

» Il désirerait aussi que le beurre en le subdivisant éprouvât une légère augmentation, le quart serait à 5 sols et le demi-quart à 2 sols 6 deniers; la chandelle, sur le tarif de Clermont. — Fromage Cantal, à 16 sols la livre, la demi-livre 8 sols, le quart 4 sols, le demi-quart 2 sols. — Fromage acide, *idem*. — Fromage bâtard, *idem*, 12 sols la livre, la demi-livre 6 sols, le quart 3 sols, le huitième 1 sol 6 deniers. — Les œufs en détail 1 sol pièce. Arrête que la présente délibération sera incessamment adressée au Directoire du district pour avoir son homologation. »

Au mois de nivôse suivant les « marchands de sel, adressaient au district de nouvelles réclamations ainsi formulées :

« Aux Sans-Culottes, administrateurs du district de Thiers,

» Les marchands de sel de la ville Thiers

» Vous exposent : que l'uniformité des prix dans les marchandises devrait être la même dans un département; et si la loi du maximum a éprouvé quelques changements avantageux pour les marchands de sel de Clermont, pourquoi ceux de Thiers ne les partageraient-ils pas? La justice ne doit-elle pas être la même pour tous? Les marchands de Clermont vendent le sel 4 sous la livre, en vertu d'un arrêté du département, approuvé par les Représentants du peuple. Cet arrêté, nous dit-on, ne concerne que les marchands de Clermont. Pouvons-nous croire que dans le règne de l'égalité qu'il subsiste le moindre privilége? Les marchands de Thiers éloignés de 7 lieues de Clermont, sont obligés pour s'approvisionner d'y acheter le sel à 4 sous la livre, de payer des frais de voiture, et de le vendre à un prix inférieur s'ils veulent continuer ce commerce. Ceux qui déjà en ont un approvisionnement l'ont acheté à un prix très-cher, ne doivent-ils pas partager au moins la taxe qui a été faite pour Clermont? Nous demandons à l'administration de prendre un arrêté qui nous autorise à vendre le sel 4 sous la livre : justice sera rendue et l'égalité ne sera plus blessée. » — Suivent onze signatures.

Suit aussi la délibération du conseil général reconnaissant la vérité de l'exposé ci-dessus, constatant la disette du sel provenant de cette situation, et priant le district d'avoir égard à la pétition. Le sel du reste était dévenu si rare que les marchands avaient ordre de n'en délivrer que par livre et sur les bons fournis par la commune.

Chaque jour l'exécution du décret sur le maximum devenait plus difficile. Chaque jour vendeurs et acheteurs l'enfreignaient à l'envi. Si nous voulions ici tout rapporter, cet ouvrage serait sans fin, et ces simples notes formeraient plusieurs volumes. Passons donc sous silence toutes les proclamations lancées par la commune, et ne citons qu'un seul arrêté pris par le conseil général, dans la séance du 11 ventôse an 2; sanctionnant diverses mesures proposées par la société populaire.

« Le conseil général arrête ce qui suit :

» Art. 1er. La municipalité fera faire dans le cours d'une décade, un état de tous les propriétaires fonciers tant de la ville que des campagnes de la commune qui étaient précédemment en usage d'approvisionner les marchés d'œufs, de beurre, lait, fromage, légumes et volailles, pour, d'après cet état, aviser aux moyens coercitifs de pourvoir à l'approvisionnement des marchés.

» Art. 2. Tous les vendeurs de comestibles seront obligés de donner à la municipalité, chaque décade, l'état des denrées qu'ils ont en leur pouvoir; en cas de refus ou d'infidélité dans leurs rapports, les comestibles seront confisqués, les boutiques fermées et les délinquants traités comme suspects.

» Art. 3. Il ne pourra rien être vendu ni acheté ailleurs que sur les places désignées pour la vente de chaque objet et le lait sur la place du Piroux.

» Art. 4. Tout vendeur ou acheteur qui ne se conformera pas à l'art. 3 sera réputé suspect, et puni comme tel.

» Art. 5. Tous aubergistes, cabaretiers ou revendeurs qui achèteront des comestibles nocturnement ou ailleurs que sur les marchés, seront traités comme gens suspects, leurs auberges fermées, et les objets qu'ils auront achetés confisqués.

» Art. 6. Les bouchers seuls auront le droit de tuer bœufs, vaches, veaux, chèvres et moutons.

» Art. 7. Les aubergistes, cabaretiers, traiteurs ne pourront tuer chez eux, aucuns de ces animaux.

» Art. 8. Il est expressément défendu à tous citoyens de la commune de manger à l'auberge, et en cas de contravention le citoyen et l'aubergiste seront dénoncés au Comité révolutionnaire comme suspects.

» Art. 9. — Les aubergistes, traiteurs et cabaretiers ne pourront fournir aucuns plats ou repas dans aucune maison. Le maximum pour le prix des repas qui seront pris chez eux par les non-résidants de la commune, est fixé à 50 sols.

» Art. 10. — Lorsque la loi du maximum aura été excédée, il ne sera plus pris tant contre le vendeur que contre l'acheteur d'autres mesures que la dénonciation qui conduit au tribunal révolutionnaire.

» Art. 11. — La municipalité tiendra la main avec la plus sévère exactitude à l'exécution de la loi sur les jeux de hasard dans les maisons publiques et particulières, et contre tous les autres jeux dans le cas de compromettre les fortunes individuelles.

» Art. 12. — Les teneurs de billards ne recevront point chez eux, sous quelque prétexte que ce soit, les jeunes gens non mariés qui n'auront point atteint l'âge de 21 ans.

» Art. 13. — Ceux des teneurs de billards qui seront trouvés en contravention, indépendamment des peines prononcées par la loi, seront dénoncés comme ennemis des bonnes mœurs et déclarés suspects. »

Dans la séance du 12 ventôse sont ajoutés à ce règlement de police les articles additionnels suivants :

« *Articles additionnels au règlement de police du XI ventôse.*

» Art. 1er. — Il est interdit à tous les bouchers de vendre avant l'heure de 7 du matin, et il leur est enjoint de cesser tout débit dès 5 heures du soir.

» Art. 2. — La vente de la viande sera faite en tout temps publiquement et ostensiblement sur les étaux des bouchers et non ailleurs, sous peine d'amende.

» Art. 3. — La rareté des suifs exige la plus sévère économie dans l'usage de la chandelle ; les jeux donnent lieu à une grande consommation en ce genre, et pour y obvier, les jeux de toute espèce sont interdits à la lumière, sous peine d'amende contre les personnes donnant à jouer et contre les joueurs. »

Ainsi la rareté des objets de première nécessité, occasionnée par le maximum, amenait la commune à prendre des mesures sévères, arbitraires même. Et qu'on ne croie pas que cet arrêté resta à l'état de lettre-morte. Pour donner une idée plus complète du temps, que le lecteur veuille bien assister avec nous à l'une des séances les plus mémorables du tribunal de police municipale, celle du 29 de ce même mois de ventôse an 2.

« A été mis sur le bureau un procès-verbal dressé par les officiers de police, en date du jour d'hier constatant qu'ils ont trouvé à souper dans une maison au lieu des Molles appartenant au citoyen P..., tenant auberge au Moutier, Antoine G..., un étranger qu'ils ont reconnu pour être l'agent du district de Fréjus en commission dans cette commune (pour achat de toiles), 3 filles, Benoîte C... dite la Maneutte, Catherine F... dite la Pafouire et Anne B...; que, en vertu d'une autorisation du comité de surveillance, ledit Antoine G... et les trois filles ont été conduits au corps de garde...

» G... et lesdites trois filles rendues à l'audience, il leur a été fait lecture du règlement de police promulgué qui, entre autres choses, défend aux citoyens de cette commune de prendre aucun repas dans les auberges et aux aubergistes d'en fournir sous *les peines y portées.* »

Les prévenus expliquent qu'ils ne regardaient pas la maison de campagne des Molles comme une auberge, que ce souper leur a été offert par l'agent du district de Fréjus pour les remercier, l'un du concours qu'il lui avait prêté pour l'aider à remplir sa commission, les autres pour avoir travaillé gratuitement aux tentes que cet agent était venu faire confectionner ici pour le compte de la République. L'agent lui-même et le propriétaire de la maison viennent dire que le souper n'a été fourni par aucun aubergiste, que c'est l'agent lui-même qui l'a porté, et qu'il n'a été servi par aucuns domestiques. — Le tribunal de police rend le jugement suivant :

« Le bureau de police considérant qu'il y a infraction au réglement de police; que dans un temps de disette il doit être rigoureusement observé puisqu'il tend à adoucir le sort du pauvre, lui procurant la facilité de s'approvisionner, les auberges n'ayant plus la facilité des accaparements, la consommation n'étant plus la même pour les aubergistes par le concours des habitants qui auraient oublié la position des malheureux;

» Considérant encore que le soupé avait pour but une partie attentatoire aux bonnes mœurs, que l'on ne peut se le dissimuler lorsque l'on fait attention que la réunion a eu lieu dans une maison écartée, que l'on a craint l'œil des *domestiques qui auraient dû porter le repas et servir.*

» Le bureau municipal reconnaissant néanmoins que Anne B... a dû être égarée, l'opinion publique ne l'atteignant pas pour s'être jamais écartée et avoir fait aucune partie équivoque,

» Enjoint à ladite Anne B... de se conduire avec plus de circonspection, ordonne qu'elle sera de suite mise en liberté.

». Condamne les citoyens P... et G... en l'amende de 60 livres chacun, leur fait défense de récidiver aux peines de droit.

» Condamne Benoîte C... a deux décades de maison d'arrêt et Catherine F... à une décade. Et sera le présent jugement publié et affiché. »

Un avocat trouvera peut-être étrange cette condamnation à la prison et à l'amende prononcée en vertu d'un règlement de police qui ne stipule ni l'une ni l'autre de ces peines. Mais n'oublions pas que nous sommes sous le régime de ce qu'on appelait alors le *gouvernement révolutionnaire*, soit *la Terreur*. Heureux cependant, trois fois heureux les Thiernois de n'avoir pas éprouvé une justice plus arbitraire encore et plus cruelle! Mais, grâces au ciel, grâces surtout au caractère de nos compatriotes, si notre ville connut la misère, elle ne se souilla pas par ces exécutions sanglantes qui désolèrent tant d'autres cités. Une seule fois l'échafaud se dressa à Thiers pour punir les rebelles de Vollore-Ville! Et si quelques citoyens étaient détenus dans nos prisons, ils entendirent bientôt sonner pour eux l'heure de la liberté et non celle du dernier supplice.

... Mais revenons à nos couteliers, et recherchons quelles furent alors les souffrances de nos concitoyens, non-seulement comme hommes mais encore comme fabricants. La disette ne s'étendait pas aux objets de première nécessité seuls, elle atteignait aussi les matières indispensables pour notre industrie comprises également dans la taxe. Si l'ouvrier eût travaillé, ses ressources lui auraient permis peut-être de se procurer à chers deniers, en dépit de la loi et en fraude de la police, l'aliment de sa vie; mais, outre que nos débouchés extérieurs étaient fermés par la guerre, comment produire même pour la consommation de l'intérieur? Charbons, aciers, meules, fers, tout manquait à la fois! Oyez tous ces cris de profonde détresse dont nos registres des délibérations du conseil nous apportent l'écho désolant!

Séance du 12 frimaire an 2. — « Notre commune ne subsiste que par son commerce en coutellerie. Les matières premières sont les charbons, les aciers et les fers ; c'est par eux que sa manufacture est vivifiée, et que plus de 15,000 âmes vivent de leur industrie dans un pays où le sol ne présente aucunes ressources. 900 forges sont employées à ce travail ; d'où l'on peut juger facilement de la quantité de la consommation. Cependant nous sommes prévenus que les charbons de pierre vont être épuisés ; qu'ils n'en ont pas dans la commune pour un plus long terme de 12 à 15 jours ; que si cette denrée de première nécessité manque, la ville et les communes environnantes se trouvent réduites à une disette qui n'offrirait pas d'exemples. Malgré cela vous n'avez aucune ressource, parce qu'un arrêté du Comité de salut public du 1er octobre dernier a mis à sa disposition tous les charbons de ce département, et qu'il ne peut en être distrait aucuns que de son autorité expresse... Le conseil général, vraiment effrayé des malheurs qui menacent notre ville si elle n'est promptement approvisionnée de charbons, considérant que l'arrêté sage des membres du Comité de salut public a *été son seul but* d'éviter les accaparements et de connaître les motifs de délivrance, arrête à l'unanimité qu'il sera fait de suite une pétition au

Comité de salut public pour lui présenter nos besoins et l'urgence de vivifier une ville qui n'a de ressources que dans son commerce. »

En attendant le résultat de cette demande, une certaine émotion se manifesta parmi nos couteliers. La fabrique d'armes établie en notre ville avait requis des charbons ; on se porta à la fabrique pour en demander, on allégua même que l'on venait au nom de la commune ; il fallut que le conseil dissipât ces rumeurs qui déjà devenaient menaçantes par la proclamation suivante lancée le 26 frimaire :

« Concitoyens, il s'est répandu un bruit que les commissaires des armes avaient mis en réquisition tous les charbons de terre du département. Ce bruit a obtenu quelque créance ; il appartient donc à la commune d'éclairer ses frères et ses amis et de leur annoncer la vérité. Eh bien, la voici ! Les commissaires des armes ont requis 55 voies de charbon de terre à Pont-sur-Allier et 45 à Puy-Guillaume appartenant à Ramain ou Reynaud. Tous les autres ont été requis par ordre du Comité de salut public établi près la Convention, et aucuns ne peuvent être soustraits sans une main-levée du comité de la Convention. Déjà le conseil général, prévenu de la pénurie des charbons de terre et de leur nécessité pour le commerce de ses habitants et des communes voisines, a fait parvenir sa pétition au Comité de salut public, et il est à croire que les moyens présentés seront accueillis et que dans peu vous aurez abondamment une marchandise d'aussi grande utilité. »

L'arrêté du Comité de salut public arriva le 1ᵉʳ nivôse ; mais comme, par erreur, il n'accordait les charbons que pour la fabrique d'armes, il fallut écrire aux citoyens Couthon, Maignet et Rudel, membres de la Convention, pour obtenir la rectification de cet arrêté.

Dans la séance du 26 nivôse an 2, « il est fait lecture de la lettre du Comité de salut public du 23, qui autorise la commune à tirer des mines en réquisition les charbons qui lui sont nécessaires tant pour la manufacture d'armes que pour toutes autres, et d'en faire déterminer la quantité par le directoire de district, de la pétition faite à ce directoire et de son arrêté du 24 de requérir, conformément à l'arrêté du Comité de salut public dans les mines, en réquisition jusques à concurrence de 1,500 cartons par jour.

« Un membre a obtenu la parole, et a dit : Votre commune a réclamé près du Comité de salut public, et elle a été entendue. Des charbons de pierre lui ont été concédés pour son commerce et il est question de les faire parvenir avec cette célérité que commande le besoin ; il est de votre connaissance que la moitié de vos forgerons et de vos ouvriers ont cessé toute fabrication par le manque entier de charbon, que les autres en ont à employer pour cette décade, que déjà la stagnation du commerce est grande et ne tardera pas à être entière. » Il demande, et la commune vote que deux citoyens partiront immédiatement pour les mines, afin de se procurer le plus de charbons possibles. Bizet aîné et Richard-Faucher sont chargés de cette mission.

Dans la séance du 4 pluviôse, « ces deux citoyens ont fait leur rapport ; ils ont dit qu'il leur a été fait bon accueil et que provisoirement ils ont mis en réquisition 100 voies de charbon, mais qu'il leur a été impossible, malgré leurs recherches, de trouver aucuns conducteurs dans cette contrée (Brassac ou à Pont-sur-Allier) ; qu'ils ont successivement parcouru tous les lieux en usage de voiturer par eau, et qu'enfin le citoyen Sève (de Puy-Guillaume?) a offert ses services à charge de lui rembourser les simples frais et une médiocre voiture. Ils ont dit que la disette entière des charbons ne permettant pas de mettre un délai, ils ont cru devoir accepter les offres de Sève. » Le conseil leur vote des remerciments tout en les priant d'activer cette conduite.

Mais si, à force de recherches, on avait trouvé un conducteur qui voulût bien se charger de voiturer les charbons à Thiers, toutes difficultés n'étaient pas encore levées. Nous en trouvons la preuve dans une séance du 6 pluviôse, honorée de la présence du Représentant du peuple Cabanon, venu ici pour mettre en réquisition les papiers de notre fabrique. En attendant que les papetiers se rendent à la séance à laquelle ils viennent d'être mandés, on profite de la présence d'un Représentant pour parler des affaires de la ville. « Un membre a demandé la parole et a dit : le Comité de salut public près la Convention vous a autorisés de retirer des mines en réquisition les charbons nécessaires aux armes et à votre manufacture ; vous avez chargé les citoyens Bizet et Richard d'en faire la réquisition, ils l'ont exécuté; vous les avez invités de les faire voiturer, et les citoyens Sève père et fils sont les seuls qui s'en soient chargés. Ils vous rapportent aujourd'hui qu'ils sont allés à Brassac, mais qu'ils ont trouvé tous les bateaux (sur l'Allier) en réquisition et qu'ils n'ont pu en conduire. Cependant ce retard va devenir funeste. Invitons le Représentant de s'assurer de ces faits; invitons-le d'en faire part à la Convention. »

A quoi Cabanon répond, qu'il regrette que sa mission soit restreinte à la réquisition des papiers, mais qu'il arrivera sous peu à Clermont un représentant « chargé expressément de cette mission. » Le conseil général décide qu'on attendra pour agir son arrivée.

Séance du 15 pluviôse an 2. — « Un membre a dit : que les charbons de terre manquent totalement dans cette commune; que le conseil s'est occupé d'en faire venir de Brassac à Puy-Guillaume (par la rivière d'Allier); que l'on ne peut vendre le charbon qu'à la taxe, et qu'en le donnant à la taxe la commune perdrait beaucoup; qu'il convient de suspendre toutes ventes aux habitants des communes voisines, mais que, néanmoins, il convient d'en délivrer aux citoyens de cette commune pour la fabrication de la coutellerie et autres objets de ce genre.

» Le conseil général arrête : Qu'il sera provisoirement délivré des charbons de terre aux citoyens de cette commune travaillant à la coutellerie, et qu'il sera sursis à la délivrance d'aucuns charbons de terre aux habitants des communes environnantes jusqu'à ce que le prix en soit connu et qu'il ait été procédé à une nouvelle taxe. Arrête pareillement qu'il sera écrit aux municipalités des communes de Nevers et de Rive-de-Gier pour savoir le prix des fers et des aciers de ces diverses fabriques. »

La rareté des aciers ne se faisait pas moins sentir à Thiers que celle des charbons ; il en résultait même que plutôt que de chômer entièrement, plusieurs fabricants employaient à la fabrication le peu de fer qu'ils possédaient. C'était un abus qui pouvait déprécier les produits de notre fabrique ; aussi dans cette même séance du 13 pluviôse trouvons-nous la mention et la résolution suivante ;

« Un membre a dit : Que plusieurs couteliers fabriquaient des lames de couteaux et de ciseaux en fer ; que ces marchandises étaient vendues comme si les lames étaient en acier ; ce qui est une fraude manifeste à la bonne foi du commerce et porterait un préjudice considérable à la fabrique de Thiers ; il a demandé et le conseil a décidé qu'il fût fait une proclamation pour autoriser les dénonciations de toutes ventes qui seraient faites de couteaux et ciseaux dont les lames sont en fer et qui auraient été vendues comme si les lames étaient en acier. »

Mais les charbons n'arrivaient guère ! Après avoir fait lever l'embargo mis par le Comité de salut public sur cette matière, il fallait aussi, de toute nécessité, obtenir la main-levée de la réquisition mise sur tous les bateaux. En conséquence, le conseil général rédigea dans la séance du 16 pluviôse une seconde pétition au Comité.

Nos couteliers ne pouvaient donc pas travailler, et leurs plaintes venaient chaque jour désoler nos municipaux. Au 18 pluviôse, voici une pétition des citoyens Darrot frères, domiciliés en cette commune, négociants, par laquelle ils exposent que des bois d'ébène qu'ils ont pour leur compte à Nantes ont été requis par la municipalité dudit lieu pour servir aux ébénistes ; et que les fabriques de cette commune étant dans un grand besoin de cette matière première qui leur était destinée en seront privées s'il n'y est pourvu. « Le conseil général, considérant que les fabriques ont besoin d'être approvisionnées et qu'il importe que le bois d'ébène qui leur est destiné leur arrive, arrête que la municipalité de Nantes sera invitée à laisser sortir lesdits bois de son territoire. »

La rareté ou plutôt le manque de meules préoccupe le conseil général dans sa séance du 8 ventôse ; « un membre a dit : que dans ce moment-ci il n'y a point de meules à émoudre dans cette commune, que par cela un grand nombre d'émouleurs sont sans travail. » Le conseil charge les citoyens Vincelet, fils aîné, et Armilhon de se rendre immédiatement à Langheac afin d'y faire les achats de meules nécessaires soit pour la coutellerie, soit pour la fabrique d'armes.

De retour et présents à la séance du 25 de ce même mois de ventôse, ces commissaires « ont dit : qu'ils avaient acheté 216 meules de différentes espèces. Ils ont ajouté que Langeac, dans le district de Brioude, est le seul pays d'où l'on tire les meules propres à émoudre ; que jusqu'à présent il a fourni notre commune de tout ce qu'elle consomme en ce genre ; que jadis il y avait 5 carrières en activité à Langeac, qu'actuellement il n'y en a plus qu'une, et encore leur a-t-on dit qu'elle est à la veille de cesser. » Pour prévenir cette cessation qui serait funeste à notre fabrique, ils proposent et le conseil vote qu'on écrira au Comité de salut public « pour faire remettre les carrières de Langeac en activité. »

27 ventôse. — « Le conseil général convaincu par les demandes réitérées des fabricants en quincaille de cette commune, et les recensements faits avec sévérité chez les marchands de fer et fabricants, que les fabriques sont à la veille de manquer de fers, arrête que l'administration du district sera invitée de donner l'autorisation nécessaire pour retirer des magasins des citoyens Grimardias frères et autres marchands de fer de la commune de Maringues tous les fers qu'ils peuvent avoir en leur pouvoir, en payant de suite le prix réglé d'après la loi du *maximum*, et distraction faite de la quantité de fer mise en réquisition pour la fabrique d'armes blanches établie en cette commune et aussi de ce qui sera indispensable pour les besoins momentanés de la commune de Maringues, pour le fer qui sera délivré, être distribué aux fabricants à fur et mesure de leurs besoins et dans une proportion toujours juste. »

Afin de faire plus activement toutes les démarches nécessaires pour arrêter cette pénurie extrême et toujours croissante, non-seulement des matières premières indispensables pour notre fabrique, mais encore des objets de première nécessité indispensables à la vie, la société populaire de Thiers envoya à Paris, en qualité de commissaires les citoyens Brasset-Lhéraud, Chassaigne-Bonnefoy, Berger et Malmenayde-Cognord. Les pétitions succédaient chaque jour aux pétitions, et la commune mettait en œuvre tous ceux sur l'appui desquels elle croyait pouvoir compter pour obtenir à la fois les moyens de vivre et de travailler.

Le 12 floréal an 2, nos officiers municipaux adressaient la lettre suivante :

« Au citoyen Couthon, à Paris.

— » Tu connais, bon montagnard, les besoins de notre commune. Tu sais que si les matières premières pour alimenter nos fabriques en quincaillerie nous manquent, le peuple est sans travail comme sans ressources pour se procurer du pain. Eh bien! ami du peuple, cette disette de matières premières est réelle pour nous; sans la distribution des secours décrétés pour les patriotes indigents et les familles qui ont des parents dans les armées de la République, qui se distribuent journellement, nous n'aurions pu trouver des ressources pour la multitude de malheureux qui se plaignent et disent hautement : donnez-nous du pain! occupez-nous! nous voulons l'acheter à la sueur de notre front!

» Pardonne nos importunités. Nous connaissons tes occupations importantes, nous savons que tous tes moments sont à la chose publique ; mais peut-on craindre d'être à charge à celui qui a donné des preuves multipliées de l'humanité la plus soutenue?

» Veuilles donc accélérer la décision des réclamations dont sont porteurs les commissaires des Sans-Culottes de cette commune; hâtes le moment où nous pourrons entendre le marteau faire retentir l'enclume des coups que nos ouvriers veulent redoubler pour bien mériter de la patrie. Ménages ta santé; tes jours sont à la Patrie; elle te les recommande. Puissent-ils égaler la durée de ceux du sage Nestor!

» Salut. Fraternité. Amitié et confiance. »

.... — Le 27 du même mois de floréal la commune adressait à la commission des subsistances et du commerce à Paris, cette autre lettre, tableau expressif, résumé éloquent de toutes les misères causées dans notre ville par le manque de pain.

« Le conseil général de la commune de Thiers aux citoyens composant la commission des subsistances et de commerce de la République. »

— « Nous devons aux sages arrêtés de la commission l'existence dont nous jouissons; aux réquisitions qu'elle a accordées à ce district sur celui de Riom est dû le pain qui, jusqu'à ce jour, a alimenté les habitants des communes qui s'approvisionnent à nos marchés. Les bleds de réquisition sont épuisés; point de ressources en nous-mêmes, nous ne savons plus où prendre: quel sera notre sort? Périr de faim! nous n'en voyons pas d'autre. C'est une vérité: vous la taire serait un crime.

» Dans les années abondantes, à la suite de plusieurs années abondantes, lorsque le propriétaire ne va pas au marché, lorsque le citoyen aisé fait ses approvisionnements dans le dehors, lorsque les boulangers s'approvisionnent aussi dans le dehors et vendent du pain journellement, nos marchés au nombre de trois tous les huit jours présentaient une consommation de plus de 900 septiers, et jamais il n'y en a été acheté pour revendre, mais toujours par le consommateur : aujourd'hui que personne n'a sa plus petite provision, que les boulangers ne peuvent plus cuire, que l'on ne trouve plus à acheter hors des marchés, qu'il n'y a plus de revendeurs, que les requisitions nous manqueront totallement, que pouvons-nous devenir? jugez s'il n'est pas vrai, et très-vrai, qu'il faut périr de faim.

» Le moment est pressant, citoyens; les habitants consomment la dernière livraison. Si le pain manque, tout manque à la fois. Nous n'avons ni viande, ni beurre, ni fromage, aucune espèce de légumes, pas une livre de riz, pas même des œufs; l'huile se délivre à quarteron, et tous n'en ont pas. Voilà encore des vérités qui ne sont que trop réelles.

» Nous faisons cuire du pain pour être distribué à la livre aux plus malheureux. De ce pain il en a été donné aux voyageurs avec économie. Le peuple qui se voit dans la privation, qui a faim, s'est récrié. Il a dit : « Notre quotité de subsistances est assignée; on en délivre une partie aux passants; on veut accélérer le moment de notre destruction. » Forcés par les circonstances, nous ne donnons plus de pain aux étrangers. Voilà à quelles extrémités nous en sommes réduits........ »

Quelques jours plus tard, on aurait pu ajouter à cette lettre que non-seulement le pain était refusé aux étrangers de passage à Thiers, mais même que le marché était fermé aux frères des communes les plus voisines, telles que Dorat, Ecoutoux...... (Lettres de la municipalité à ces deux communes, du 15 prairial).

Le 3 messidor an 2. — Nouvelle demande à la commission de commerce et approvisionnements.

« Citoyens, voilà plus d'un an que nous luttons contre les horreurs de la famine, l'approche de la moisson nous rassurait, nos désirs semblaient en rapprocher l'instant, lorsqu'un temps froid et humide en a retardé l'époque. Persuadés de nos besoins et touchés de notre état, vous nous aviez fourni des réquisitions sur le Cher, les Deux-Sèvres et sur Billom (Puy-de-Dôme). Les premières ont été pour ainsi dire nulles. Le district de Billom sur lequel vous nous aviez donné 4 milliers de bled à prendre n'a pas répondu à vos désirs. Vous avez les procès-verbaux de leur refus. Nous n'avons vécu que de privations dans cette détresse. Nous avons en vrais frères partagé nos subsistances. Un même pain nous nourrit, et nous sommes depuis longtemps réduits à la demi-livre ! Cette privation, nous l'avons supportée, mais nous touchons au moment d'une disette absolue. Notre état n'est pas exagéré. Si vous ne venez promptement à notre secours nous périrons ! »

En même temps que cette supplique, adressée directement à la commission, la commune en rédige une autre, sans date, qu'elle charge ses commissaires à Paris Goninfaure et Brasset-Lhéraud de remettre à la même commission, et qui est ainsi conçue :

« Citoyens, — la commune de Thiers, très-populeuse, se trouvant placée sur un sol absolument stérile, ne récolte que très-peu de légumes, et se voit privée depuis longtemps de la ressource que lui offrait la viande. Dans ce dénuement elle se voit forcée de recourir à des aliments étrangers pour suppléer à ses besoins. Nous avons écrit dans divers ports pour nous procurer des riz et de la merluche. Mais nous ne pouvons en obtenir que munis d'une autorisation de votre part, nous vous la demandons pour les ports de Rochefort et de la Rochelle. »

.... — Le 2 thermidor, nouvelle supplique à la commission pour lui signaler la pénurie complète d'un objet de première nécessité, non-seulement au point de vue hygiénique, mais encore pour une partie de la population ouvrière de Thiers : le savon.

« — Citoyens, — le conseil général de la commune de Thiers sollicité par ses concitoyens de subvenir à leurs besoins, s'est assuré de la réalité comme de l'étendue absolue de ces mêmes besoins, et se voit dans l'impuissance absolue d'y subvenir. Plus de savons dans cette commune. Les commerçants ont fait de vains efforts, d'inutiles tentatives pour s'en procurer, en s'adressant aux autorités constituées des communes dans lesquelles cette marchandise se fabrique, dans celles où il s'en est toujours fait un commerce, même aux négociants qui ont commercé sur cet objet, le conseil général a réclamé et aussi sans succès.

» 25 fabriques à papier composées de 72 cuves, 12 fabriques de fil n'ont plus de savons et se voient au moment de cesser toute fabrication. La commission appréciera la perte de cette cessation en considérant l'intérêt général de la République, les besoins de papier et de fil; en considérant l'urgence et la nécessité de procurer du pain à mille ouvriers occupés dans ces ateliers, à ne pas voir réduire à la misère des fabricants qui n'ont cessé d'observer la loi sur le *maximum* pour le bien de la chose publique, qui ont supporté sacrifices sur sacrifices dans l'espérance d'être secourus et de soutenir une fabrication dont la cessation aurait produit et produirait encore les effets les plus funestes.

» 20 communes venaient s'approvisionner de savon dans celle de Thiers. Depuis plus de 6 mois ses habitants ne peuvent en avoir; et voilà, nous devons le dire, une population de 50,000 âmes qui n'a peut-être pas divisément 20 livres de savon.

» La nécessité de cette matière est reconnue. Qui en manque, ne peut blanchir son linge et est exposé, quoi! exposé! disons assuré des maladies inséparables de la malpropreté. Combien d'enfants au berceau, qui font l'espoir de la patrie, et qui pour n'avoir pas de linge blanc sont exténués, et dépérissent insensiblement! nous sommes témoins de ce malheur. Les mères, les nourrices nous portent ces enfants, et nous donnent journellement ce spectacle désolant, dans l'espérance que la part que nous prenons à leur tendresse affligée, peut faire cesser leurs besoins et conserver des citoyens.

« Vous vous ferez, citoyens, le tableau que doit peindre la pénurie de savon, tel qu'il se présente aux âmes sensibles, aux âmes républicaines : des fabriques de papier et de fil perdues pour la République ; des fabricants ruinés ; des ouvriers et leurs familles sans moyens pour subvenir aux premiers besoins de la vie ; des citoyens dans l'impossibilité de pourvoir à une propreté à laquelle ils sont habitués, et qui, leur manquant, contribue entièrement à l'altération de leur santé ; et ne présente plus que des individus mourans, une grande commune bientôt dépeuplée ! Telles sont les vérités que le conseil général doit avouer ; les ennemis seuls de la liberté auraient intérêt de les taire.

« Les premiers besoins de savon exigent un envoi de suite de la quantité de dix mille quintaux, poids de marc. Nous vous en demandons la distraction sur ceux qui sont mis en réquisition dans les fabriques et magasins où il y en a, et que vous voudrez indiquer.

» Citoyens, toujours justes dans la répartition des besoins du peuple, confiants à votre surveillance et à votre sévère économie, n'oubliez pas que nous redoutons le fléau des maladies par la privation du savon, et que nous sommes éloignés de l'exagération ! »

Faisant droit à la première des deux pétitions qui précèdent, la commission de commerce accorda à notre commune, au mois de thermidor, cent quintaux de riz à prendre dans le magasin des subsistances de la Rochelle.

.... — Au 2 thermidor, la commune écrivait à Couthon une nouvelle lettre pour le remercier « bien sincèrement des peines qu'il s'était données pour procurer des aciers à la commune. » Puis à propos de la disette des grains, on ajoutait : « Nous devons te communiquer au moment même de la levée des récoltes nos inquiétudes sur les subsistances et la réalité de notre pénurie. Au moment où les bleds étaient en fleur, une neige abondante les couvrit dans toute la partie de la montagne ; une pluie froide tomba dans la plaine. Nous fûmes d'abord sans inquiétude, mais actuellement nous acquérons la cruelle certitude que les bleds ne sont pas grenés, que la récolte est plus mauvaise encore que celle de l'année dernière. Des chaleurs excessives depuis près de deux décades ne nous laissent pas l'espérance de récolter ni pommes de terre ni légumes ; nous n'avons point de fruits, et dans le moment actuel nous sommes plus à plaindre que jamais. »

Les Représentants du peuple Ferry et Musset, envoyés en mission à Thiers, purent constater *de visu* cette effroyable misère. Grâce à eux, grâce aux réquisitions qu'ils accordèrent à la commune, le peuple put obtenir un morceau de pain pour tromper sa faim, les matières premières arrivèrent, non pas abondantes, mais suffisantes pour alimenter un peu son travail. Mais on vivait au jour le jour, sans être rassuré pour le lendemain, et toujours ce cri de famine retentissait terrible, menaçant à toutes les oreilles ; à celles de la Convention, du directoire de district, de l'administration départementale, des commissaires de la Société populaire toujours présents à Paris, du Représentant Rudel, de Couthon, de tous ceux enfin qui étaient en mesure de donner ou de procurer ; et dont le bon vouloir, hélas ! était souvent paralysé par l'état général des choses !

La Convention pouvait-elle en effet venir en aide à

toutes les misères? Déjà, par un décret du 13 pluviôse an 2, elle avait accordé à titre de secours et de bienfaisance nationale une somme de dix millions. Sur cette somme, la commune de Thiers avait obtenu celle de six mille quatre cent soixante-sept livres quinze sous. Dans les états de distribution dressés par le conseil général 284 couteliers sans travail reçoivent une allocation proportionnée au chiffre de la somme à distribuer et au nombre des membres composant leur famille. Mais de quelle importance pouvait être ce secours momentané, béni pourtant, dans une ville éprouvée comme la nôtre ! Les 20, 10, 5 ou 6 livres ainsi distribuées un jour pouvaient-elles fermer cette plaie toujours béante et qui allait s'agrandissant à chaque heure? La cause du mal ne subsistait-elle pas? Le conseil général dans la colonne des observations qui termine ces états la signalait ainsi : « Il est du devoir de cette commune d'exposer à la Convention que la très-grande partie de ses manufactures ne travaille que pour l'étranger et se trouve en ce moment paralysée. Ce qui nécessairement accroît le nombre des indigents. Elle a la confiance que la Convention nationale s'occupera des moyens de soulager par des secours instantanés les villes manufacturières dans les moments où l'industrie est arrêtée. »

Les secours accordés par la République aux familles des défenseurs de la patrie étaient plus efficaces sans doute, puisque la distribution était trimestrielle ; mais ils étaient naturellement restreints à certaines familles.

Grâce à la spécialité de sa fabrication, notre ville cependant trouva quelques compensations à la ruine totale de son commerce extérieur, dans l'établissement à Thiers des manufactures d'armes. Déjà nous avons vu installée dans les bâtiments de notre collége, sous la direction du citoyen Pradier, commissaire de la Convention, une manufacture d'armes blanches (10 octobre 1793). Dans la séance du 18 pluviôse au 2 « les entrepreneurs de la fabrique de fusils établie à Clermont-Ferrand viennent exposer « que pour l'intérêt de la République ils sont dans l'intention d'établir une fabrique d'armes à feu en cette commune dont la position et le grand nombre d'ouvriers accoutumés à travailler le fer leur présagent un heureux succès, mais que préalablement ils ont voulu s'assurer si la commune pourrait leur procurer un local propre à cet établissement, et s'ils pourraient occuper un nombre suffisant d'ouvriers sans nuire aux autres fabriques de la commune et particulièrement à celle des armes blanches. Ils ont ajouté qu'une ville de fabrique sur le bord de laquelle est une rivière qui fait mouvoir les martinets propres à étirer le fer était d'une grande ressource pour de semblables établissements.

« Le conseil général a accueilli avec empressement les citoyens entrepreneurs et leur a assuré que, pour l'intérêt de la République, il seconderait leurs vues par tous les moyens qui sont en son pouvoir. Et de suite, les citoyens Fabry et Decouzon ont été nommés commissaires pour se rendre avec eux dans la ci-devant église de St-Jean de cette commune et vérifier si ce local peut convenir à l'établissement proposé. Les entrepreneurs et les commissaires ont été voir les lieux ; de retour, ils ont rapporté que la ci-devant église de St-Jean est très-convenable à un pareil établissement, mais qu'il convient d'y ajouter le local ci-devant appelé le Saint-Esprit et le presbytère du ci-devant Curé qui en sont voisins. » Ce que le conseil accorde sauf homologation du district.

Ainsi se trouve établie dans notre ancienne église de St-Jean du Parret une fabrique de platines pour armes à feu qui fonctionne sous la direction du citoyen La Tolle. Outre l'honneur de concourir à la fabrication de ces armes qui devaient porter si loin la gloire du nom français, notre ville retira de ces deux établissements, ainsi que de la fabrication des bayonnettes qui occupa un atelier considérable, un avantage immense et précieux en ce temps de misère, celui d'occuper une partie de ses ouvriers; et ces derniers eux-mêmes, outre le pain de chaque jour, y trouvaient encore un autre bénéfice, celui d'être dispensés par leur état de courir comme tant d'autres vers les frontières et hors les frontières, loin de leurs familles, dont ils continuèrent à être le soutien.

An 3.

Cette année nouvelle sera-t-elle meilleure que les précédentes? La réponse à cette question est prévue par le lecteur; puisque la même cause, le maximum, subsiste toujours d'une part, et que, d'autre part, la mauvaise récolte vient augmenter sa pernicieuse influence. Détachons encore de nos régistres quelques pages qui nous retracent ces souffrances toujours vives, toujours cruelles du citoyen et du commerçant thiernois.....

« Séance du 1ᵉʳ vendémiaire. — « 2 militaires voyageant isolément et munis chacun d'une route, sont entrés et ont dit : « Une loi à laquelle nous nous empressons d'obéir ordonne que, pour tenir lieu d'étape en nature, il sera payé 30 sols pour chaque militaire voyageant isolément. Nous avons parcouru toute cette commune sans trouver ni boulangers ni autres particuliers qui vendent du pain ; nous sommes pressés par la faim ; nous vous demandons de venir à notre secours, nous offrons de payer. »

« Le conseil arrête : attendu la pénurie des subsistances dans laquelle se trouve cette commune, attendu la certitude que les boulangers ne peuvent cuire, qu'aucuns citoyens n'ont du pain à vendre et ne peuvent en avoir, chaque citoyen n'ayant pas un approvisionnement suffisant : que le citoyen Thinet, chargé des étapes et convois militaires, se retirera par-devant les autorités compétentes pour se procurer les grains et farines nécessaires pour fournir le pain dont auront besoin les militaires auxquels la loi n'attribue que 30 sols. Et comme l'humanité et la reconnaissance envers des défenseurs de la patrie commandent impérieusement de leur fournir du pain lorsqu'ils en manquent, 2 des membres de l'assemblée se sont offerts de prendre sur leur approvisionnement pour leur fournir le pain qu'ils réclament, et sont sortis pour le leur faire délivrer. »

..... 22 vendémiaire. — « Le conseil général à la

commission de commerce et d'approvisionnements de la République à Paris :

« Notre position quant aux subsistances est si cruelle, nos besoins sont si multipliés, que nous ne pouvons ni ne devons cesser de réclamer. Une commune très-populeuse qui ne récolte rien, et dans laquelle il ne se porte plus rien, ne peut qu'être dans la misère aussi absolue que continuelle. Nous n'avons pas d'huile, le beurre et les grains nous manquent : le peuple est privé de pouvoir manger de la soupe et préparer le peu de légumes qu'il se procure parfois et rarement. Nous nous arrêtons à l'huile ; nous saurons nous passer de beurre et de graines. Les réclamations noyées dans les larmes qui nous sont faites journellement ne nous laissent plus le temps de compter sur des ressources personnelles. Notre boucherie ne présente plus de moyen d'exister ; il ne s'y tue pas un bœuf ou une vache par décade. Plus de 12,000 individus n'ambitionnent que le strict nécessaire pour s'alimenter et de la partie des subsistances la plus abondante et la moins recherchée. L'huile abonde dans le département de la Corrèze, nous en avons un besoin pressant de 15 milliers. Répartis, l'approvisionnement n'est rien pour chaque famille ; surtout lorsqu'il est positif que notre commune est composée de différents ateliers en fabrique de clincaillerie, filleterie, engainage et papéterie ; que ces ateliers ne peuvent aller si l'on ne travaille une partie de la nuit ; que n'ayant point de chandelle (à Thiers ! ville renommée alors par ses fabriques de chandelles), il faut absolument s'éclairer avec de l'huile : trois fabriques d'armes pour la République sont en activité, et en font une consommation considérable.

» Nous nous remettons, citoyens, à la justice et à l'humanité qui dirigent vos travaux. Nous vous recommandons de malheureux citoyens, qui savent toujours être contents pourvu qu'ils aient le strict nécessaire, qui, comme vous le voyez, n'aspirent *qu'à manger un peu de soupe*, et à pouvoir corriger l'âpreté des légumes qui ne peuvent se manger sans une préparation la moins dispendieuse. Veuillez nous accorder, et nous vous le demandons au nom de la misère qui nous poursuit, une réquisition de quinze milliers huile de noix sur le département de la Corrèze. »

.... 18 brumaire. — La commune écrit au district :

« Pour répondre d'une manière précise à votre lettre de ce jour, nous avons de suite consulté les administrateurs de l'hospice de bienfaisance de cette commune, qui nous ont attesté que le nombre des individus de cette maison s'élevait dans ce moment-ci à 210; que la consommation journalière en bled était de 12 quartons, ce qui fait 45 septiers par mois, en observant que cette quantité est au-dessous de celle qu'il faudrait dans cette maison, si on ne l'assujétissait pas à la privation que la disette de cette commune commande pour tous les citoyens. »

11 frimaire. — Le prix de la livre de pain est fixé à 6 sols.

19 frimaire. — Séance du conseil général. — « Un membre, ayant obtenu la parole, a dit : « Il fut toujours dans nos cœurs d'exécuter la loi. Ce sentiment

sera sans cesse inséparable de notre conduite. Les sacrifices ne nous coûtent rien. Trop heureux ceux qui ont à offrir et à donner! nous pouvons et nos concitoyens aussi en fournir des preuves réitérées; mais dans la circonstance où nous nous trouvons, quant aux porcs (mis en réquisition pour les besoins des armées), nous devons ne rien taire de notre position critique et malheureuse. Rappelons ce que nous avons fait, donnons le tableau effrayant de notre misère; la justice fera le reste. Conformément à un arrêté de l'administration du Directoire, nous avons fait le recensement des porcs de notre canton, nous avons fait l'indication du 8ᵉ à prendre. Le tableau en a été envoyé à l'administration. Une lettre de la même administration indiqua le jour et l'heure du rassemblement, il a été effectué avec la plus grande exactitude. Il nous parvient la copie d'une lettre du 9 brumaire du directeur des subsistances militaires. Il demande la représentation des cochons d'un âge au-dessus de 3 mois. Taire notre misère, taire que les cochons propres à être tués l'ont été, que prendre les nourrins serait affliger les possesseurs sans opérer un bien, serait pour nous un crime irréparable. Nous sommes réduits à 3/4 de pain par individu, et souvent on ne peut les fournir. Il ne va plus ou presque plus de bestiaux à la boucherie : plus d'huile, plus de beurre, aucune espèce de graisse. Les pommes de terre sont très-rares et les légumes à cosse aussi. Il est fait un mélange de l'avoine, des fèves, du vessard et de l'orge avec le froment et le seigle pour alimenter les citoyens. Une telle nourriture, et distribuée avec économie, est la preuve la plus complète de l'état de dénuement où nous nous trouvons. La loi, toujours juste et sage, ne commande que le possible, ne veut pas que le citoyen fournisse ce qui lui est indispensablement nécessaire. Partager avec ses semblables est un devoir : ôter tout aux uns pour donner aux autres serait un acte d'inhumanité. N'est-il pas vrai que si on enlève le lard il ne reste plus de moyens au cultivateur, à l'artisan et à tous les autres citoyens de faire un peu de soupe?... Je soumets ces réflexions à l'assemblée pour être ratifiées si elles doivent l'être et envoyées à l'administration de district. » L'assemblée ratifia, en effet, transmit ses doléances au directoire de district; mais que pouvait l'administration dans cette circonstance? Se plaindre à son tour, soit, mais en tout cas il fallut bien obéir.....

Ainsi la disette continuait toujours, maximum et réquisitions paralysaient toutes ventes. La commune, à grand'peine, par l'envoi de commissaires au loin, se procurait des grains et des riz surtout; souvent il fallait attendre avant d'obtenir les secours ainsi cherchés. Il arrivait plus d'une fois que les grains, traversant des localités où la même pénurie se faisait sentir, étaient requis par les municipalités, et cet embargo n'était pas facile à lever. Pour obtenir la main-levée d'une réquisition mise par la municipalité de Lyon au commencement de cette année sur une provision de savon faite à Marseille par notre commune, il avait fallu échanger de nombreuses lettres et user de diplomatie.

Quant aux matières premières nécessaires à notre industrie principale, elles étaient toujours aussi rares. Pour se procurer les charbons de Brassac, en petite quantité, les meules de Langeac, les fers et les aciers, que de difficultés sans cesse renaissantes ! Certes la besogne était lourde pour les membres de la commune devenus ainsi marchands en gros, et détaillants en même temps, de toute espèce de denrées ou de matières propres à la fabrication. Grâce à la commission du commerce, on obtint en brumaire des réquisitions qui permirent à la commune de faire un approvisionnement d'acier. Nous avons sous les yeux le registre constatant la distribution faite par les commissaires de la commune, le 9 brumaire, de 49,975 livres d'aciers répartis entre 270 couteliers.

Enfin, l'heure était venue où le maximum devait cesser de régner. Laissons aux contemporains le soin de l'apprécier eux-mêmes en transcrivant ici les deux proclamations qui annoncèrent cette heureuse nouvelle au public.

11 nivôse an 3. — « La Convention nationale a, par ses décrets des 3 et 4 de ce mois, rapporté toutes les loix portant fixation du maximum sur le prix des denrées et des marchandises. La circulation, tant pour les comestibles que pour toute espèce de marchandises, est actuellement libre. Tous les citoyens peuvent vendre et acheter de gré à gré et convenir à l'amiable du prix ; aucune loi ne s'y oppose. Nous vous invitons, citoyens, à user de la liberté rendue au commerce ; à vous livrer avec confiance à la sûreté que donne la loi et au grand

avantage de pouvoir fournir à vos besoins sans redouter des obstacles. »

25 nivôse. — « Le conseil général à ses frères et amis des communes et districts circonvoisins.

« La loi du maximum vient d'être rapportée. Jusqu'à ce moment heureux les relations commerciales avaient été interrompues; et cette loi, dans un siècle de fraternité avait isolé les communes les unes des autres, au point qu'elles se voyaient mutuellement dans l'impuissance de se secourir.

» La commune de Thiers n'était alimentée que par les communes voisines et les districts environnants qui, à leur tour, trouvaient dans la commune de Thiers les objets qui leur manquaient. Ce commerce mutuel entretenait l'amitié et la fraternité, mais la loi du maximum l'avait entièrement détruit.

» Empressez-vous donc, citoyens, frères et amis, de venir dans nos murs, vous y trouverez des frères. Apportez-y vos grains avec sécurité : les besoins de cette commune les réclament; la justice des magistrats doit vous rassurer, le bon ordre règnera et chaque citoyen s'empressera d'y concourir. Le commerce ordinaire de cette commune vous offrira des ressources qui vous manquent. En vrais républicains, traitons-nous en amis et en frères ! Que l'agriculteur se fasse un devoir d'apporter ses denrées au citoyen commerçant, et que par un retour mutuel le commerçant procure à l'agriculteur les fruits de son commerce ! Cette réciprocité de services, si elle s'établissait comme on doit l'espérer, assurerait la paix dans l'intérieur et le bonheur de la République!.... »

CHAPITRE IX.

LES ANNÉES MAUVAISES (*Suite*).

Le réveil.

De 1795 à 1800.

Il n'entre pas dans notre plan de donner ici une histoire générale de notre ville pendant la République. Nous ne devons pas perdre de vue que nous ne faisons autre chose qu'une monographie de la coutellerie thiernoise. Si nous avons tracé le tableau de Thiers pendant ces premières années, notre but était de prouver comment l'activité de l'ouvrier, devenu citoyen, électeur, garde national, avait été naturellement paralysée par l'influence des événements; comment ensuite, le travail cessant, les conditions économiques dans lesquelles l'ouvrier vivait avaient été profondément troublées par ces événements; l'ouvrier se voyant condamné à dépenser pour vivre beaucoup plus qu'il ne pouvait gagner par son travail. A ceux qui voudraient plus de détails encore, qui seraient curieux de savoir tout ce qui s'est passé à Thiers à cette époque, nous répondrons simplement que les diverses monographies qui successivement composeront l'ensemble de notre œuvre, et notamment celle de notre *administration municipale*, nous fourniront plus d'une occasion de satisfaire leur curiosité.

Contentons-nous donc de signaler encore ici, comme suite à notre chapitre général des *années mauvaises* pour la coutellerie, quelques autres documents constatant la pénurie, sinon nouvelle, du moins croissante, à laquelle l'ouvrier Thiernois resta soumis quelque temps encore, même après le retrait du *maximum*. Outre que la confiance était naturellement longue à renaître après cette terreur immense sous le poids de laquelle le pays venait de gémir trop longtemps, il restait encore jusqu'à la récolte prochaine une cause trop réelle de pénurie, l'insuffisance de la récolte dernière. Ecoutons une fois encore les doléances de la commune, qui nous dépeignent ce triste état de choses. Grâces à Dieu, ces nouvelles citations seront les dernières que nous ayons à faire.

Le 14 nivôse an 3, le conseil général de la commune envoyait l'adresse suivante à la Convention nationale :

« — ÉGALITÉ.   VIVE LA RÉPUBLIQUE.   LIBERTÉ.

« Mort aux tyrans et à tous les ennemis du peuple.

« La justice et l'humanité exilées pour un instant

du sol français ont repris leurs droits. La *Terreur* a disparu comme un éclair. Les monstres qui s'abreuvaient du sang des citoyens ne sont plus. S'ils pouvaient renaître de leurs cendres, vous êtes là, représentants, pour les anéantir encore, faire triompher la vertu, les principes de l'équité et d'une morale bienfaisante! Il est permis, et nous vous le devons, de parler de la patrie, d'agir pour la cause de la Liberté sans craindre ces hommes se disant patriotes par excellence qui envoyaient à l'échafaud quiconque ne s'exprimait pas dans les mêmes termes qu'eux. Le citoyen paisible peut sourire aux succès de la Liberté; il peut s'attacher au char de la Révolution et l'aider à conduire : il n'a plus à redouter ce triage infâme qui le plongeait dans la douleur et le menait à la mort par le désespoir.....

» Cette commune placée sur un sol ingrat, d'une population de plus de 15,000 âmes, est absolument sans aucun approvisionnement. Nos concitoyens, dépourvus de toute espèce de subsistances, voient arriver le moment où il faudra mourir de faim ou oublier ce qu'ils doivent à la Loi. Représentants, nous serions coupables de vous taire que nous n'avons plus de pain, que nous n'avons ni pommes de terre, ni légumes à cosse, ni viande, que la livre de bled se vend 22 sols! nous devons vous dire encore que le commerce qui de longtemps a vivifié cette commune n'existe plus pour nous. Plus de fers, plus d'aciers : l'ouvrier, le fabricant sont sans travail, et par suite hors d'état de payer les denrées de première nécessité.

» Pas un citoyen dans cette commune assez fortuné

pour faire des sacrifices proportionnés aux besoins du peuple ; et ne fissions-nous qu'une seule masse de nos fortunes, nous ne serions que plus assurés de périr de faim par l'impossibilité de satisfaire au prix des comestibles. Nous avions un petit approvisionnement de riz, nous le distribuons cuit aux plus nécessiteux gratuitement. Avec cette mesure qui est à sa fin nous avons conservé l'ordre. Mais, citoyens représentants, il ne nous reste plus de ressources. L'espérance nous soutient ; elle est en vous, elle ne sera pas vaine ; amis du peuple, vous ne cesserez de lui distribuer vos soins paternels. Nous demandons un secours de 500,000 livres: joints aux sacrifices que nous sommes décidés de faire, il sera possible de payer le pain nécessaire au pauvre si nous en trouvons à acheter. Accueillez notre demande ; repoussés, nous sommes perdus. Cette multitude de pères dont les enfants se battent si courageusement aux frontières ne seront plus : les lauriers de nos braves enfants seront nécessairement noyés des larmes que la piété filiale doit à l'auteur de ses jours! »

.... Dans une pétition du 17 du même mois de nivôse, adressée par la commune aux représentants en mission à Lyon pour obtenir mainlevée de réquisition mise sur 50 quintaux de riz et 50 quintaux de savon expédiés de Marseille et achetés par notre commune, nous remarquons le passage suivant :

« Il y a très-longtemps que faute de savon la grande majorité des citoyens se prive du linge de table, *que le peuple se voit couvert de vermine faute de pouvoir blanchir ses chemises!* »

.....Dans une lettre de la commune à notre représentant Rudel du 4 ventôse an 3, nous lisons : « Le bled se vend actuellement dans cette commune 145 liv. le quarton du poids de 22 livres; tout est dans la même proportion : le commerce ne va plus; les matières premières sont à un si haut prix que les fabricants n'osent plus faire travailler et les marchands acheter. »

—... Le 15 ventôse an 3, « un membre du conseil général a dit : « La garde nationale de cette commune exacte à ses devoirs se trouve régulièrement à son poste. Il n'y a pas de garde à monter où des pères de famille ne répandent des larmes sur les suites de la perte de leur temps. Vous connaissez la cherté de tous les objets indispensables à l'existence; vous savez que nos concitoyens attachés aux fabriques travaillent jour et nuit pour avoir un peu de pain pour eux et leur famille; qu'ils ne prennent de repos que lorsque, forcés de céder à la lassitude, ils se livrent malgré eux à un sommeil inquiétant pour un cœur de père. Vous savez qu'un jour qui ne rend pas la journée augmente la misère de l'artisan et redouble les larmes qui ne se répandent que trop souvent au sein de la famille. Il est de votre justice, et la loi sera également observée, de prendre momentanément une mesure pour que le service de la garde nationale soit également fait, et ne retombe que sur ceux qui peuvent disposer de leur temps sans prendre sur les besoins de leurs enfants. Il a proposé l'arrêté suivant : »

« Article 1er. Le conseil général arrête que le service de la garde nationale sera fait par les citoyens à même de faire le service sans prendre sur leurs besoins.

» Art. 2. Les commandants de la garde nationale sont autorisés à faire une liste de ceux des citoyens à même de donner gratuitement leur temps et de ceux qui ne le peuvent pas.

» Art. 3. D'après la vérification de cette liste, ceux qui seront jugés hors d'état de faire le sacrifice d'une journée de travail seront provisoirement dispensés du service de la garde nationale pendant la nuit.

» Le conseil, convaincu des vérités qui viennent de lui être présentées et pénétré de la nécessité de ne pas enlever à ceux qui vivent de leur travail la ressource de se procurer du pain, adopte l'arrêté tel qu'il est proposé. »

— Le 1ᵉʳ germinal, la commune adressait au Comité de salut public la pétition qui suit :

« Citoyens représentants, — nous ne pouvons plus lutter contre nos besoins. Nous ne pouvons plus trouver en nous-mêmes des ressources dont il est impossible que se passent nos concitoyens. Nous nous hâtons de vous le dire et de vous en fournir la preuve. La population de cette commune se porte à plus de 11,000 âmes. Un vingtième seulement a des moyens de subsister. Les dix-neuf autres vingtièmes vivent du jour à la journée et n'ont que leur seul travail pour fournir à tous leurs besoins. Notre sol n'offre que des rochers et quelques parcelles de terres sablonneuses ou argileuses. Nous n'avons de tous temps vécu que des denrées conduites des districts et départements voisins et vendues à nos marchés. Il nous arrive peu de bled, il se vend à un prix excessif, et il en est de même de tous les autres comestibles. Le pain, composé de tous grains, se vend 40 sols la livre, l'huile de noix 7 livres, le beurre 5 liv., la viande 50 sols, les pommes de terre 9 livres le boisseau pesant 50 livres; les légumes à cosse 45 livres le boisseau. Chaque jour nous voyons le prix des denrées augmenter, chaque jour elles se font rares : la disette va en croissant. Ne peut pas acheter qui a besoin, n'importe qu'il soit à même de payer. Nos concitoyens, nous venons de vous le dire, n'ont que leur industrie. Elle est éteinte aujourd'hui par la cessation des fabriques : le drapeau manque, le fer et l'acier sont rares. Le prix excessif des matières premières a mis plusieurs fabricants dans l'impossibilité de continuer leur commerce : plus ou presque plus de commissions pour nos commerçants. Le marchand craint d'acheter à des prix qui l'effraient; le produit de la journée ne peut pas approcher du prix du pain. Beaucoup étant sans travail sont dans un dénûment total.

» Citoyens représentants, nous ne voyons que des êtres chancelants, le visage exténué, noyé de larmes : des pères, des mères qui crient : « Nous mourrons, mais au moins un peu de pain pour nos enfants! » des enfants qui nous poursuivent et s'écrient avec leurs parents: « Nous ne jouirons donc pas des bienfaits de la Révolution ! la liberté et l'égalité se perdent pour nous, au moment même où nos frères combattent victorieusement les tyrans coalisés. »

« Que de mères, que d'épouses dans cette commune

ont été abandonnées par leurs fils, par leurs maris pour courir aux frontières, qui y sont morts ou qui s'y battent encore! Notre commune a fourni au moins 15 à 1600 volontaires tant garçons qu'hommes mariés ou veufs avec enfants. Les secours accordés aux parents des défenseurs de la Patrie sont bien distribués, mais ils n'approchent pas de la valeur des comestibles.

» Impossible de tenir plus longtemps dans cette cruelle position. Où il faudra insensiblement voir cette commune se dépeupler par la famine, ou s'attendre à un soulèvement, au milieu duquel se feront toujours entendre les cris de : vive la République, et du pain!

» Nous ne vous parlerions pas des secours gratuits que nous avons déjà distribués si nous pouvions les continuer. Nous sommes dans l'impossibilité de faire de nouveaux sacrifices, et nos petites fortunes s'absorberaient, sans remédier entièrement au mal. Nous-mêmes éprouvons des privations, nous les supporterons patiemment, nous savons ce que nous devons à la chose publique.

» Le représentant du peuple Musset, en mission dans ce département, nous a fait accorder une avance de 100,000 livres sauf remboursement pour être employées en achats de grains; vous nous en avez accordé un second à prendre dans la somme de 500,000 livres (assignats), à distribuer aux communes de ce district par l'administration.

» Des commissaires s'occupent d'acheter des grains dans les départements voisins, mais, lorsque nous aurons des bleds, quel avantage pour ceux qui ne pourront pas en payer le prix ! quelle consolation pour nous qui ne pourrons pas les livrer sans en retirer la valeur, jusques et à concurrence du prix coûtant, afin de retrouver les sommes que nous devons rembourser !

» Citoyens représentants, nous ne voulons pas vous porter à une générosité nuisible au trésor public; nous ne demandons pas du pain pour ceux qui pourront en acheter; nous vous conjurons d'en accorder à ceux qui en manquent et qui sont hors d'état de le payer. Nous serons économes et sévères, nous ne donnerons qu'aux malheureux. Ils ont besoin, ils ne peuvent plus vivre; pleurer et mourir, voilà leur situation.

» Nous vous demandons instamment et avec la confiance du besoin le plus accablant, de nous autoriser à délivrer à ceux de nos concitoyens, hors d'état de payer au plus haut prix, le pain à 10 sous la livre, et ordonner que le déficit en résultant d'après le compte d'achapt des grains sera supporté par le trésor public. Le pain à 10 sols la livre est un prix exorbitant; mais, citoyens représentants, les vrais républicains de cette commune savent que les intérêts de la patrie sont les leurs, et ils concourront autant qu'il sera en eux à soulager ceux qui auront encore besoin d'être secourus.

« Que de citoyens couverts de haillons, sans bois, supportent encore le froid sans murmurer ! Le spectacle de notre misère est effrayant ! Le tableau que nous vous en faisons n'approche pas de la réalité. Les expressions manquent, les réflexions se noient dans les larmes de la sensibilité. Occupés sans relâche à encourager et à consoler, nous arrachons à nos frères malheureux quelques sourires qui se portent jusqu'à vous ; ils sont dus à l'espérance ; c'est en vous qu'elle réside ! »

En même temps qu'elle envoyait cette adresse à la Convention, la commune le même jour prenait un arrêté pour organiser la distribution du pain, manipulé par ses soins, en fixant le prix pour les indigents à 20 sols la livre, et à demi-livre par jour la ration à distribuer à chaque individu. Un four fut construit dans les dépendances de l'hôtel-de-ville, et un comité organisé pour surveiller cette conversion des grains en pain et sa distribution « jusqu'à la récolte prochaine. »

.... — Le 15 germinal la commune adressait encore au Comité de salut public ce nouveau cri de détresse :

« Citoyens, nous vous avons exposé notre misère, vous en avez le tableau, nous n'y reviendrons pas, depuis notre réclamation le prix des denrées a augmenté de manière à ne plus espérer d'exister. Nous ne vous parlerons que du pain : il se vend 4 livres, jusqu'à cent sous la livre ! Le travail de l'homme de journée ne peut pas atteindre le prix des subsistances. Impossible qu'il ne périsse de faim ou ne se révolte ! Un trait qui prouve sans réplique la misère qui nous assiége : Un bœuf périt sur le chemin de la commune de Maringues à celle-ci ; le propriétaire le fait dépouiller. De suite les citoyens se jettent sur l'animal et se le partagent malgré les représentations réitérées que le bœuf pouvait être mort d'une maladie contagieuse ! Si ce fait se fût passé sur notre territoire, au nom de la Loi, nous aurions veillé à ce que le bœuf fût tailladé et enterré sur-le-champ. Salut, confiance et fraternité. »

.... — Dans la séance du 4 messidor an 3, le conseil s'occupe des certificats d'indigence absolue à délivrer aux parents des défenseurs de la patrie, conformément au vœu de la loi pour qu'ils puissent continuer à recevoir les secours trimestriels. Les certificats ainsi délivrés sont au nombre de 250 formant un total de 351 personnes, non compris les enfants, parmi lesquelles nous comptons 52 ménages de couteliers.

Les espérances que l'on avait fondées sur la récolte ne se réalisèrent pas, et la commune fut réduite à chercher de nouveaux moyens de prévenir la pénurie des grains. Dans la séance du 4 fructidor an 3, le conseil prenait l'arrêté suivant :

« Art. 1er. — Il sera ouvert un emprunt par la commune de la somme de 500,000 livres pour procurer par des achats les grains nécessaires à sa subsistance.

» Art. 2. — En conséquence, il sera établi à la maison commune une caisse dans laquelle chacun pourra verser à titre de prêt les sommes qu'il jugera à propos. Il sera délivré au porteur une reconnaissance de la somme qu'il aura prêtée. Cette reconnaissance sera signée de 2 membres de la commune nommés à cet effet par délibération du conseil général.

» Art. 3. — Lesdites reconnaissances ou obligations contiendront promesses de remboursement dans trois ans à compter du jour de leur date et de l'intérêt à 4 0/0 des sommes dues jusqu'audit remboursement. Il sera libre au prêteur de renoncer audit intérêt, et, dans ce cas, il en sera fait mention dans ladite reconnaissance.

» Art. 4. — Un tiers de la somme prêtée sera stipulé payable immédiatement après la revente des grains qui doivent être achetés avec les fonds empruntés. Le surplus sera remboursé en deux termes égaux, dont le premier un an après ladite revente, et le second au même jour l'année suivante.

» Art. 5. — Il sera libre au conseil général, nonobstant toutes lois à ce contraires, d'anticiper les deux derniers termes, si les recouvrements produits par les ventes sont assez considérables pour cet effet, et si le besoin du peuple n'exige pas tout de suite l'emploi des fonds recouvrés pour de nouveaux achats de grains.

» Art. 6. — En cas d'insuffisance des ventes pour le remboursement des deniers empruntés, il y sera pourvu par la voie d'une imposition sur les habitants de cette commune. Cette imposition aura pour base proportionnelle le revenu présumé par l'habitation et les facultés connues.

» Art. 7. — Tout citoyen père de famille qui d'après cette base aura un revenu présumé moindre de 400 livres ne sera point compris dans le rolle de ladite imposition; n'y seront point compris non plus les citoyens qui, au 1er vendémiaire prochain, n'auront pas un domicile établi en cette commune.

» Art. 8. — Tout citoyen de cette commune qui voudra verser à titre gratuit quelques sommes dans ladite caisse, recevra en échange desd. sommes une reconnaissance, pour le montant d'icelles être déduit à due concurrence sur l'imposition qui sera faite en remplacement du déficit des fonds empruntés.

» Art. 9. — Les noms des citoyens qui auront versé soit à titre de prêt, soit à titre de dons volontaires des sommes dans la caisse de l'emprunt seront rendus publics, ainsi que le montant des sommes qu'ils auront versées, par la voie de l'impression, afin que chaque citoyen puisse connaître et surveiller l'emploi des fonds destinés aux besoins communs de tous.

» Art. 10. — Les fonds provenant des sommes données seront exclusivement affectés à l'achat de bleds et subsistances qui seront distribués à un prix au-dessous de celui du marché. »

Cette mesure fut la dernière prise par la commune pour assurer la subsistance de ses concitoyens ; les dons volontaires fournirent un peu plus de 100,000 livres assignats, et cette ressource permit de faire face aux besoins.

.... — Cependant la confiance renaissait; paralysée depuis longues années, la vie commerciale reprenait chaque jour un peu d'activité. Nos anciens marchands, établis au dehors, profitaient de l'état de choses pour aller renouer le lien commercial avec l'étranger, ou tout au moins pour liquider leurs anciennes affaires avec les pays d'où la guerre les avait chassés. C'est ainsi que le 6 pluviôse an 4 le conseil vote qu'il y a lieu d'accorder sur sa demande un passeport à J.-B. Guillemot qui, avant la déclaration de guerre avec l'Espagne, avait un établissement à Valence, et qui désire aller « rassembler les débris de sa fortune. »

Dans la séance du 26 ventôse même année, « Dufour-Riberolles expose qu'il lui est dû des sommes considérables à l'étranger, que les communications ont cessé, qu'il a le plus grand besoin de faire voyager son fils soit pour faire rentrer ses créances, soit pour prendre des commissions. L'administration municipale, considérant qu'il est de notoriété publique que le pétitionnaire faisait au moment de la Révolution un commerce très-étendu, qu'il avait des relations avec toutes les parties de l'Europe, que tout annonce qu'au moment où la guerre a commencé, il devait lui être dû des sommes considérables à l'étranger, que la stagnation que le commerce éprouve depuis quelque temps ne permet pas de douter qu'un voyage soit nécessaire ; que Joseph Dufour fils aîné du pétitionnaire n'est point compris dans la réquisition des jeunes gens de 18 à 25 ans, que jusqu'à ce jour ses occupations n'ont porté que sur la partie du commerce, que nous sommes en paix avec les Etats de Toscane, de Suisse et d'Espagne, est d'avis qu'il y a lieu d'accorder le passeport demandé. »

.... — Ces dernières années du xviii° siècle, après la commotion profonde occasionnée par la Révolution, après la désorganisation et la misère causées par la Terreur, sont employées à une réparation lente mais salutaire. Si le commerce souffre encore, du moins il peut se sentir vivre un peu ; c'est un convalescent qui, chaque jour, reprend insensiblement ses forces. Avec les derniers mois de l'an IV cessent tous ces désolants tableaux de misère jusqu'alors exposés à chaque page dans nos

Annales municipales. La vie est chère, mais enfin l'on peut vivre. Les impôts sont lourds, et les emprunts forcés, les impôts somptuaires viennent les augmenter encore, mais le peuple au moins a du pain et des fêtes : *Panem et circenses.* Témoins de ses douleurs et de ses misères aux mauvais jours, tristes de sa tristesse, dans les pages qui précèdent, assistons à quelques-unes de ses réjouissances, et retraçons ici le tableau de quelques-unes de ces solennités nationales d'alors. Leur objet indique assez l'esprit du temps, la préoccupation du gouvernement d'alors de raviver tous les bons instincts, tous les sentiments innés au cœur de l'homme, un instant refoulés, comprimés par le gouvernement révolutionnaire qui vient de disparaître. C'est à l'*agriculture*, à la *jeunesse*, aux *époux*, aux *vieillards*, aux *victoires* que les fêtes sont dédiées. Voyons comment on les célèbre à Thiers.

« — *Plan de la Fête de la Jeunesse du* 10 *germinal an IV.*

« Le 9 germinal à 2 heures de l'après-midi, un des employés de la commune, précédé des quatre tambours salariés, lira aux citoyens un avis de l'administration municipale énonciatif de la fête nationale fixée au lendemain, son objet et ses détails.

» Suit l'*avis* aux citoyens. — La jeunesse a mérité toute l'attention des législateurs, cette partie si intéressante de la nation sur qui reposent les espérances de la République a obtenu la première place dans le nombre des fêtes consacrées par l'acte constitutionnel et prescrites par la loi du 3 brumaire an IV. Jeunes citoyens, vous serez reconnaissants envers la Patrie, vous vous rendrez dignes de ses bienfaits ; vous obéirez à ses lois. Vous qui avez atteint votre 16° année et qui entrez dans la 17°, l'arrêté du Directoire exécutif vous impose l'obligation indispensable d'assister en armes à la cérémonie civique qui aura lieu demain 10 germinal, à 2 heures après midi, sur la place de la maison commune. Toute désobéissance de votre part serait sévèrement examinée par l'administration municipale : vos parents sont à cet égard responsables de votre négligence. Les jeunes gens qui auront 21 ans révolus, et qui désirent jouir des droits politiques aux termes de la Constitution, sont également tenus d'assister à cette fête pour s'inscrire sur le régistre civique de la commune, formalité sans laquelle ils ne seraient pas admis aux assemblées primaires.

» On honorera les vieillards des deux sexes et les défenseurs de la patrie qui ont reçu aux armées des blessures honorables en leur accordant une place distinguée ; l'administration municipale les invite particulièrement à honorer de leur présence la fête de la Jeunesse.

» Les élèves des écoles primaires qui ont bien mérité des instituteurs par leurs progrès dans leurs études, par leurs bonnes mœurs, recevront des encouragements bien dignes d'exciter leur émulation ; il leur sera donné par les mains du président de l'administration municipale à chacun un exemplaire de la Constitution française.

» Tous les citoyens sont intéressés à se trouver à une fête où leurs enfants doivent apprendre à chérir la Patrie, à défendre la Liberté, achetée par leurs pères aux dépens de sacrifices si multipliés. L'administration municipale compte sur leur empressement et leur bon exemple. »

« Le même jour, 9 germinal, à 5 h. du soir, les tambours, ayant à leur tête le tambour major, battront la retraite dans les lieux accoutumés.

» Le 10 germinal, les tambours parcourront la commune avec le tambour major en grand costume; ils battront l'assemblée jusqu'au moment de la cérémonie où ils assisteront en groupe.

» La place de la Maison commune sera nettoyée avec soin; elle sera décorée de deux drapeaux tricolores. Au milieu de la place, sera élevé un autel de la Patrie, de forme ronde, couvert d'un tapis. La statue de la Liberté, ornée d'une couronne de laurier ou de chêne, sera placée dessus, exposée aux regards de tous les républicains.

» Les jeunes gens en armes seront placés en bataillon, leur droite appuyée près de la boutique du perruquier faisant l'angle; ceux âgés de 21 ans accomplis, se placeront à la suite. L'administration municipale et les autorités constituées occuperont le centre; à leur gauche, seront les vieillards des deux sexes, les défenseurs de la patrie, porteurs d'honorables blessures, les instituteurs et les élèves qui se seront distingués dans les écoles.

» Du côté opposé, seront indistinctement tous les

autres citoyens, de manière que l'espace intermédiaire soit libre, et la statue de la Liberté offerte aux regards publics sans être exposée à être renversée par la foule. Des commissaires seront chargés de maintenir le bon ordre et le silence.

» On ouvrira à 2 heures la cérémonie par un roulement général des tambours. Le Président prononcera un discours sur les devoirs de la jeunesse envers la Patrie. Son discours fini, il répétera à plusieurs reprises les cris de : vive la République, vive la Constitution! En s'adressant aux élèves qui se sont distingués dans les écoles primaires, il les exhortera à continuer de s'instruire avec assiduité, de donner de bons exemples à leurs condisciples, et principalement d'aimer la Patrie, la République française, en étudiant ses lois, en se dévouant pour elles. Il leur offrira à chacun, au nom de la municipalité, un exemplaire de la Constitution française, et en le leur remettant, il leur donnera l'accolade fraternelle.

» Les jeunes gens qui ont 21 ans accomplis seront appelés pour s'inscrire sur le registre civique du canton. L'inscription finie, il y aura un nouveau roulement de tambours, après lequel les cris de : vive la République! vive la Constitution! seront répétés simultanément par tous les assistants. »....

« *Porgramme de la fête des Epoux, du 10 floréal an IV.*

« Cette fête sera annoncée à 5 heures du soir, 9 floréal, par les tambours de la commune. Un de ses employés fera lecture de l'avis suivant :

» Citoyens, la fête constitutionnelle des Epoux sera célébrée demain, 10 floréal, à 5 h. du soir, dans la salle publique de la Maison commune. Un orateur, nommé par l'administration municipale, prononcera un discours sur la sainteté du mariage et sur les devoirs des époux envers la Patrie. Les personnes mariées qui auront mérité de servir d'exemple à leurs concitoyens, ou qui déjà chargées de famille, ont adopté un ou plusieurs orphelins, seront inscrites sur un tableau, leurs noms proclamés publiquement, et recevront du vieillard qui est chargé de la famille la plus nombreuse des couronnes civiques au nom de la Patrie. Les jeunes époux qui se seront unis pendant le mois de germinal et la première décade de floréal sont invités particulièrement à la fête. Les épouses y paraîtront vêtues de blanc, parées de fleurs et rubans tricolores. Les vieillards des deux sexes auront une place d'honneur; celui qui aura la famille la plus nombreuse aura la première place. »

« Le 10 floréal, à 2 h. après-midi, les tambours battront le rappel. A 5 h., les autorités constituées étant réunies, le Président de l'administration municipale ouvrira la séance en criant : vive la République! vive la Constitution! Les musiciens joueront l'air : *Où peut-on être mieux qu'au sein de sa famille!* L'orateur prononcera un discours, à la suite duquel le citoyen Gilbert Bleterie, vieillard âgé de 82 ans, donnera, au nom de la Patrie, des couronnes de chêne aux autres vieillards chargés de nombreuse famille; au citoyen Genès Dufraisse qui, père d'une nombreuse famille, entretient des parents pauvres et orphelins; au citoyen Debirat, qui s'est chargé du soin et de l'entretien d'un neveu, et au citoyen Joseph Chervet qui vit patriarcalement avec tous ses enfants et petits-enfants. A la suite de cette distribution de couronnes civiques, la musique reprendra l'air *Où peut-on être mieux...* avec l'Hymne des Marseillais auquel les assistants répondront par des cris répétés de vive la République! vive la Constitution! Un piquet de gardes nationales de 10 hommes sera commandé pour maintenir le bon ordre. »....

« *Programme de la fête des Victoires nationales, du 10 prairial an IV.*

» Cette fête sera annoncée par un avis ainsi conçu, publié et affiché au son des tambours :

» Citoyens, les amis de la Liberté, tous les bons Français doivent s'abandonner à des sentiments de reconnaissance et de sensibilité envers les braves défenseurs de la Patrie qui nous ont débarrassés des satellites de la tyrannie et ont porté au plus haut degré la gloire des armes françaises. C'est dans cet esprit que le Corps législatif a rendu une loi pour célébrer, le 10 prairial, la fête des Victoires nationales, et que le Directoire exécutif a arrêté des mesures d'exécution dignes de la majesté d'un peuple libre.

» Bornés dans nos moyens de dépenses, une sainte joie, l'enthousiasme civique, suppléeront à l'éclat des cérémonies. Nos cœurs bien plus que nos yeux s'attacheront aux circonstances de cette fête; nous nous entretiendrons des actions héroïques de nos guerriers, des dangers qu'a courus la Patrie, des bienfaits de la victoire, de la gloire immortelle de la République française. »

» La cérémonie commencera à 5 h. de l'après-midi, le 10 prairial, sur la place de la Liberté. Les défenseurs de la Patrie blessés au champ d'honneur, les pères et mères des défenseurs de la Patrie, auront une place distinguée.

» Le 9 prairial, à 5 h. du soir, la cérémonie du lendemain sera annoncée au public par une salve d'artillerie. A la même heure, tous les tambours de la commune, précédés du tambour major, battront la retraite dans toute l'étendue accoutumée. A 6 h. du soir, une seconde décharge d'artillerie; et à 7 h. aura lieu la 3e et dernière décharge de ce jour.

» Le 10 prairial, à 6 h. du matin, une décharge d'artillerie rappellera aux citoyens l'objet de la fête. Les propriétaires et principaux locataires auront soin de faire nettoyer le devant de leurs portes. Les commissaires de police tiendront la main à cette partie du détail de la fête, principalement pour les parties de la commune où devra passer le cortége.

» A 9 h., une nouvelle décharge d'artillerie. A midi précis, une 3e décharge. La place de la Liberté sera décorée d'une colonne pyramidale triangulaire en l'honneur des Victoires nationales; elle sera surmontée d'une flamme tricolore et parée d'un trophée militaire. Sur le piédestal on lira distinctement les trois inscriptions suivantes

La République honore le courage et la vertu.

Aux braves généraux, officiers et soldats morts au champ d'honneur, la Patrie reconnaissante.

Le premier devoir d'un citoyen est d'aimer sa patrie et de la défendre contre ses ennemis.

» Au devant de l'autel des Victoires seront placés des siéges et un bureau pour l'administration municipale; à droite et à gauche seront des bancs pour faire asseoir les autorités constituées, les défenseurs de la Patrie, porteurs de glorieuses blessures, les pères et mères des défenseurs de la Patrie et les vétérans nationaux.

» A 3 h. du soir, les autorités constituées réunies à la Maison commune se mettront en marche pour se rendre sur la place de la Liberté. Le cortége défilera dans l'ordre suivant : Un détachement de 50 hommes précédera la marche; viendront ensuite le groupe des tambours et des musiciens jouant alternativement l'Hymne des Marseillais, puis le Président de l'administration municipale et les administrateurs avec leur costume, le commissaire du Directoire exécutif, le trésorier de la commune, le secrétaire en chef et les employés de l'administration, le juge de paix, ses assesseurs et son greffier; le tribunal de commerce, les commissaires de police, les administrateurs de l'hospice d'humanité, le préposé du receveur général, l'inspecteur des postes, le directeur des postes, le conservateur des hypothèques, le receveur des domaines nationaux, le percepteur de l'impôt et la gendarmerie nationale. Le bataillon de l'espérance de la Patrie viendra à la suite. A droite et à gauche seront les vétérans. Quand le cortége paraîtra sur la place de la Liberté, on lui rendra les honneurs militaires; les tambours battront au champ, l'artillerie fera une décharge.

» La garde nationale sera formée en bataillon carré, laissant une ouverture pour le passage libre du cortége; l'ordre de bataille sera prolongé jusqu'au delà de la colonne des Victoires, le fond sera occupé par le bataillon de l'espérance de la Patrie. L'administration municipale et les autorités constituées ayant pris place, les musiciens joueront les airs : *Veillons au salut de l'Empire, Où courent ces peuples épars.* Le Président de l'administration municipale annoncera l'objet de la fête, il répètera à plusieurs reprises : vive la République! vivent ses braves défenseurs; la musique jouera l'Hymne des Marseillais. Après un roulement des tambours, le citoyen Guillemot-Malmenayde, administrateur municipal, prononcera un discours analogue à la fête. Les citoyens lui répondront par les cris de : vive la République! vivent ses braves défenseurs! L'artillerie fera une nouvelle décharge, la musique rejouera l'Hymne des Marseillais et le pas accéléré *Ça ira.* Le Président de l'administration municipale reprendra, adressera la parole aux défenseurs de la Patrie couverts d'honorables cicatrices; il leur témoignera, au nom de la Patrie, sa reconnaissance et sa sensibilité; il leur adressera les choses flatteuses qu'ils ont méritées par leur dévouement à la cause de la Liberté et leur donnera le baiser fraternel au nom de la municipalité. Puis, s'adressant aux parents des défenseurs de la Patrie, il les félicitera d'avoir donné le jour à des soutiens de la République, de leur avoir procuré une part à la gloire immortelle dont se sont couvertes les armées françaises; il fera appeler à haute voix, par le secrétaire de l'administration, les pères et mères des défenseurs de la Patrie; il les proposera pour exemple à tous les citoyens présents à la cérémonie. Les citoyens diront en chœur : vive la République! vivent ses braves défenseurs! Les musiciens joueront l'air des Marseillais. Les citoyens, mêlant leurs voix aux instruments, chanteront le couplet de l'*Amour sacré de la Patrie*, qui sera suivi des cris longtemps prolongés de : vive la République! vivent ses braves défenseurs! vive la Constitution!

» Un roulement général des tambours exécuté, la troupe portera les armes, le cortége se remettra en marche dans le même ordre qu'il était venu, toute la garde nationale se réunira au cortége; l'artillerie couronnera la cérémonie par la dernière décharge. Un orchestre de musiciens sera établi sur la place de la Liberté pour procurer le plaisir de la danse aux citoyens qui voudront y prendre part.

» A 7 heures du soir, l'administration municipale réunie aux défenseurs de la Patrie blessés en combattant pour la Liberté, au commandant de la garde nationale, aux deux officiers de la gendarmerie nationale et au juge de paix, se formera en banquet civique où les toasts en l'honneur de la Liberté, de la République, de ses braves défenseurs, des victoires nationales, du Corps législatif et du Directoire exécutif, seront portés successivement. Les frais de ce repas civique seront supportés individuellement par les administrateurs municipaux et par le commissaire du pouvoir exécutif. » . . . .

Mais nulle fête à Thiers ne dut lutter d'éclat avec celle de l'agriculture que l'on célébra le 10 messidor an IV. Par une coïncidence heureuse, l'installation de la nouvelle garde nationale eut lieu ce même jour; ce fut donc double plaisir pour les yeux de nos Thiernois, double réjouissance; jugez si elle fut grande par la lecture du programme ci-joint :

« *Plan de la fête de l'Agriculture du 10 messidor an IV.*

» Annonce de la fête pour être publiée et affichée au son des tambours. — Citoyens, l'agriculture, le premier des arts des peuples libres, sur qui reposent la prospérité des empires, les mœurs et les vertus des citoyens, est protégée et honorée par le Gouvernement français. Elle tient un rang distingué parmi les fêtes constitutionnelles, elle est chère à tous les amis de la nature, à tous les êtres reconnaissants qui, pénétrés des bienfaits annuels et successifs de la terre et des services précieux que le cultivateur rend à la société dont il est pour ainsi dire le père nourricier, s'empresseront de témoigner leur gratitude, de faire des vœux pour la prospérité de l'agriculture et d'y concourir par des améliorations sages et utiles.

» Demain 10 messidor, à 4 heures du soir, conformément à l'arrêté du Directoire exécutif du 20 prairial, la fête de l'Agriculture sera célébrée en plein air, devant l'Auteur de la nature, dans les champs de la Dore. Tous les citoyens de la commune sont invités d'y assister : les agriculteurs sont particulièrement invités d'assister à cette cérémonie. C'est leur fête qu'ils célébreront. Assez longtemps ils ont été négligés, repoussés et humiliés. Plus juste, la République les appelle avec confiance, elle les invite à reprendre la dignité d'hommes, elle les honore comme bienfaiteurs de la société. Tous les citoyens en général doivent saisir cette occasion pour se réunir à leurs magistrats, obéir aux lois de leur patrie et fraterniser avec les bons cultivateurs de notre terre natale. La garde nationale sédentaire sera reçue immédiatement avant la cérémonie de la fête de l'Agriculture. »

» — Les cultivateurs distingués par leurs vertus, par des travaux assidus, intelligents et profitables à la société, seront individuellement invités à assister avec leurs instruments aratoires à la fête de l'Agriculture. Le 10 messidor, à 9 heures du matin, l'objet de la fête sera de nouveau annoncé au son des tambours. A 4 h. du soir, les autorités constituées, réunies dans la grande salle de la maison commune avec les cultivateurs des deux sexes, se mettront en marche dans l'ordre suivant : un groupe de tambours, les musiciens, un groupe de jeunes laboureurs tenant à la main des épis de bled et dont les chapeaux seront ornés de rubans tricolores, un groupe de jeunes paysannes ayant à la main des bouquets de fleurs, un groupe de femmes de cultivateurs, un groupe de cultivateurs pris parmi les plus anciens et les plus recommandables, portant chacun un ustensile de labourage, tel que fléau, hoyau, bêche, pêle, pioche, faucille, faux, etc. Le président de l'administration municipale de la commune à droite, le président du canton rural à gauche, les membres des deux administrations confondus, les deux commissaires, les secrétaires et les employés, toutes les autorités constituées et fonctionnaires publics; à droite et à gauche les vétérans; à la suite des autorités constituées les 8 compagnies des gardes nationales et tous les autres citoyens indistinctement.

» Pendant la marche, les tambours battront alternativement, et la musique exécutera plusieurs airs champêtres, tels que : *O ma tendre musette ! Je l'ai planté, je l'ai vu naître, ce beau rosier ! Quel beau jour*, etc., etc.

« Le cortége rendu sur le terrain, la garde nationale se placera en ordre de bataille dans la partie qui lui sera désignée. Au centre du champ sera un char attelé de deux paires de bœufs. Ce char sera décoré de flammes tricolores, de verdure, de gerbes de bled, de couronnes de pampres et de toutes espèces d'instruments d'agriculture : le tout disposé de la manière la plus convenable pour présenter à l'œil un trophée d'agriculture.

» Roulement de tambours.

» Le président de l'administration, ayant à sa droite le commissaire du Directoire exécutif, se portera au centre du bataillon, et, là, il recevra le serment du chef de bataillon et le fera reconnaître. Le chef de bataillon recevra ensuite l'adjudant, puis, se portant à la droite du bataillon, il recevra tous les officiers en finissant par la gauche. Chaque capitaine recevra ensuite les 4 sergents et les 8 caporaux.

» Cette opération terminée et les autorités constituées ayant pris place dans l'enceinte, la musique exécutera le morceau : *Quel beau jour se dispose!* Le président placé sur l'élévation, et ayant à sa droite le laboureur le plus recommandable, ouvrira la séance. Il répétera à plusieurs reprises avec toute l'assemblée les cris de : Vive la République! vive la Constitution! honneur à l'agriculture! bienveillance aux cultivateurs honnêtes et industrieux! Il prononcera ensuite un discours analogue à l'objet de la fête. Les mêmes cris de vive la République, vive la Constitution, honneur à l'agriculture seront répétés. La musique reprendra l'air *Quel beau jour se dispose!* Les laboureurs chargés d'instruments aratoires, placés en face de la garde nationale, lorsque la musique cessera, s'avanceront vers la garde nationale, et, à un signal donné, se mettant en face du premier homme de chaque file, chacun échangera avec son vis-à-vis son instrument aratoire contre un fusil; ils marcheront en arrière pour reprendre leur première place. Le président entonnera le couplet : *Amour sacré de la patrie!* qui sera chanté par tous les assistants. Les cultivateurs, à la fin de ce couplet, s'avanceront vers la garde nationale, rendront les fusils et reprendront leurs instruments d'agriculture. Pendant cet échange, l'assemblée criera : Vive la République! Vive la Liberté! Honneur à l'Agriculture! Les agriculteurs reprendront leur première place; une paire de bœufs sera détachée du char rural; on descendra la charrue posée en triomphe sur le char, elle sera attelée à la paire de bœufs.

» Le président, tenant à la main un aiguillon ou pique-bœuf orné de rubans tricolores, après avoir attaché aux cornes des bœufs plusieurs nœuds de rubans tricolores, les dirigera dans l'intervalle de la garde nationale et de l'ordre de bataille des agriculteurs ; il enfoncera dans la terre le soc de la charrue, et fera un sillon. Pendant ce temps les citoyens répéteront le cri de : Honneur à l'Agriculture!

» Le président, étant revenu à sa première place, proclamera le nom de l'Agriculteur placé à côté de lui. Il le félicitera de l'excellente réputation que lui ont acquise son intelligence, ses vertus et son industrie; il lui donnera l'accolade fraternelle. Les groupes de jeunes filles et jeunes garçons s'avanceront vers le char cérémonial, ils déposeront dessus leurs fleurs et leurs épis. La musique exécutera plusieurs morceaux champêtres. Les citoyens diront en chœur : Vive la République, vive la Constitution, Honneur à l'Agriculture et aux vertus! Plusieurs cornemuses ou musettes, s'il est possible de s'en procurer, joueront des airs champêtres pour faire danser les citoyens.

» Le cortége se dirigera vers la maison commune en reprenant la route, d'abord par le chemin national, ensuite par la rue du Pavé, la rue Malorie, la rue Neuve, la Halle au bled, la rue de la Halle, la place du Piroux, la rue des Barres et la place commune où les citoyens, pendant que les autorités constituées rentreront dans la maison commune, répéteront encore les cris de Vive la République, etc.... La fête sera terminée par le couplet chéri : *Amour sacré de la patrie.....*, et par des danses ! ! ! »

.... Certes, ces fêtes étaient belles ! mais il en était une autre que nos couteliers, après cette effroyable crise, étaient heureux de célébrer chaque jour. La fête du Travail !.... et depuis lors, malgré les événements postérieurs, le travail n'a cessé d'être en honneur à Thiers. Pour s'en convaincre il suffit de signaler les progrès accomplis dans notre fabrique, depuis le commencement du siècle jusqu'à ce jour. Dire ici que notre ville fournit les 5/6es de la coutellerie française, que nos relations commerciales avec l'Espagne, l'Italie, l'Amérique, avec le monde entier ! sont renouées de façon solide, ce serait dire une chose banale. Historien du passé, nous n'avons pas la prétention d'anticiper sur le présent et moins encore de prédire l'avenir. Après nous un autre viendra qui, prenant cette histoire au point où nous la laissons, n'aura sans doute (nous l'espérons du moins), qu'un brillant tableau à tracer de notre commerce : Dieu veuille qu'il n'ait pas à s'attrister comme nous des misères inséparables des révolutions et des commotions politiques ! A cette heure, les leçons du passé doivent être sérieusement étudiées et mises à profit. Or, n'est-il pas constant que le commerce ne peut fleurir qu'avec la paix et la tranquillité, au dedans comme au dehors?... Ouvriers et fabricants Thiernois, courage! l'avenir est à vous! réservez toutes vos forces pour cette grande lutte avec l'Angleterre à laquelle le *libre-échange* vous convie. Les Anglais?... pourriez-vous les craindre? ne se sont-ils pas eux-mêmes avoués vaincus d'avance, par l'organe de leur grand Fox, lorsque voyant à l'exposition de 1802 à Paris les produits de votre industrie, il s'écriait : « *Voilà ce qui est plus curieux et plus dangereux pour nous!* » Courage donc! et ne perdez jamais de vue la devise jeune ou vieille de notre blason municipal : *Labor improbus omnia vincit!*

1ᵉʳ septembre 1863.

APPENDICE.

TABLEAU INDICATEUR DES PRIX DE VENTE DE QUELQUES MARQUES DE LA FABRIQUE DE THIERS
Aux XVIIe et XVIIIe siècles. (Actes notariés.)

DATE DE LA VENTE	NOM de LA MARQUE	PRIX.	NOM du VENDEUR.	NOM de L'ACQUÉREUR.	NOMS des ANCIENS PROPRIÉTAIRES.
1597	la gerbe	4f »	Pierre Chabrol, marchand.	Etienne Rigodias.	Etienne Chabrol-Delafont.
1609	le 5S	42 »	Jean Bernard, laboureur, de Chochat.	Mary Vernière.	François Bernard, coutelier.
1611	la cloche ou campane	.....	Annet de Chazelles.	François de Chazelles.	N.
1611	le double YY	6 »	Pierre Thanol.	Denis Obtencias.	N.
1612	le 1/3 du V couronné	20 »	Jean de Collanges.	Pierre de Collanges, frère, et Jean Chaptard, son beau-frère.	Pierre de Collanges, auteur commun.
1615		56 »	Antoine Bernard, aîné.	Thomas Rochias.	Pierre Chabrol.
1614		170 »	Guillaume Thomas et Genès Sommerain.	Antoine Barnarias.	Benoît de Collanges.
1615		7 10	Sulpice Androdias.	Gabriel Verdier.	N.
1615	1/2 d.	20 »	Jean Mauberi-Deluc.	Annet Maubert.	Pierre Maubert.
1615		40 »	Bonnet de Fontenilhes.	Jean Delaire.	N.
1619		60 »	Annet Brugière.	Andrieu Veilh.	N.
1619	le py (?)	5400 »	Pierre Chabrol-Tary, aîné.	Chabrol Tary, jeune.	Auteurs.
1624		11 10	Etienne Layal.	Jean Chappelat.	Jean Layal.
1627	le coutelus	huit 25	Benoît Retra-Chaplard.	François Thineret.	Benoît Dufaux.
1628	la fermesse (ou S fermé)	20 »	Etienne Sallomon.	Claude Theallier-Moro.	Pierre Girodon, dit le Bragard.
1628	l'étoile couronnée	six 20	Jean Chappel.	François Bellin.	Gabriel Randier. — Mambrun-Fontenilhes.
1628	l'os de mort	50 »	Mathieu Randier.	Benoît Teyrenoire.	

Reliure serrée

DATE DE LA VENTE.	NOM de LA MARQUE.	PRIX.	NOM du VENDEUR.	NOM de L'ACQUÉREUR.	NOMS des ANCIENS PROPRIÉTAIRES.
1650	l'aleyne	60ᶠ »	Antoine Chevrier.	Barthélemy Robert.	Antoine Jouhans.
1655	La petite hermine	15 »	Annet de Lignières.	Louis Brugière-Garde.	(Se réserve le vendeur de se servir de la marque qu'il vend.)
1656	la hallebarde	2500 »	Gilbert Torrent, marchand à Lyon.	Hugues Riberolles.	Louis Channet.
1645	la demie lune	12 »	Pierre Carré de Chazelles.	Antoine Bernard-Garbeyre.	Claude Carré.
1646	le D romain	20 »	Mathieu Roffet.	Louis Begon.	Jean Roffet. — Andrieu-Mallaret.
1648	le croc de cave (point dessus)	12 »	Etienne Martigniat.	Pierre Brunel.	Gilbert Channet.
1651	la larme couronnée	36 »	Jean Montpied.	Victor Montpied.	Antoine Bellin.
1653	le 6 de chiffre	18 »	Michel Gonon Malaptias.	Pierre Gonon.	Jean Gonon.
1654	l'ampoule	30 »	Benoîte Girodon, veuve Geneste.	Jacques Malaptias.	Girodon. — Jean Geneste.
1656	le P seul	52 »	Anna Dozolmes, vᵉ Fradin.	Mathieu Vialle.	Jean Fradin. — Antoine Chabrol.
1656	le 18 de chiffre	20 »	Marie Granghon, veuve Clair.	Julien Doz-Joubz.	Laurens Clair. (Cet acte en mentionne un précédent par lequel le même a acquis de la même la marque du 81 de chiffre.)
1657	l'JA	7 »	Jean Ojardias, Mᵉ guénier.	Claude Bouchon.	Jacques Ojardias.
1657	la furette (1)	30 »	Jean Charbonnel.	Jean Lacroix.	Jean Chopin. — Antoine Ramey. — Jean Coinon. — Genès Rigodias.
1657	le P couronné	22 10	Mathieu Vialle.	Annet Poudrille.	Anna Dozolmes.
1658	la furette (2)	35 »	Jean Lacroix.	Jacques Bechon.	
1659	l'écusson royal	9 »	Claude Tarérias.	Jean Chappel.	N.
1659	le rabot	36 »	Jacques Ogier.	Jacques Sozedde.	Jean Gonias.
1660	le 101 de chiffre avec un point au-dessus	15 »	Antoine Garnier-Botycary.	Antoine Marnasse.	Mary Vernière.
	dessus	12 »	Marie Mouchard, veuve Durand Pigerol-Bonnemoy.	Gilbert et Claude Barge.	Durand Pigerol-Bonnemoy. — Ant. Tournaire la Cuisse. — Claude Chabois. — Claude Foilibin.
1661		9 »	Jean Tavot.	Jean Monteil.	Jacques Tavot.
1661	le 69 de chiffre	12 »	Pierre Maubert.	Noël Dauges.	Guillaume Maubert-Guilhometas.
1663	le tranchet Chambas	15 »	Pierre Sauvage.	Etienne et Pierre ...ol.	N.
1663	le carreau pauvre	6 »	Mathieu Ojerdias.	Antoine Coule...	N.
1663	la broche	11 »	Benoît Bort.	Antoine Durohat.	
1663	la fourchette	30 »	Georges Vernière.	Annet Ojerdias.	Gilbert Vernière.
1663	l'escargot	50 »	Antoine Vernière.	Laurent Brasset.	Nicolas Fédit.
1664	le chandelier	20 »	Jean Morel, neveu.	Sébastien Morel, oncle.	Sébastien Morel.
1664	le trou de la canonière avec croissant au-dessus	4 »	Pierre Girodias.	Jean Fayet.	N.
1664	le bâton d'épine avec croissant au-dessus	7 »	Antoine Ramey, frère.	François Ramey, frère.	Jean Ramey.
1665	la clef	22 »	Claude Claus.	Michel Prévioux.	Vernière.
1665	le cœur enflammé	25 »	Genès Meallet.	Thomas Fayet.	N.
1665	l'Y renversé avec un croissant au-dessus	15 »	Gilbert Choton.	Louis Collanges.	N. Revendu 15ᶠ par Colanges à Claude Barge en 1671.
1666	le manche de couteau couronné	10 »	Annet Garnier-Chassignoles, frère.	Guillaume Garnier-Chassignoles, frère.	N.
1666	le G	18 »	Jean Morel.	Jean Farge.	Antoine Morel. — Benoît Chaponier. — Guillaume Vachias.
1666	la pointe de diamant	12 »	Bonnet Bernard-Chochat.	Bonnet Prodon.	Revendu 9ᶠ à Etienne Vernelle en 1672. (Se réserve sa marque le vendeur sa vie durant.)
1666	l'M avec un O au-dessus	6 »	Pierre Laurens.	Guillaume Maubert.	Jean Mambrun. — Durand Mambrun. — Blaise Courtade.
1666	l'impériale	15 »	Pierre Sabattier.	Pierre Guichard.	N.
1667	l'escabeau couronné	16 »	Benoît Musard.	Bonnet Sozedde.	Bonnet Musard.
1667	l'F avec un point au-dessus	30 »	Antoine Garnier.	Louis Vachérias.	N.
1667	l'H couronnée	60 »	Andrieu-Chaponin.	Antoine Ramey.	
1661	l'F	26 »	Annet Farge.	Henry Cottier.	Laurent, aumônier.

DATE DE LA VENTE	NOM de LA MARQUE.	PRIX.	NOM du VENDEUR.	NOM de L'ACQUÉREUR.	NOMS des ANCIENS PROPRIÉTAIRES.
1661	le soulier percé........	15f »c	François Clozel.	Gilbert Ferrier.	Jean Ferrier.
1661	la main ou sceptre de justice...............	30 »	Jean Maduy.	Jean Fayet.	Pierre Delort.
1662	la tour...............	10 »	Antoine Meallet.	Blaise Chabrol.	Genès Meallet.
1662	le violon.............	100 »	Jean Dubesset.	Pierre Dargon.	Antoine Bernard-Garbeyre.
1662	le G avec un point au-dessous............	24 »	Jean Morel.	Pierre Chaponnier.	Guillaume Vachias.
1663	le couteau mossude.....	9 »	Robert Gironde.	Etienne Grandias.	Marcelin Vernet. — Guillaume Garnier-Chassignoles.
1663	le B romain...........	25 »	Annet de St-Cler.	Pierre Maubert de la Roche.	N.
1663	le poignard, la lame tournée en haut...........	50 »	Blaise Retru, oncle.	Blaise Retru.	Benoît Retru-Chaptard.
1663	l'aiguille du cadran.....	180 »	Gabriel Camusat.	Claude Robert, veuve Bechon.	Guillaume Bechon.
1664	la feuille de chêne couronnée............	90 »	Antoine Dumas.	Antoine Bourdillion.	Jean Vachier. — Annet Androdias. — Simon Denise.
1666	le petit a couronné.....	25 »	Hierosme Rochias.	Hugues Travers.	Bouchettas.
1666	le B................	15 »	Louise Garnier, veuve Fonbonne.	Jacques Fonbonne, fils.	Antoine Garnier.
1666	l'L................	22 »	Marguerite Fontenilles, veuve Prodon.	André Dargon.	Michel de la Goutte. — François Cros. — Pierre Thomas. — Gabriel Ricornet.
1666	le moulin à vent.......	11 5	Henry Vernet.	Etienne Marcon.	Genès Ojardias. — Etienne Chavenon.
1666	l'espieu (sans croissant au-dessus).............	30 »	Gabriel Camusat.	Bonnet Begon.	Benoît Delignières. — Gabriel Ricornet.
1666	le D................	25 »	Claude Carré de Chazelles.	Jean Granetias.	Guillaume Chazelles.
1667	le carreau naure.......	6 »	Antoine Costencias.	Antoine Maubert-Goyon.	Mathieu Ojardias. — Antoine Maubert.
1667	la girouette avec carreau dessous...............	15 »	Benoît Bourgade.	Jacques Chaize.	
1669	la croix de lorraine avec un O dessous...........	20 »	Annet Verdier-Maubert.	Thomas Borge.	Gabriel Verdier.
1671	le calice ou le gobelet avec un trait dessous.....	18 »	Antoine Choste.	Thomas Chanier.	Jean Fortias.
1671	l'F romaine..........	35 »	Antoine Jailh. — V-Chevalerias et Claude Chabrol.	Antoine Dargon.	
1672	le violon avec croissant au-dessus...........	40 »	Jean Rigodias-Granetias.	Pierre Dargon.	Claude Bourdier. — Andi Troisvilles. — Antoine-Bernard Garbeyre. — Jean Dubesset.
1672	le peigne avec un point au-dessus...........	12 »	Annet Brun.	Jean Branchier.	Michel de la Goutte.
1672	la molette d'éperon......	60 »	Jean Brugière.	Jacques Sozedde.	
1673	l'S fermé couronné.....	15 »	Claude Chazelles.	Antoine Fauvelles.	James Chazelles.
1674	le chapelet...........	25 »	Pierre Desris Lapointe.	André Chevalerias - Fonbonne.	N.
1674	l'épée royale...........	20 »	Jammes Coste.	Blaise Retru-Chaptard.	N.
1675	la larme couronnée.....	80 »	Victor Monpied.	Pierre Bodimien.	Jean Monpied. — Antoine Bellin.
1675	le tréteau couronné.....	24 »	Antoine Brugière Pantèze.	Claude de Nozat.	Benoît Ricornet.
1675	le peigne.............	19 »	Annet Brun.	Jullien Dubesset.	Michel de la Goutte.
1675	le petit monde rayonné.	15 »	Antoine Malaptias.	Nicolas Bernard.	Jean Ferrier.
1676	le carreau nauré.....	7 10	Nicolas Bernard.	Etienne Sallamon.	François Chappel.
1676	l'X coupé avec un point dessus..............	19 »	Marguerite Codert, veuve Fédit.	Claude Carré, jeune.	Nicolas Fédit.
1676	le soulier sans trou.....	22 »	François Cluzel.	Gilbert Anglade.	N.
1676	le bâton du parassol.....	60 »	Jullien Carré, aîné.	Claude Carré, fils.	N.
1676	le B romain couronné.	19 »	Guillaume Ville.	Blaise Barbarin.	Guillaume Duchier. — Blaise Mallaret.
1676	le flacon.............	14 »	Blaise Pauze.	François Jalys.	

DATE DE LA VENTE.	NOM de LA MARQUE.	PRIX.	NOM du VENDEUR.	NOM de L'ACQUÉREUR.	NOMS des ANCIENS PROPRIÉTAIRES.
1677	l'écharpe............	20f »»	George Fédit et Julien David.	François et Anne. Barge.	Pierre David.
1677	l'épingle avec un croissant au-dessus.	30 »	Antoine Allemant.	Antoine Vernière.	Jacques Allemant. — Antoine Chapellat. — Georges Ramey.
1677	l'araire............	8 »	André Vachon.	Jacmes Planche.	
1677	la flamme de mareschal.	29 10	Marie Roche, veuve Chamerlat.	Gilbert Varennes.	Pierre Bellin le Clerc.
1678	l'escabelle couronnée...	22 »	Benoît Musard.	François Suchel.	Pierre Musard. — Antoine Gardelle.
1678	le pape gay.........	25 »	Anne Rodias, veuve Courtade.	Antoine Sanajut.	Antoine Chosson.
1678	le 102.............	7 »	Charles Chamboissier.	Antoine Delignières.	André Vernière-Maubert.
1679	le D et J couronnés...	150 »	Antoine Maubert-Bechon.	Antoine Chabrol de la Font.	Annet Maubert-Bechon.
1679	les quatre carreaux couronnés.	13 »	Joseph Bruslé.	Léonard Muravaux.	Jean Chauretier.
1679	l'impériale..........	20 »	François Pérardy.	Jean, Gilbert et Guillaume Chabrol, frères.	
1679	la pique avec un point au-dessus.	10 »	Antoine Maubert.	Guillaume Maubert, frère.	André Chaponnier.
1680	la faucille couronnée...	40 »	Georges Costebert.	Claude Bechon-Mouchardias	Louis Costebert. — Gabriel Vachérias.
1680	le rachau...........	22 »	Françoise Meallet, veuve Delamouroux.	Noël Rival.	Barth. Fédit. — Georges Montanier.
1680	la coudeyre..........	13 »	Benoît Rigodias.	Jean Amblard-Choux.	Jean Vachier.
1680	le soleil avec un point dessous.	60 »	Joseph Ogier.	Blaise et Pierre Retru-Chaptard.	Chassaigne, Guillaume.
1682	la tenaille avec croissant au-dessus.	12 »	Claude Barrier.	Michel de Lignières.	
1682	le petit monde avec croissant au-dessous.	150 »	Claudine Malaptias, veuve Raymond Gaubert.	Claude Barérias, jeune.	Pasquet Malaptias.
1684	la molette d'éperon....	60 »	Jacques Sozedde.	François et Benoît Rigodias dot Poiroux.	
1685	la coudeyre..........	13 »	Jean Amblard.	Antoine Chambriard.	Jean Dubesset.
1686	les deux poignards.....	100 »	Laurence Dufour.	Jean Rochéras.	Claude Fayet. — Claude Fraisse. — Mathias Randier. — Grégoire Barnerias.
1686	les deux croix de lorraine.	60 »	Gilbert et Pierre Tixier.	François Sarray.	
1687	le P couronné........	48 »	Annet Podrilhe.	Claude du Rohanys.	
1688	ur renversé avec deux points au-dessus et un carreau entre deux...	48 »	Pierre Dargon.	Louis Brugière.	Jean Maubert.—Alexandre Delolme — Antoine Raymond.
1690	la tenaille.........	23 »	Mathieu de Lossedat.	Mary Rongier.	Claude Barrier.
1693	le soucy............	10 »	Marguerite Chappel, veuve Bonnemoy.	Gabriel Dugue.	N.
1694	le pas de fourche couronné.	6 »	Marie Dubois-Rigaud, veuve Pradel.	Jacques Dubost.	Denis Ferrier.
1695	la girouette avec croissant au-dessus.	5 »	Marguerite Maubert, veuve Thomas Maubert.	Mathieu Vallé.	Gilbert Maubert. — André Petit.
1696	le grand E (1/2) romain avec croissant au-dessus.	10 »	Annet Fédict.	Jean Fédict, frère.	Remy Fédict.
1696	l'S fermée couronnée....	30 »	Ant. Coste-Damas, comme créancier de Claude Sanajut.	Armand Maubert.	
1698	le 8 couronné........	55 »	Damien Giraud.	Jean Londant.	Mary Maubert.
1667	la coupe couronnée.....	10 »	Pierre Duchier.	Antoine Lossedat.	N.
1668	le corps de la gerbe.....	15 »	Jammes Dosris.	Valentin Vigier.	Annet Dosris.
1668	le D.E. romain.......	10 »	Louis Duchier.	Etienne Chambe.	Durohannys.
1669	l'Y romain avec (1) croissant au-dessus.	16 »	Guillaume Deloménide	Georges Rigodias.	Jean Voirier. — François Caburol.
1669	la croix de Lorraine...	28 »	Guillaume Genest.	Gilbert Genest, fils.	N.
1669	l'Y romain (2)........	16 »	Etienne Chambe.	Jean Fayet.	

DATE DE LA VENTE.	NOM de LA MARQUE.	PRIX.	NOM du VENDEUR.	NOM de L'ACQUÉREUR.	NOMS des ANCIENS PROPRIÉTAIRES.
1669	le 51 de chiffre.......	25f »	Grégoire Thiers.	Jean de la Mouroux.	N.
1669	la croix couronnée.....	30 »	Ant. Coste-Dumas.	Gilbert Meallet.	N.
1669	la girouëtte avec un point au-dessus.......	15 »	François Chassignoles.	Pierre Retru.	Georges Ramey. Réserve vie durant.
1669	le fer brulé........	20 »	Jean Desapt.	Gabriel Duguay.	Réserve vie durant.
1669	les armes de la ville de Bâle (en Suisse).....	20 »	Antoine de Jacques.	Joseph Boyer.	N.
1669	la fleur du soucy.....	9 »	Guillaume Bonnemoy.	Pierre Bonnemoy, frères.	Etienne Sallamon.
1669	la petite croix avec trois points au-dessous.....	10 »	Antoine Dosphans.	Antoine Maubert-Goyon.	Jean Gilbert.
1669	le triangle couronné...	25 c	Michel Cartallier.	Louis Costebert.	Jean Cartallier.
1670	la couronne impériale...	14 »	Pierre Guichard.	Benoît Sanajut.	N.
1670	l'escabeau..........	15 »	Antoine Ymonet.	Blaise Dauges.	Blaise et Antoine de Fontsauvage. — Louis Granetias.
1670	le 81 de chiffre.......	60 »	Veuve Julien Doz Joubs.	Annet Pozin-Champredon.	(Voir plus haut.)
1671	la scie avec croissant au-dessus...........	.....	Guillaume Ville.	Jean Pichot.	N.
1671	les tenailles closes.....	8 »	Geneix Gounon, frère à Guillaume Gounon.		Durand Gounon. — Jean Mialet. — François Montanier.
1671	le pape gay avec croissant au-dessous, séparé...	15 »	Blaise Courtade.	Antoine Perron.	Antoine Chosson.
1671	la corbeille....... ?..	7 10	Louis de la Mouroux.	Annet de la Mouroux-Cartallier.	Annet de la Mouroux.
1671	le landier...........	18 »	Annet Beaudant.	Jean Branchier.	N.
1671	le fer à brûler avec un croissant au-dessus....	11 »	André Terrade.	Antoine Sozedde.	Jean et Mathieu Dumas. — Noël
1671	le chien d'arquebuse avec		Pierre Granjon.	Pierre Obientias.	les Gonias.
1672	la rose.............	200 »	Claude Maruasse.	Annet Charbonnet.	
1672	l'escargot...........	30 »	Jammes Brasset.	Claude Vachier.	Laurent Brasset. (Voir plus haut.)
1675	le pas de fourche avec un point dessous.......	11 »	Denis Ferrier.	Jacques Amblard.	N.
1672	l'arbre coupé ayant au-dessous ses racines...	22 »	Mathieu Voissier.	Louis Neufville.	Réserve vie durant.
1672	les armoiries de Barcelonne.............	.....	Jean Dufaux.	Joseph Vachérias.	N. Echangées entre eux avec 25f de retour de la part de Vachérias.
1672	la couronne et un point au-dessous........	.....	Vacherias.	Dufaux.	N.
1673	la rosette...........	21 »	Bonnet Monnier.	Genès Bernard.	Nicolas Monnier-Marrette.
1673	le bâton royal avec et sans croissant au-dessous..	huit 25 »	Jean Madhui.	François Chassonneris.	Claude Igonet. — Gilbert Deposat. — Jean Rochias.
1674	le bâton du buisson sans croissant au-dessous...	32 »	Antoine Ramey.	Guillaume Dosgilbert.	Jean Ramey.
1674	les 4 carreaux avec un croissant au-dessous..	.....	Jean Chauretier, père.	Pierre Chauretier, fils.	(Donation.)
1674	les 4 carreaux couronnés.	.....	....	....	Ont été vendus dès 1655 par Jean Chauretier à Jean Bruslé (prix inconnu).
1674	l'U barré...........	9 »	Clément Bolley.	Armand et Magdelon Bechon	Denis Salle. — François Salle.
1674	les 3 pointes de diamant.	18 »	Antoine Prodon-Doly.	Mathieu Ojardias.	Claude Prodon-Doly. — Mathurin Peaux.
1674	l'épingle avec croissant au-dessus..........	9 »	Antoine Chapellat.	Jacques et Antoine Alleman	François Chapellat. — Georges Ramey.
1674	les deux poignards.....	42 »	Annet Obtentias.	Annet Dubesset.	Blaise Dauges.
1675	la coudière couronnée...	14 »	Clément Bolley.	Claude Becho.	Laurent Brasset. — Jean Meallet.
1675	l'espige (ou épi)......	.....	Gilbert Mossudat.	Jean Dimorias, gendre.	Réserve de f briquer vie durant.
1675	Id.	.....	Jean Dimoriat.	Annet Vernière-Fermoly.	(Qui échange sa marque de l'F romaine, et comme la valeur de cette marque est plus grande que celle de l'épi, Mossudat lui paie 50f de retour.)

DATE DE LA VENTE.	NOM de LA MARQUE.	PRIX.	NOM du VENDEUR.	NOM de L'ACQUÉREUR.	NOMS des ANCIENS PROPRIÉTAIRES.
1675	la lame du couteau ressort.	17f »	Bonnet Granetias.	Clément Chassain.	Pierre Granetias.
1679	l'hermine sans le point au-dessus..........	30 »	Jean Forias.	Jean Chappel.	Claude Forias. (Se réserve le vendeur de marquer l'hermine avec un croissant au-dessus.)
1680	la demie lune avec un point au-dessous.........	14 »	Antoinette Bouchard, veuve Solières, héritière de Bernard Garbeyre.	Antoine Tournaire.	(Voir plus haut.)
1681	l'as de pique couronné...	30 »	Anne Dozartres - Dauges, veuve Pommier.	Antoine Lafont.	François Pommier.
1682	le 6 de chiffre........	27 »	Marie Viouly, veuve Duchier.	Jean Granetias.	Benoît et Annet Duchier.
1685	le petit monde.........	90 »	Anna Girauld.	Jean Desaigles.	N
1691	la flèche couronnée.....	110 »	Jean Fernand.	Mathieu Lancement.	Antoine Vernière.
1693	l'hermine avec croissant au-dessus..........	9 »	Antoine Forias, frère de Jean Forias.	Jacques Lachaud.	Forias.
1695	les cuillers avec un point au-dessus...........	35 »	Pierre Provenchères.	Antoine Chezal.	Jean Bellon.
1699	1/2 de la marque de l'aigle impériale.	8 »	Louise Morel, veuve Mambrun.	Pierre Ferrier.	Lequel possède déjà l'autre 1/2 comme héritier des Mambrun, propriétaires, originaires de lad. marque.
1699	le vit de chien ou le petit os de mort...........	300 »	Antoine Chassaigne.	Pierre Barre.	Jean Ferrier. — Jean Dozolme-Clozel. — Claude Vernière.
1699	l'O..............	30 »	Jean Gueslon.	François Beaujeu.	N.
	point au-dessous.....	20 »	François Roddier.	Pierre Duzellier.	N.
1711	le cœur avec un croissant au-dessus.	29 »	Gabriel de Bouteriges.	Annet et Thomas Regnaud.	
1712	l'église.	330 »	Michel Petit.	Barthélemy Favet.	André et Denis Chabrol.
1714	la molette d'éperon avec un point au-dessus...	31 »	Gilbert Sozedde.	Mathieu Grangeon.	Jacques Sozedde. — Jean Brugière.
1714	la faux...............	45 »	Gilbert Sounen.	Annet Rigodias.	George Ballamine.
1719	le fer de la ligne avec et sans croissant au-dessus.	6 »	Damien Maubert.	Annet Rigodias.	Thomas Maubert. — Jacques Mambrun.
1719	les quatre O ou l'eschaudé.	20 »	Pierre Foris.	Benoît Thiers.	Annet Foris. — André Chapellat.
1720	le 39..............	22 »	Annet Gilbert.	Annet Varennes.	Jean Gilbert.
1720	la girouette avec un point au-dessus.	19 »	Blaise Retru.	Pierre Dubost.	François Chassignoles.
1723	le chaleul ou lampe.....	45 »	Jean Buisson.	Georges Dumont-Reynaud.	Pierre Foris.
1728	l'F italienne.........	40 »	Pierre Prodon.	Marin Debartaud.	Coste Farge.
1722	la flamette et l'épingle...	300 »	Claude Beaujeu.	François et Jean Beaujeu.	N.
1722	la voile avec un croissant au-dessus.	10 »	Genès Tournaire.	Blaise Champredon.	Etienne Tournaire. — Mathieu Tournaire.
1723	le bois de cerf.........	40 »	Catherine de Lignières, veuve Jean Chassaigne.	Blaise Andréias.	
1724	l'épée.	50 »	Françoise Roche, veuve d'Antoine Fedit, et Annet Fedit.	Claude Favet.	Antoine Fedit.
1724	le 2 de chiffre couronné.	108 »	François Vallé.	Jean Dubost.	Pierre Vallé. — François Bourdier. — Antoine Obtentias.
1724	le rocher avec la petite croix au-dessus.	98 »	Antoine Desapt.	Jean Douris.	Jean Colas-Pradel. — Guillaume Chanier.
1725	le couteau de table.....	50 »	George Coste.	Antoine Granetias.	Meallet.

DATE DE LA VENTE.	NOM de LA MARQUE.	PRIX.		NOM du VENDEUR.	NOM de L'ACQUÉREUR.	NOMS des ANCIENS PROPRIÉTAIRES.
1726	la petite croix barrée....	40ᶠ	»	Pierre Champredon.	Antoine Rodillas.	N.
1726	la gerbe avec un point...	25	»	Pierre Maubert.	Jacques Delotz et François Dufour, marchands.	N.
1727	l'hermine avec croissant au-dessus.........	60	»	Michel Gaubert.	Augustin Bertric.	Claude Gaubert. — Chambon.
1727	la fourchette........	12	»	François Brunel.	Gilbert Chaptard.	Jean Brunel. — Thomas Barge.
1727	la petite V avec un point au-dessous.......	99	»	Louis Champrigaud.	Bonnet Granetias.	
	Partie du petit monde couronné avec 2 points au-dessous et carré.....	40	»	Id.	Id.	
1727	le petit monde couronné.	10	»	François Brunel.	Forien Pitelet.	Jean Brunel. — Jean Bonhomme.
1728	le septente un de chiffre..	30	»	Jeanne Champredon, veuve de Pierre Grange.	François et Jean Beaujeu.	Michel Lacroix.
1728	le petit monde avec deux points au-dessus (pour partie)...........	40	»	François Champrigaud.	Bonnet Granetias.	
1728	la petite croix barrée....	20	»	Antoine Rodillas.	Gilbert Soanen.	
1729	la croix de Lorraine. ...	50	»	Thomas Rochias.	Jacques Androdias.	
1729	le cœur enflammé......	155	»	Antoine Courtade.	Claude Cavaillon.	Joseph Pubeau.
1735	la rosette seule et avec une couronne.......	37	»	Marie Parry, veuve d'Antoine Laquaison.	Durand Collet.	N.
1733	le virebrequain.........	9	»	Gilberte Marchandon, veuve Guillaume Pyraud.	Jean Marchandon.	Pierre Marchandon. — Guillaume Ferrier — Joseph Boyer.
1734	Id...........	25	»	Jean Marchandon.	François Bielleric.	
1735	2/3 du bourdon.......	36	»	les héritiers Maubert.	Rémy Béchon-Maubert.	
1736	le JE avec un point au-dessous.........	20	»	Jean Ferrier.	autre Jean Ferrier.	Ponzin.
1736	l'F italienne..........	55	»	Marin Dubertaud.	Annet Robert.	
1737	le D couronné........	96	»	Fleury Vialle.	Jacques Androdias.	
1737	le petit monde........	45	»	Henri Vialle.	Charles Vialle, frère.	Pierre Vialle. — Pierre Giraud.
1737	le trèfle (1/2).........	5	»	Jean Besseire.	Georges Maubert.	
1738	le fourchat avec croissant au-dessus.........	20	»	Guillaume Lacroix.	Mathieu Granghon.	Chabroty.
1722	l'aiguille du cadran.....	30	»	héritiers Chambriard.	Jean Dozolme.	Henri Cottier.
1745	le V couronné........	60	»	Pierre Malaptias.	Pierre Barge, jeune.	Genès Granetias. — N. Sallamon.
1745	l'onde ou X romain.....	50	»	les héritiers Chambon.	Anne Bertric, veuve Obtentias.	Jean Fédit.
1745	le manche de couteau couronné.........	30	»	François Fontenilles.	Claude Dasjous.	Guillaume Thiers. N. Granetias. — N. Douris.
1745	1/2 de le fer de pique...	25	»	Jean Soulier.	François Rivet.	
1745	le fleuret...........	500	»	Michel Londant.	Hugues-Genès Costebert.	Gilbert Londant. — Jacques Londant. — Pierre du Montreynaud. — Jacques du Montreynaud. — Jeanne Bargeon. — Louis Brugière-Pointement.
1746	la trompette..........	96	»	François Baudimien.	Genès Costebert.	Etienne Baudimien. — Gabriel Cottier.
1746	le chaleul ou lampe.....	15	»	Georges de Montreynaud.	autre Georges de Montreynaud.	N.
1746	l'h. a............	76	»	Guillaume Maubert.	Benoît de Molin.	François Rivet.
1745	l'H...........	36	»	Pierre Mouchard.	François Rivet.	François et Jean Coste-Farge.
1745	la pyramide et le gourgoulion de mer.........	30	»	Annet Grimont.	Antoine Andoire.	Barthélemy Deviro. — Bernard Serny. — N. Moutonnier. — Pierre Genestel. — Martin Pajet. — Jean Brousse.
1745	le cœur couronné......	150	»	Antoine Granghon.	Annet Bettant.	Antoine Prodon. — François Brugière-Pantèze.

DATE DE LA VENTE	NOM de LA MARQUE.	PRIX.	NOM du VENDEUR.	NOM de L'ACQUÉREUR.	NOMS des ANCIENS PROPRIÉTAIRES.
1743	le 20 de chiffre.........	44ᶠ »ᵇ	Genès Ojardias.	François Bertrix, jeune.	Gilbert Bourdier.
1744	Bachus assis sur un poisson ayant en main une bouteille et un verre..	40 »	Claude Bechon, père.	Antoine Bechon, fils.	Etienne Chazau.
1744	l'L couronné.........	65 »	héritiers Lassaigne.	Jean-Baptiste Fédit.	Jacques Mousson. — Hugues Dufaux.
1744	l'H.................	70 »	François Rivet.	Guillaume Maubert.	
1744	le D couronné.......	150 »	Pierre O. tentias.	Pierre Obtentias, petit-fils.	
1744	le chandelier d'église...	24 »	Jeanne Giraud, veuve Durand Chabrier.	Antoine Gueste.	François Favre. — Blaise Deluc.
1745	les ciseaux............	120 »	Jeanne Carre, veuve Michel Chassonnerie.	Jean Brousse-Goutte.	
1745	1/2 du fer de pique.....	20 »	Annet Grannelias.	François Rivet.	
1745	la demie lune..........	40 »	Claude Bechon.	Remy-Georges et Pierre Maubert.	Rochias.
1745	le Q................	67 »	Gabriel Buisson.	Henri Chazeaux.	N.
1741	les tenailles closes.....	27 »	Bernard Gonon.	Barthélemy Bertric.	N.
1741	le drapeau...........	60 »	Antoine-Genès Martin.	Pierre Malaptias.	N.
1740	Id...............	45 »	Gaspard Malaptias.	Antoine Martin.	
1741	la faulx..............	30 »	Anne Rigodias.	Annet Rigodias.	Gilbert Souanem.
1742	le B couronné.........	50 »	Marguerite Brugière, veuve Antoine Poulet.	Guillaume Bost-Membrun.	Guillaume Chapus.
1745	les tenailles closes......	45 »	Barthélemy Bertric.	Marie Chossières et consorts.	Andrieu Maubert. — Durand et Guillaume Gonon. — Genès Gonon.
1739	le Z avec un croissant au-dessus.............	40 »	les héritiers de Michel Choffriasse.	Jean Dubost.	Blaise Vallé.
1740	le G surmonté d'une croix.	80 »	Claude Mambrun.	Simon Mauger.	Augustin Mambrun. — Annet Garnier.
1740	l'écusson couronné.....	45 »	Michel Rigodias.	Jean Guillet.	Annet Granelias.
1751	le fleuret............	350 »	Georges Costebert.	Jean Monerioux.	Michel Londant.
1751	l'M couronné.........	50 »	Gabrielle Borie.	Antoine Banière.	Antoine Borie. — Pierre Léonard.
1752	le foret avec son poignet ou poulie...........	150 »	Gilbert Petit.	Barthélemy Petit.	Michel Petit.
1752	le hautbois...........	60 »	Etienne Granetias.	Pierre et Jean Desapt.	Guille Granetias. — Ant. Pailloux.
1753	le 91...............	30 »	Antoine Sozedde.	Barthélemy Petit.	N.
1753	la tête royale couronnée.	100 »	les héritiers François Dufour.	Pierre Moiguier.	Guillaume Baisle. — Barthélemy Nadal.
1753	le 13...............	112 »	Louis Fayet.	Jacques Vachias.	Jean Fayet. — Jean Gardelle.
1753	l'écusson garni au-dessus de 3 pointes de diamant.	60 »	Jean Reynaud.	Jean et Remy Chabrol et Fédit.	Jean Guillet.
1753	le 59...............	98 »	André Chaponnier.	Antoine Sannajust.	François Roddier.
1753	le 5 couronné.........	150 »	Pierre Moutonnier.	François Thiers.	
1753	l'X coupé avec un point dessus..............	60 »	Michel Carré.	Pierre Forets.	Annet Carré. — Claude Carré. — Nicolas Fédit.
1753	le R couronné.........	200 »	Jean Ramay.	Remy Bost-Membrun.	N.
1753	les 4 carreaux.........	75 °	Annet Las.	Jean David.	Antoine Bost-Mambrun. — André Ferrier. — Julien Sanajust. — Jean Feydit. — Julien Chambriard. — Joseph Chatellet.
1753	la marmitte...........	50 »	Guillaume Biorat.	Jacques Pichet.	Gabriel Dosissard. — Damien Maubert. — Gervais Barnerias. — François Bernard.
1753	les tenailles couronnées..	50 »	Guillaume Fontenilles.	François Thiers.	Georges Thiers. — Anᵗ. Coste-Dumas. — Guille Thiers — magister.
1753	l'étoile..............	60 »	Jacques Chrétien.	Jean et Mathieu Pélissier.	Marie Chrétien. — André Foriade.
1753	l'isset couronné.......	33 »	Denis Deglay.	Guillaume Chanteloube.	Jammes Deglay. — Annet Tarérias.
1753	le 17...............	80 »	Jacques Vachias.	Antoine Dozolme et André Verdier, consorts.	Claude Soanen-Murat. — Guillaume Thiers. — Claude Dayat.

— 400 —

DATE DE LA VENTE.	NOM de LA MARQUE.	PRIX.	NOM du VENDEUR.	NOM de L'ACQUÉREUR.	NOMS des ANCIENS PROPRIÉTAIRES.
1754	l'R............	280ᶠ ⁿˢ	Pierre la Durantie.	Simon Mambrun.	Pierre et J.-B. Feydit.
1754	le trépied.....	45 »	Gilbert Petit.	Jean Bechon et Anne Marnat et consorts.	Michel Petit. — Georges du Montreynaud. — Claude Dumas. — Jean Retru.
1754	le 8 barré......	45 »	Michel Dubost.	Mathieu Desapt.	Pierre Dubost. — Jean Dubost. — Antoine Gueste. — Michel Londant. — Jean Londant. — Genès Thomas. — Thomas Fayel.
1750	1/2 du navire.....	9 »	Claude Sanajut.	autre Claude Sanajut.	
1661	le fallot et la calebasse..	....	Etienne Dumas, père.	....	Echange la calebasse avec le fallot de son fils, Etienne, moyennant 20ᶠ de retour au père.
1750	l'oiseau sur la branche..	40ᶠ de reute.	Pierre Obtenlias.	Anne Bertric.	
1750	le 5...........	100 »	Benoît Denolins.	Jean Bost-Mambrun.	
1750	l'épieu.........	42 »	Estienne Garnier.	Jean Verdier.	Pierre Garnier. — Bonnet Bogon.

TABLE DES MATIÈRES.

	Pages.
Dédicace...	v
Préface...	vij
Chapitre Ier. — Règles et statuts de la Jurande des maîtres couteliers 1582, 1614 et 1743...	11
Chap. II. — I. Appréciation de ces deux règlements. — II. Atteintes passagères portées aux privilèges de la Jurande à diverses époques...	40
Chap. III. — La Frérie de saint Eloy...	61
Chap. IV. — I. L'ouvrier coutelier et le mode de fabrication. — II. Du prix des objets fabriqués à Thiers...	74
Chap. V. — I. Des marques de fabrique. — II. Du mode d'exportation des produits fabriqués, et des négociants Thiernois...	112
Chap. VI. — Les Années mauvaises. — I. 1576-1593, la Ligue. — II. Les Pestes. — III. La Famine. — IV. Les Guerres. — V. Inondations et Sécheresses...	134
Chap. VII. — Les Années mauvaises (suite). — Le commerce de la coutellerie pendant la Révolution...	210
Chap. VIII. — Les Années mauvaises (suite). — De l'influence de la loi du maximum sur le commerce de la coutellerie à Thiers. — Octobre 1793. — Janvier 1795...	314

	Pages.
CHAP. IX. — LES ANNÉES MAUVAISES (*suite*). — Le Réveil. — De 1795 à 1800	354
APPENDICE. — Tableau indicateur des prix de vente de quelques marques de la fabrique de Thiers aux XVIIe et XVIIIe siècles. (Actes notariés)	385

FIN DE LA TABLE.

Clermont-Fd, typ. Ferd. Thibaud.

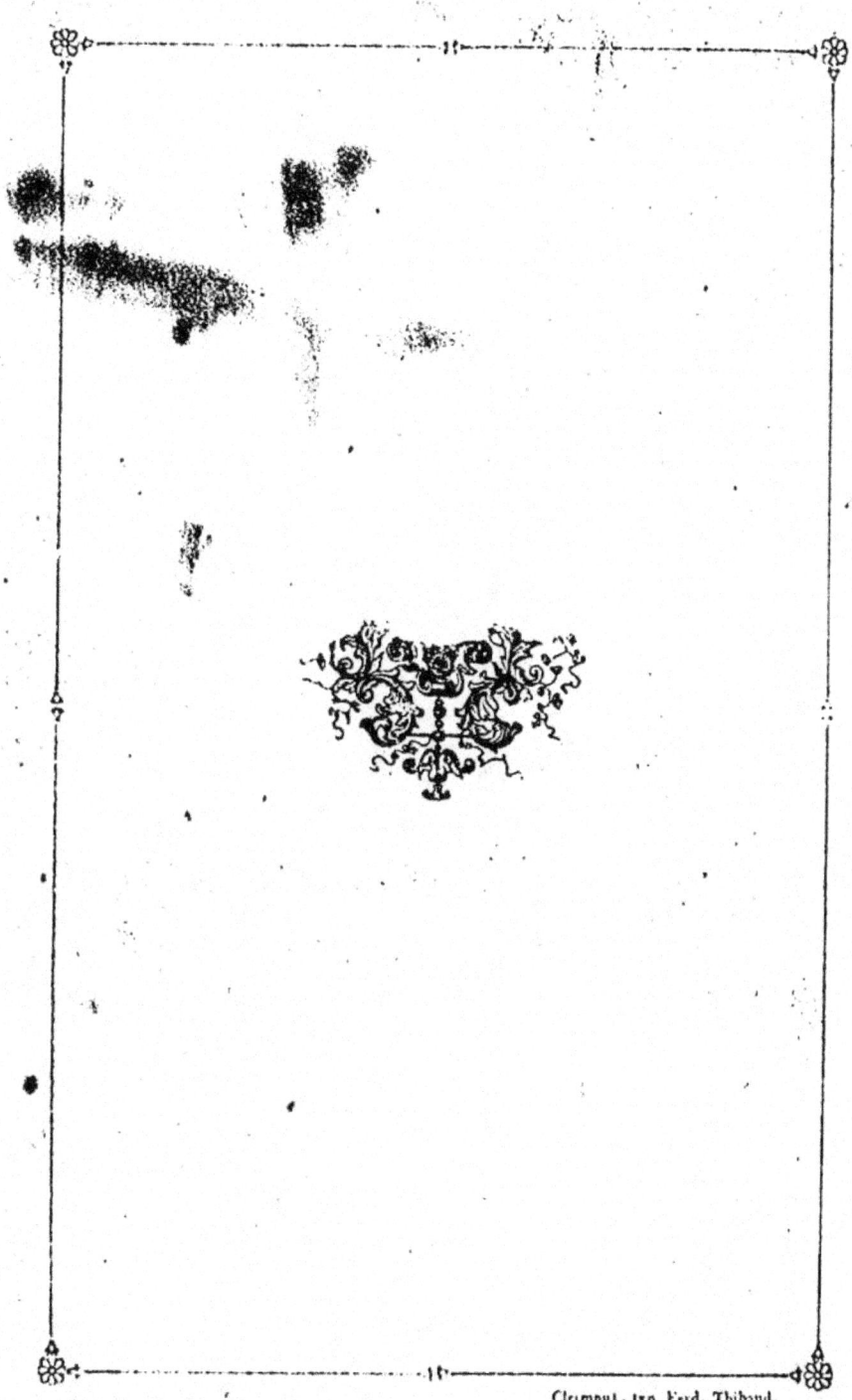

Clermont, typ. Ferd. Thibaud.

www.ingramcontent.com/pod-product-compliance
Lightning Source LLC
Chambersburg PA
CBHW052040230426
43671CB00011B/1730